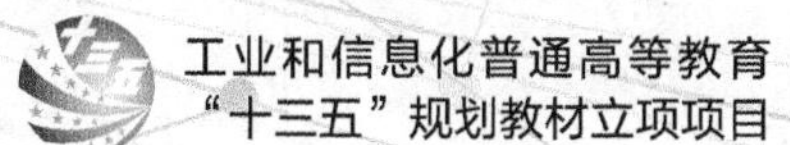

高等院校“十三五”
电子商务系列规划教材

ELECTRONIC COMMERCE

电子商务运营管理

策略、方法与管理

潘定 ◎ 编著

人 民 邮 电 出 版 社
北 京

图书在版编目（CIP）数据

电子商务运营管理 : 策略、方法与管理 / 潘定编著
. -- 北京 : 人民邮电出版社, 2020.9
高等院校“十三五”电子商务系列规划教材
ISBN 978-7-115-52080-7

Ⅰ. ①电… Ⅱ. ①潘… Ⅲ. ①电子商务－运营管理－高等学校－教材 Ⅳ. ①F713.365.1

中国版本图书馆CIP数据核字(2019)第210132号

内 容 提 要

本书围绕数据化运营管理，通过导论、运营策略、运营方法和运营管理 4 个部分，将近年来有关电子商务运营及管理的热门话题系统地组织起来。全书共 10 章，主要内容包括电子商务运营管理导论、商业模式、平台经营策略、运营实施策略、企业架构、业务流程优化方法、商务智能与商务分析方法、供应链管理、数据运营管理、人力资源管理。

本书可作为电子商务专业高年级本科生、低年级研究生的教材，同时也可作为企业电子商务相关管理人员，尤其是运营人员的培训和参考书。

◆ 编　　著　潘　定
　责任编辑　许金霞
　责任印制　周昇亮

◆ 人民邮电出版社出版发行　　北京市丰台区成寿寺路 11 号
　邮编　100164　　电子邮件　315@ptpress.com.cn
　网址　https://www.ptpress.com.cn
　固安县铭成印刷有限公司印刷

◆ 开本：787×1092　1/16
　印张：15　　2020 年 9 月第 1 版
　字数：365 千字　　2025 年 1 月河北第 8 次印刷

定价：49.80 元

读者服务热线：(010)81055256　印装质量热线：(010)81055316
反盗版热线：(010)81055315
广告经营许可证：京东市监广登字 20170147 号

前　言

电子商务已经渗透到社会生活的方方面面，成为许多企业生存与发展必不可少的一个途径。在近 20 多年的发展中，我们耳闻过众多电子商务企业的辉煌，也目睹过这些企业的悲壮结局。本书努力向读者展示电子商务企业在电子商务运营管理中的成功经验，总结企业可持续发展的核心要素。

传统的运营管理课程已经很成熟了，也有许多种教材，但大多数涉及生产制造，少数涉及服务经营。因为电子商务管理的特殊性，更多地涉及服务经营和数据处理，所以我国的电子商务专业急需具有中国特色的企业运营管理教材。特别是近年兴起的“数据化运营”热潮，更使这门课程具有其独特的内容，涉及管理学、信息管理、数据科学、人工智能等交叉学科的理论和方法。

在写作本书伊始，我们就面临电子商务运营管理到底应该涉及哪些运营内容的难题。实际上，各个电子商务企业对运营岗位的任务都有各自不同的说法。典型的分类有：内容运营、活动运营、用户运营和产品运营。但依据各企业经营的产品类型和业务应用模式，它们也都各有特色，难以一概而论。最后，我们确定本书主要涉及与网购产品直接相关的线上和线下服务活动，从而将电子商务运营管理的范围明确为对企业电子商务的服务系统进行设计、运作和改进。按经典的企业基本职能划分，在此尽量不涉及营销、财务管理的内容。

在写作本书的过程中，作者努力突出以下特点。

第一，关注企业的运行逻辑。重点介绍商业模式及其创新，以及将企业战略落实到运营模式、运营体系的方法。

第二，引入高层次的思想与新方法。除了典型的商务智能和大数据分析视角外，首次引入企业架构方法，从组织顶层展示战略发展、业务和 IT 融合的企业运营及管理蓝图，将数据化运营管理思想融入业务流程优化的具体活动中。

第三，注重理论联系实际。每个章节穿插多个案例来说明运营管理的活动情境，并重点讨论数据化运营管理的具体实践活动。

在本书写作的过程中，作者得到了国家自然科学基金项目 71171097、71771104 及暨南大学普通教材资助项目的资助。同时，作者参阅并引用了大量文献资料和网络资料，在此特向作者表示最诚挚的敬意！

由于本书的部分内容尚在探索之中，且涉及的理论和方法较多，书中难免存在许多不足之处，敬请广大读者和同行批评指正，希望能在再版时作进一步完善。作者邮箱：tpanding@jnu.edu.cn。

潘定
2020 年 5 月

目　录

第1篇　导论篇

第2篇　运营策略篇

第3篇　运营方法篇

第4篇 运营管理篇

第 1 篇

导论篇

第 1 章　电子商务运营管理导论

【学习目标】

通过本章的学习，读者应达到以下目标：

- 明确电子商务的基本概念和主要内容；
- 了解运营管理的职能定位、服务运营的主要特征；
- 理解电子商务运营管理的运营特点和基本思路；
- 初步掌握数据化运营及其管理的基本概念和主要应用。

【能力目标】

- 能够说明电子商务运营管理的基本内涵以及学习本课程的必要性；
- 能够清晰说明在大数据时代电子商务运营管理所涉及的基本内容。

【引导案例】

亚马逊公司（简称“亚马逊”）把关注客户体验的重点放在购物的便利性、价格的实惠性和选择的丰富性上。提升客户体验既是亚马逊经营的出发点，也是终点，由此形成良性循环，推动着亚马逊的高速发展。经过多年的发展，亚马逊就成为全球最大的网上零售商、云计算服务商和电子书销售商。2015 年，亚马逊排名全球电商第二，在全球电商零售额中占比 13%。

进一步了解亚马逊就会发现，即使在互联网泡沫破灭时，创始人贝索斯仍然坚持不懈地致力于提升客户体验。亚马逊的员工都知道“亚马逊飞轮”的起点是客户体验。当客户得到更好的体验时，流量自然会增加，而更多的流量会吸引商家来网上销售产品。这样，消费者就有了更丰富的选择品，也就进一步提升了客户体验。随着“飞轮”的不断成长，亚马逊的运营成本被更合理地分摊，从而将省下来的钱返还给消费者以形成低价。这也是提升客户体验的一个重要手段。

亚马逊的初始定位是一个技术公司。贝索斯最初的想法并不是只开一间书店，而是要用互联网来做一件通过其他方式不能做到的事情。2006 年，亚马逊推出 Amazon Web Service 服务。这是当时全球应用最简单、最广泛的云计算服务。它为亚马逊指明了新的赢利方向。

亚马逊的商业创新几乎都是由数据驱动的。它会从数据的角度研究商家的需求，以帮助他们增加销量；也会根据消费者的购物行为分析消费者的喜好，以便他们在浏览到下个网页时就能看到自己心仪的产品。

亚马逊到底是一个什么样的公司？人们发现，亚马逊的在线零售业务依托其强大的技术能力、数据运营的支撑呈现出独特的魅力。所以说，它是零售公司、技术公司、数据公司……

确实如此，“亚马逊飞轮”的支撑基础是强大的技术能力，其驱动引擎是数据化运营。

亚马逊的数据化运营集中体现在：①建立“以数据为中心”的企业文化，员工做的任何提案都必须有数据支持；②获取海量关于客户消费习惯的数据，借以深入洞察客户；③充分利用互联网平台，amazon.com 是个极好的试验和运营平台，如使用不同的算法来推荐产品，或者改变购物车在屏幕上出现的位置，给客户提供更好的购物体验。

（资料来源：亚马逊的飞轮，IT 经理世界，2011 年 4 月 20 日第 8 期）

1.1 电子商务

商务是以实现产品或服务的交易为目的而开展的一系列经营管理活动的总称。商务活动通常涉及采购、生产、销售、商贸磋商、价格比较、营销策略、广告宣传、售前/售后服务、客户关系维系等事项。

电子商务（或称“电商”）通过互联网（包括移动互联网，下同）开展商务活动，是高新技术手段与商贸实务、营销策略相结合的产物。在此，“商务”说明做什么，而“电子”则描述怎么做。

电子商务的英文名称有 Electronic Commerce（简称 E-Commerce）和 Electronic Business（简称 E-Business）两种，分别对应狭义电子商务和广义电子商务的概念。

一般认为，E-Commerce 主要是指通过互联网开展的交易（或与交易直接有关的）活动。交易各方通过网上（也称线上）交易的方式而不是当面交换或直接面谈的方式进行商业交易。E-Commerce 涉及的主要业务活动包括网络广告、客户浏览产品、订货、付款、客户服务和货物配送等售前、售中和售后服务。O2O（Online to Offline）是 E-Commerce 的一种特殊形式，通常指在线上招揽客户、发放优惠券启动交易，在线下完成交易。

E-Business 是指利用信息技术实现所有商务活动的电子化。它不仅包括 E-Commerce 中面向企业外部的交易活动，如网络营销、电子支付、物流配送等；还包括企业内部的业务流程，如企业资源计划、管理信息系统、客户关系管理、供应链管理及财务管理等。这种广义电子商务的概念与传统的企业信息系统管理活动并没有显著的区别。

显然，E-Commerce 是 E-Business 的一个组成部分：E-Commerce 的定义仅仅是把在互联网上进行的相关交易活动归属于电子商务，而 E-Business 的定义则是将利用包括互联网、局域网等各种不同形式网络在内的一切计算机网络以及其他信息技术进行的所有企业活动都归属于电子商务，如图 1-1 所示。

例如，一个企业通过自有的电子商务网站接到产品销售订单。如果这个产品销售订单仅仅经过产品出库、物流配送就完成了订单的全过程，那么这就是一个 E-Commerce 交易。如果这个产品销售订单还需要先进行产品生产，再由企业的企业资源计划（Enterprise Resource Planning，ERP）系统自动分解到各个生产过程，然后进行产品出库、物流配送，那么这就是一个 E-Business 交易。

考虑到本书所涉及的内容，以下如果不做特别说明，电子商务都是指狭义电子商务（即 E-Commerce）的概念。

一般认为，电子商务根据其所依托的网络平台大致经历了 3 个主要的发展阶段：基于电子数据交换（Electronic Data Interchange，EDI）平台、基于互联网平台和基于移动互联网平台的电子商务。

（1）基于 EDI 平台的电子商务，是通过特定的计算机网络，运用一种国际公认的专用标准格式，实现贸易、运输、保险、银行和海关等行业各有关部门或公司与企业之间的数据交换与处理，在贸易伙伴之间完成贸易自动处理的过程。

（2）基于互联网平台的电子商务，是通过遍及全球、开放的互联网，提供丰富多彩的信息内容的发布、共享和交易功能，支持从学术研究到股票交易、从学校教育到娱乐游戏、从网上信息搜索到网络购物等全面的电子商务交易应用。

（3）基于移动互联网平台的电子商务，是综合运用移动通信、互联网和计算机技术进行数据传输和自动处理，并且利用智能移动终端（如手机）开展各种商业经营活动的一种新的电子商务应用形式。智能手机的应用大大超过了计算机的应用。这使得移动商务的使用量成倍增长。移动商务是使商务活动参与主体可以在任何时间、任何地点实时采集和获取商业信息的一种电子商务模式。由于移动通信的实时性，移动商务的用户可以通过移动通信在第一时间准确地与商务对象进行沟通、与商务数据中心进行交互，从而摆脱固定设备和网络环境的束缚，最大限度地驰骋于自由的商务空间。

图 1-1　两种电子商务概念的比较

1.1.1　电子商务的基本框架

所有的企业都在一定的环境下运营，环境不仅影响着企业的商业行为，而且影响着企业的战略发展。在制订商务策略的过程中，直接市场、竞争者、中间商、供应商以及如何把产品提供给客户是最重要的影响因素，经济环境、法律环境和社会的接受程度等则是相关的影响因素。当然，电子商务更加注重的是通过技术进步来提供比竞争者更优质的产品和服务。

企业与市场有着千丝万缕的联系。市场是一个大系统，而企业是这个大系统中的一个单元或子系统，因而它们之间保持着输入/输出关系，进行着物质、劳动力、信息的交换。市场不仅是企业生产经营活动的起点和终点，也是企业与外界建立协作关系、竞争关系的传导和媒介。市场可分为产业市场和消费者市场，企业在这两个市场中的活动各有侧重。以企业为中心的两种基本电子商务形式就构成了电子商务市场环境模型，如图 1-2 所示。

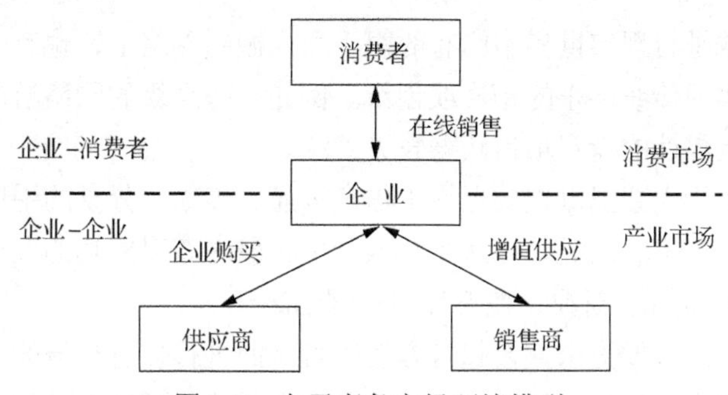

图 1-2 电子商务市场环境模型

电子商务的发展呈现出多样性，同时电子商务的应用也在不同层面展开。我们可以按照交易对象对电子商务进行最基本的分类，典型的交易对象有：企业（B）、消费者（C）、政府（G）。目前流行的电子商务模式是：B2B、B2C、C2C 和 B2G。

（1）企业与企业之间的电子商务（B2B）。B2B 整合企业与上下游合作厂商之间的业务，并通过互联网进行企业与企业之间的交易。企业可以使用互联网进行交易，完成产品从订购到结算的全部交易，如阿里巴巴网。

（2）企业与消费者之间的电子商务（B2C）。这是消费者利用互联网直接参与经济活动的模式，类似商业电子化的零售商务。企业通过互联网开拓了直接面向消费者销售产品的这一渠道，如天猫、京东商城。B2C 通常包括：有形产品的电子订货和付款；无形产品和服务的销售。有形产品如书籍、电器和鲜花等，由物流系统配送；无形产品如音乐、程序等，则可以直接下载。

（3）消费者与消费者之间的电子商务（C2C）。C2C 是通过为买卖双方提供一个在线交易平台，使卖方可以主动提供产品拍卖，而买方可以自行选择产品购买的模式，如 eBay、淘宝网。

（4）企业与政府之间的电子商务（B2G）。这种模式覆盖企业与政府组织间的各项事务。例如，企业向税务部门报税；政府采购可以通过互联网招标，企业可以通过互联网投标。

1.1.2 电子商务的应用类型

一般而言，我们可将互联网上的活动分为网购产品类、O2O（Online To Offline，线上到线下）交易类、网络娱乐类、信息内容类、网络社交类和辅助工具类。上述都可以看成是电子商务相关活动，前面 4 种是直接利用网络从事交易活动，后两种则主要是开展与交易有关的活动。

（1）网购产品类，主要通过互联网销售实物产品、数字产品和其他易于标准化、质量稳定的产品。这类产品有着很大的现金流和盈利预期，因而吸引了大量的企业在网络上建立新的产品销售渠道。企业可以建立自己的网站销售产品，也可以在其他交易平台搭建自己的“网店”销售产品，还可以建立交易平台以吸引其他卖家和买家进行交易。

（2）O2O 交易类，主要通过互联网销售、推广难以标准化的服务产品。企业可以把各种线下服务搬到线上来营销，让用户在线上下单、在线下体验。由于需要强有力的线下团队，因此想要建立一个大而全的平台实属不易，更多的是做垂直分类。

（3）网络娱乐类，主要提供给个人或多人在线娱乐产品，包括游戏、音像、文学、棋类等。这些产品大多数是将现实世界中已有的娱乐项目搬到网络上，也有一些是依靠网络技术连接更多的参与者实现传统娱乐的拓展或创新。例如一些高级的网络游戏只能依托网络环境运行，甚至可作为世界性的竞赛项目获得较大关注。

（4）信息内容类，主要提供现实世界中信息沟通、传播、分享的手段，是互联网上最普通的应用，也是最长盛不衰的活动。从互联网诞生起最先取得成功的应用活动基本上都是这种类型的交易，如 Google、新浪、搜狐等门户网站。

（5）网络社交类，主要提供连接起各方使用者从而进行信息交流的工具。可以说，这是近年来网络用户最热衷的信息交流活动。其他所有交易活动都试图借助于社交类产品来推广自己的产品，如新闻类产品做评论、电商产品做社区，甚至工具产品也要做一个用户交流平台。社交类产品满足了人们对信息分享、个性张扬和炫耀的需求，因而用户黏性强，容易成为高频产品。

（6）辅助工具类，主要提供对其他产品的运行支持。例如，地图工具为一些打车软件、导购软件、搜索信息工具提供支撑。辅助工具类通常更多地偏向技术性、通用性，它是否被消费者选用主要取决于其功能和提供的产品。工具类产品用户黏性较弱，可替代性较强。

1.2　运营管理

对一个企业而言，最理想的情况是供需平衡。供应过剩或产能过剩是对资源的浪费，而供应不足或产能不足则会导致企业失去销售机会，还会引起客户的不满。供应端的主要职能是运营与供应链，而需求端的主要职能是市场与销售。

1.2.1　企业的运营职能

企业的运营职能主要是生产产品与提供服务。产品可以是实物，包括原材料、计算机芯片、液晶板类型的零部件、移动电话和汽车类型的产成品；产品也可以是数字产品。服务即活动，是时间、地点、形式或精神价值的组合。我们阅读的书籍、观看的电视节目、网上购物、发送电邮都涉及一个或多个企业的运营职能。

企业为实现运营职能，需要输入资源与企业内部其他职能的支持。传统上，企业通常具有 3 个基本职能部门：财务、营销和运营。无论是零售商店、医院、制造企业、互联网企业，还是其他类型的企业，都有这 3 个职能部门。

财务部门除了负责预算、分析投资方案和为运营部门提供资金外，还负责确保以较低成本筹措到资金并在企业内分配这些资金。营销部门负责对客户需求做出评估，通过销售企业的产品或服务从客户处获得价值。如果将一个企业看成一辆汽车，那么运营职能就是它的发动机。正如发动机是汽车的核心部件一样，运营职能是企业的核心职能，运营管理则是对这一核心职能的管理。因此，运营管理是对生产产品或提供服务的过程、系统的管理。

具体而言，运营管理是对运营过程的计划、组织和控制，是与产品生产和服务创造密切相关的各项管理工作的总称。运营管理的对象是运营过程和运营系统。运营过程是一个投入、转换、产出的过程，也是一个劳动过程或价值增值的过程。运营人员必须考虑如何对这样的运营活动进行计划、组织和控制。运营系统是指运营变换过程得以实现的手段。它的构成与变换过程中的物质转换过程和管理过程相对应，包括一个物质系统和一个管理系统。

运营与供应链在本质上是相互关联的，没有两者之间的紧密结合，任何企业都将无法生存。供应链涉及生产、交付产品和服务的企业设施、职能和活动的序列。这个序列包括从生产原材料的基本供应商开始到最终客户的所有途径，如图 1-3 所示。运营职能和活动通常包括预测、采购、库存管理、进度安排、生产、质量保证、信息管理、配送和客户服务。当产品通过供应链时，其价值就得到了提升。

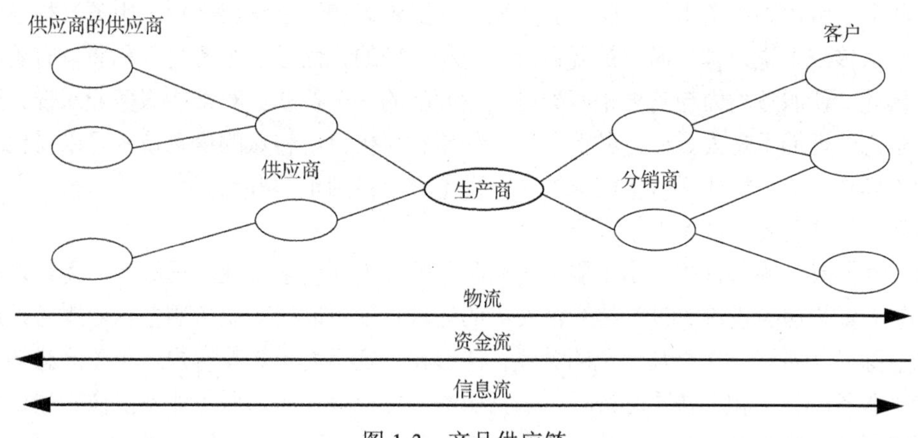

图 1-3　产品供应链

供应链包括企业内部和企业外部两部分。企业内部即运营职能本身，提供原材料和半成品，把要加工的产品从上一个工序传递到下一个工序；企业外部提供原材料、补给品、设备、零部件以及对企业的其他输入，并以产品的形式向客户提供输出。

在这个过程中，生产和服务活动通常会一起出现。一般认为，产品—服务组合是一个交叉序列，而且是先生产产品后提供服务。在购买产品时会伴随某些辅助性服务（如送货、安装），很少有纯粹提供产品而不包含服务的产品，而在购买服务时也时常包括辅助产品（如餐厅食物）。因此，要想严格区分产品和服务是比较困难的。企业通常销售的是产品包，即产品与服务的组合，加上具有生产产品和提供服务的一些基本要素，使得运营管理更具挑战性。

1.2.2　服务与服务运营

尽管产品和服务常常相伴出现，但它们之间存在一些基本的区别，因而在管理方面存在较大差异。生产产品带来的是有形的产出，如一台计算机、一部手机、一个足球、一台冰箱，是能看到或摸到的任何东西，它可以出现在工厂、商店等地方。服务通常是指一种活动，如教师上课、播送电视节目、在银行存取款以及放映电影都是服务。以提供服务为主的企业，同样必须包含一些有形的辅助物品。例如，财务咨询服务可能仅需提供少量辅助物品，但是咨询中使用的教材、参考资料和演示软件对服务工作所能达到的效果至关重要。

以下是部分服务业类别：

- 批发与零售；
- 私人服务，如做美容、乘出租车、看病；
- 公众服务，如医疗保险、邮政、社区服务、通信、消防；

- 运输，如公共交通、卡车运输、出租车、航班、救护车；
- 旅行观光，如旅行导游、酒店住宿、博物馆。

从市场的角度来看，服务有别于产品的一大特性就是服务过程中不涉及物权的转移。客户购买服务后得到的是获取或租赁某种资源的权利，如某个航程飞机上的一个座位。服务业就是通过在客户中分配资源来共享资源，即若干客户一起共享服务提供者的资源。这种对资源的共享也为运营管理带来新的挑战。

在服务运营中，我们应该区分投入和资源。投入是客户本身，资源是服务人员可以调用的辅助物品、劳动力和资本。因此，服务系统的运转有赖于系统与客户（服务过程参与者）的交互。从传统上说，客户通常是凭自己的判断上门的，而且对服务过程和质量有着独特的需求。因此，使服务能力与需求相匹配是企业面临的一个挑战。对某些服务业来说，服务的重点是信息处理而不是人。在这种情况下，如果计算机自动转账的信息技术可以替代现金存取，那么客户在计算机或手机上就能操作，而不必亲自到银行办理。

服务运营的主要特征有以下几点。

（1）客户参与服务过程。由于服务是一种体验，因而要求企业注重服务，尤其是服务设施和环境。如果服务设施的设计符合消费者的需求，就可以提高服务质量。对服务设施的内部装饰、陈设、布局、噪声及颜色的关注，能够在一定程度上影响客户对服务的感知。

（2）服务的生产和消费同时进行。因为服务不能贮存，所以服务业不能像制造业那样依靠存货来缓冲或应对需求变化，分离生产工序。服务的生产与消费同时进行，应寻求更有效的控制方式来保证服务质量。

（3）服务的易逝性。由于服务不能贮存，不使用便意味着永远失去。客户对服务的需求会在短期内表现出周期性变化，高峰期和低谷期差别很大。客户需求的变化，使充分利用服务能力成为运营管理面临的一大挑战。

（4）服务的无形性。服务的无形性使客户难以在购买前观察、触摸服务，必须依赖服务企业的声誉进行。通过登记注册、签发执照和管制，政府或第三方可以向消费者承诺某些服务企业或个人的服务经测试达到特定标准。

（5）服务的异质性。服务的无形性和客户参与服务相结合导致提供给各个客户服务的异质性。在服务业，工作活动通常指向人而不是指向物。有些行业，工作活动指向信息处理（如通信）或客户财产管理（如经纪人业务）。

1.3 电子商务运营管理

电子商务运营是面向电子商务的交易活动。电子商务运营管理（E-commerce Operations Management）是对企业的电子商务运营进行管理。既然电子商务是一种交易活动，本书就不介绍企业的生产制造活动，而仅介绍涉及与交易直接相关的线上和线下服务活动。那么，电子商务运营管理就是对企业的电子商务服务系统进行设计、运作以及改进。以下若未特别指出，则服务均看成是企业的一种产品。

考虑到电子商务服务系统的特点，特别是服务过程中有客户参与，本书的电子商务运营管理既关注典型的运营管理活动（即采购管理、库存管理、物流管理等），也涉及客户活动及其管理活动。电子商务运营管理适用于运营模式完全面向网络交易的企业，也适用于同时从事实体交易和网络交易两类业务的企业。事实上，除了少数纯互联网企业外，只有能够成功整合实体交易运营和电子商务运营的企业才会成为市场的赢家。

1.3.1 电子商务应用的运营特点

前文中我们将与电子商务相关的应用分为网购产品类、O2O 交易类、网络娱乐类、信息内容类、网络社交类、辅助工具类。不同类型的产品形态各异，对运营的要求也各不相同。

在企业的实际运营中，网购产品类，如京东商城运营的关注点为整个交易环节是否流畅、能否顺利找到目标产品、能否协助用户做出决策、能否让用户及时收到货物，这些都可以在接入商家、售后评论体系、物流和订单分配能力的运营中得到体现；O2O 交易类，考验线上线下的融合程度，需获得客户的信任，提供标准化服务是常用的运营方法，如统一着装和服务流程；网络娱乐类，如网页游戏、手机游戏，找到热门的 IP（知识产权）是运营制胜的起点和关键，从而获得更多用户的关注、更高的用户活跃度和更高的营收；信息内容类，如新浪网、凤凰网等网站都将内容运营作为最重要的运营方法，即根据网站自身的受众和定位，配备能力较强的编辑和作者，提供符合用户群体阅读习惯的内容，进而满足用户的需求。

后两类网站为产品交易活动提供支撑，它们也有自己的运营管理特点。网络社交类，如微信、微博主要关注用户运营，首先可能面临用户如何召集的问题，其次可能面临被竞争对手模仿的问题，产品热得快，冷得也非常快，所以需要迅速验证模式的可行性，复制更多的用户，并构筑自己的“护城河”；辅助工具类，如迅雷下载、地图工具，运营过程中要关注用户与被辅助的主导产品的配合程度，提高用户黏性，降低产品的可替代性。

不同的电子商务应用也有其共性。从产品的整个生命周期来看，有 3 个不同阶段，即由不同部门配合执行完成产品规划、研发上线和持续运营。从大的环节来看，电子商务运营涉及商业策略、平台服务、市场推广、商务合作、流量变现等，是一个从规划商业策略到将产品推向市场，并维持产品良性运转的过程。

鉴于本书的目标，我们对电子商务运营活动做出了一定的限制。尽管市场营销、财务管理在现实的电子商务活动中有着举足轻重的作用，而且许多电子商务运营实务书籍中也包括了广告、促销和销售等市场营销内容，但是这些内容并不直接属于本书电子商务运营定义的范畴。为避免与“网络营销”等课程内容重复，本书尽量不涉及市场营销、财务管理等内容。

1.3.2 商业模式创新

互联网的出现改变了基本的商业竞争环境和经济规则，标志着“数字经济”时代的来临。互联网使大量新的商业实践成为可能，一批“互联网+”的新型企业应运而生。在中国，以“BAT（百度、阿里巴巴、腾讯）”为代表的新型企业，在短短几年内就取得了巨大发展。而它们的经营方式，明显有别于传统企业。互联网作为人类历史上最强大的信息处理设施之一，不仅改变了信息蕴含的价值，还解决了“广度”和“深度”此消彼长的矛盾。基于互联网的新型企业对许多传统企业产生了深远的冲击与影响，如 Amazon（亚马逊）用了短短几年就发展为世界上最大的图书零售商，给传统书店带来颠覆性挑战。在这种新商业中，“为谁提供价值”“提供什么价值”“如何获取报酬”“如何协作”等层面的自由度都有了成倍的提高。于是，“商业模式”一词开始流行，并被用于刻画描述这些新型企业是如何“革新”并获得“持续的竞争优势”的。许多研究表明，仅靠技术进步无法促进经济发展，还必须找到合适的商业创新载体。因此，商业模式创新就是企业革新的载体。

商业模式的话题既涉及企业战略，又涉及运营活动。本书将商业模式看作企业战略和运营战术之间的桥梁。企业战略通过商业模式落地到运营战术，指导着企业运营体系的构建和运作。因而，电子商务运营管理人员只有能够介绍、解析并理解企业的商业模式，才能更好地把握运营模式，有效管理运营活动。

一般认为，商业模式概念的核心是价值创造。商业模式创新试图改变价值创造的运行逻辑，把利益相关者之间的关系、交易结构重新整合后引入企业的生产服务体系，为客户和企业自身创造更多价值。通俗地说，商业模式创新的目标就是企业以更有效的方式获取利润。新引入的商业模式，与现有的商业模式比较，既可能在构成要素方面不同，也可能在要素间关系或者动力机制方面相异。这些要素、关系和动力机制都影响着企业的运营及其管理。

仔细研究传统企业，我们会发现其中存在着诸多问题，如消费者扮演的是被动的接受角色、供应与需求信息不对称、中间环节无价值且无效率、交易成本高，以及供给方缺乏激励等。因而，新商业更提倡突破传统的“产销一条龙”线性供给模式而构建平台模式。通过人文关怀的价值主张、相互信任的网络连接以及智能交互的供需匹配，来使各方利益主体价值共创、价值共享。

平台模式鼓励消费者参与到产品开发和服务中，让客户与设计、制造和供应无缝对接，将信任作为解决方案的必要部分，整合商业生态的众多利益主体，以智能化代替人工提供高效精准的服务。在理想状态下，平台模式可帮助企业建立 6 项综合的竞争优势，即新资源、新价值、新路径、高品质、低成本和快速度。其中，后 3 项竞争优势在任何时候、任何竞争形态下，都是企业的基本竞争优势。中国互联网行业的巨头，都是通过构建平台生态系统达到“赢家通吃”的效果。因此，平台模式及其运营策略是本书重点介绍的一种商业模式。

在“互联网+”的生态环境中，企业共有新的基础设施，难以实现竞争差异化，因而数据资源既是企业脱颖而出的机遇也是运营中面临的挑战。由此，如何有效利用数据资源成为企业获得竞争优势的关键因素，数据化运营则成为企业制胜的法宝以及电子商务运营管理的主要工具和手段。

1.4 数据化运营及其管理

目前，产业界尚未就“数据化运营”的概念及其内涵达成普遍共识。早在 2010 年，阿里巴巴就在整个集团内正式提出了“数据化运营”的战略方针，并逐步实施数据化运营。腾讯也于“2012 年腾讯智慧上海主题日”上高调宣布“大数据化运营的黄金时期已经到来，如何整合这些数据成为未来的关键任务”。近几年来，数据化运营已经成为企业管理领域的热门词汇，并主要被用于网站/网店的运营中。

1.4.1 数据化运营的概念

本书将数据化运营定义为：建立组织运营活动的数据资源，运用数据分析和数据挖掘方法发现组织运营的内在规律，支持精准、精细化的运营过程。我们主要关注电子商务企业的数据化运营及其管理。这里的管理就是对数据化运营系统进行设计、运作和改进。实际上，电子商务企业实现数据化运营管理已成为获得竞争优势的必要条件。数据化运营的概念涉及以下方面。

首先，建立运营活动的数据资源。这是数据化运营及其管理的基础。数据资源是企业拥有或能控制的、价值关联的、能带来经济效益的数据集合。数据在成为数据资源之前，必须经过数据预处理和集成工作。数据预处理的目的是提高数据质量，使后续数据分析和数据挖掘的过程更加有效，进而提高分析和挖掘结果的质量。数据预处理主要是清理数据中的噪声、空缺、重复和错误。数据集成是为了针对不同来源的数据消除不一致性、联结相关数据，并进行汇总和概化。数据集成是将多个数据源中的数据整合、关联起来构成综合数据存储（如数据仓库）的过程，其中包括数据集成、模式集成，后者着力于整合不同数据源中的元数据。

其次，运用数据分析和数据挖掘方法发现运营中的内在规律并实施管理。这是数据化运营及其管理的保障。数据分析主要采用统计学的方法，分为两类：探索性数据分析（Exploratory Data Analysis，EDA）和验证性数据分析（Confirmatory Data Analysis，CDA）。EDA 是系统性分析数据的方法，侧重于在数据之中发现新的特征或样式，对数据进行试探性分析，展示所有变量的分布，试图获得一个结论；CDA 是证实性分析数据的方法，在已有模型、假设的基础上进行证实或证伪，即往往是先有一个假设，需要通过数据分析来帮助确认。EDA 通常比较灵活，强调让数据自己说话；在进行 CDA 之前一般已经有预先设定的数据模型，要做的就是试图把现有的数据套入模型中。在数据化运营中，如果要从数据中找出提升运营的线索，主要采用 EDA 方式；如果有了假设，要运用数据进行验证，采用的就是 CDA 方式。数据挖掘是从大量数据中寻找潜在规律，以形成规则或知识的过程。数据挖掘的运作不是用于验证某个假定的模式或者模型的正确性，而是通过数据挖掘方法自动形成模型。从本质上讲，数据挖掘是一个归纳的过程，是传统数据分析和统计分析方法学的延伸和扩展。

最后，支持精准、精细化的运营过程。这是数据化运营及其管理的目标。电子商务行业异常激烈的用户争夺战、产品价格战以及更新换代越来越快的技术，既为电子商务企业提供了机遇，也给它们带来了沉重的竞争压力与生存挑战。面对这种日新月异的竞争格局，企业必须寻找比传统的粗放型运营更加有效的精细化运营思路和方法，以提升企业的效益和效率。而数据化运营就是精细化运营的强大支撑，它强调的是更细分、更准确、更个性化。没有精细化运营的需求，就不需要数据化运营；只有通过数据化运营，才可以满足精细化运营的效益提升。

在此，有必要区分数据运营和数据化运营两个概念。数据运营是指利用数据分析和数据挖掘技术方法，支持精准、精细化运营，注重“用数据”，运用数据开展具体的运营活动。而数据化运营涉及的范围更大，强调企业员工全员参与理念和具体实施，将所有的运营活动信息化，获得运营全过程、全员活动的相关数据，注重建立企业级数据资源，运用技术手段支持精准、精细化运营。因此，数据化运营既要“用数据”，更要“养数据”，即包含数据运营的概念。

1.4.2 数据化运营管理的方法

从以上概念的说明中可知，数据化运营管理不仅注重运用一般信息系统和信息管理的技术和方法，而且注重运用企业架构、商务智能和大数据分析的相关管理方法。

1. 企业架构

商业模式将企业战略导向运营模式，运营模式与管理模式指导企业建立起相应的运营体系。那么，企业将如何进一步把运营模式与信息系统、IT 基础设施融合呢？实际上，运用企业架构方法可以得到一幅人与流程、技术相结合的企业运营蓝图，从而使运营模式与信息系统、IT 基础设施相融合。

一般认为，企业架构（Enterprise Architecture，EA）是构成企业的所有关键元素和关系的综合说明。1987 年，IBM 公司的 Zachman 提出了这种从战略、业务和技术的集成视角来分析和刻画企业当前和未来状态的理论。经过多年的发展，企业架构已经成为一种主流的规划方法，用于将企业战略/商业模式和操作层面的业务管理及运营结合起来，建立全新的企业运营系统，实现从业务到 IT 基础设施的转换。通过企业架构，可以清晰地展示业务运行中是如何"养数据"以及"用数据"的。

随着信息化进程的日益深入，信息系统在企业中的作用越来越重要，但与此同时，也带来了诸如信息孤岛、烟囱式应用系统、重复建设和重复开发、资源浪费等问题。为了解决这些问题，融合业务和信息技术的企业架构应运而生。企业架构位于企业顶层，以全局的视角说明如何全面、系统地运用信息化手段来规划和设计企业的运作架构与运作流程，从而达到支撑企业的发展战略、提高应对全球化激烈竞争能力的目的。国际数据公司（IDC）认为企业架构是构建企业核心竞争力之本。它带给企业的价值主要表现为支撑业务创新、提升企业效率、降低成本并控制风险等[①]。

IBM 公司在 2008 年对全球 1 000 位 CEO 进行了调查，结果大部分 CEO 都认为企业变革是必然的，而应对变革极具挑战性。应对变革的基本方法就是创新商业模式，加紧提升自己的"内功"。企业变革需要一种系统的方法，成功的企业是"架构"出来的，而不是自由发展形成的。企业架构涉及业务组件、流程、组织、绩效、IT 等多个方面，每个方面都需要随着企业的变革而不断地演化和发展。市场全球化和电子商务的普及已成为企业成长的动力，但同时也会激化市场竞争，促使企业寻求变化，建立数据化运营模式。

2. 商务智能与商务分析

商业环境的日益复杂化，迫使企业对变化的环境做出快速反应，并对经营方式进行革新。这就要求企业管理者反应灵敏，并且能够频繁、快速地在战略、战术和操作层做出决策。决策的制订需要大量相关数据、信息和知识的支持。商务智能（Business Intelligence，BI）通常被理解为将企业中现有的数据转化为知识的过程，是帮助企业做出明智的经营决策的方法或工具。

近 10 多年来，企业业务信息系统日益成熟，信息化工作的重点向集成化和智能化方面发展，致使企业纷纷开展 BI 应用。在企业中，BI 平台的系统架构包括 5 个方面的组件，如图 1-4 所示。

① Vicki C. 架构企业未来：2010 企业架构中国管理者调查报告.

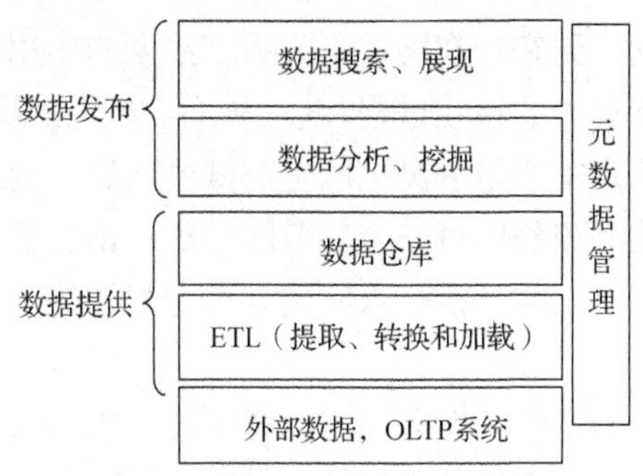

图 1-4　商务智能的系统架构

（1）ETL 层，按统一的规则集成外部数据，完成从多个数据源向数据仓库的转化。

（2）数据仓库层，是一个面向主题的数据集合，为数据分析和挖掘提供高质量的数据源。

（3）数据分析、挖掘层，支持从不同角度快速灵活地进行数据分析和数据挖掘。

（4）数据搜索、展现层，支持准确查找信息并以多种方式展现分析结果。

（5）元数据管理，实现对元数据的获取、存储和分析的全面支撑。

一般而言，元数据是关于数据的数据。数据反映现实世界的对象和事件，而元数据则反映数据的对象和事件。进一步来看，元数据既可以是对数据的抽象，也可以是关于数据属性、上下文结构化的描述信息。只有借助元数据，以数据为载体的信息才能被正确解读和有效传递。

此处的元数据管理涉及对整个 BI 架构任何背景信息的管理，包括业务过程理解、行动和数据规则概要、业务决策等的基础信息。从 BI 平台的系统架构可以看出，上层的数据发布依赖于下层的数据提供，而下层的数据提供又依赖于底层的外部数据，因此大量、长期、准确的数据积累是 BI 的根本基础。

这是一种基于数据仓库环境的 BI 过程，也是一种比较完善的 BI 架构。但企业在实施 BI 的初期，通常只是依靠从业务系统中收集到的交易数据实施数据分析和数据挖掘，并不具备数据仓库环境。由于在建立数据仓库时对多来源数据进行了清洗、转换和集成，所以数据仓库环境中的数据质量明显高于来自多个独立数据源的数据质量。

近年来，国内外产业界已经开始用商务分析（Business Analytics，BA）一词取代 BI。BA 指的是广泛应用数据、使用统计与量化分析方法、运用描述性与预测性模型，以及基于事实的管理方法影响决策和行动的实践①。

与 BI 强调技术手段和工具不同，BA 强调的是利用技术手段解决业务问题。传统的 BI 包括从业务系统中抽取数据、将数据以合理的方式组织与存储在数据仓库，以及制作报表等工作。虽然这些工作为 BA 提供了重要的数据支撑，但 BA 更强调利用所搜集的数据进行数学建模与分析，以支撑业务决策。数据挖掘是 BA 重要的技术手段，但不是唯一的技术手段。数据挖掘是对已有的数据进行分析，通常不会直接参与到数据搜集的过程中；而 BA 常常包括设计数据采集方案并实施采集数据工作。

数据是电子商务运营的核心，从一开始就直接或间接地存在于电子商务的每一个环节。如果能充分发挥数据的作用，数据在电子商务运营的各个环节都能形成运营支撑资源。本书所涉及的电子商务运营管理，其主要管理方法就是对数据运营的应用。

① 达文波特等著，康蓉等译. 数据分析竞争法——企业赢之道. 商务印书馆，2009.

从产品在供应链中流动，到客户在网站上购买，数据的作用是明显的。产品经历了从生产厂商到仓储物流再到线下客户的接收过程，以及从网上展现到购物车再到线上交易的过程。在网上交易流程中，客户从点击广告、浏览网上商城或网店，到进店查看产品细节，再到最终购买产品。网站对这个购买流程中每一个环节的记录，都能够为运营决策提供依据。在产品的线下运输流程中，商家从采购、接收入库到向客户配送的全过程，也都有相关记录为分析决策提供依据。

面对电子商务市场的激烈竞争，企业只有比竞争对手更深入地了解客户的需求、企业运营的规律，才能获胜。要做好数据运营工作，一是对电子商务行业有深入的了解，二是做好商务分析工作，两者缺一不可。如果只有商务分析知识，可能做出的数据模型在理论上是正确的，但不符合商务活动的实际情况；反之，如果只是对电子商务运营有深入了解，而对商务分析理解不够，可能就会对数据模型提出不切实际的要求，或者做出一个在功能上有缺失的模型。

3. 大数据分析

在激烈的市场竞争中，仅仅通过分析传统数据来了解用户需求和企业运营，已很难获得持续的竞争优势。传统的商务分析方法很难对各种类型、海量数据进行实时有效的处理。由传感器、网络数据自动采集而产生的大数据，能够为电子商务的数据运营提供多角度、多形式、及时的支持。

2010 年之后，大数据成为互联网上、传统媒体中的流行词汇，知识背景不同的人对大数据有不同的理解。通常来说，大数据用来描述大型组织（如阿里巴巴）的海量数据。然而对大部分商业运作来讲，“大”数据量是相对于应用类型而言的，是一个相对的概念。大数据常常是指超出一般企业软硬件设施在一定时间内获取、管理、处理数据的能力。

目前，学术界将大数据的特征归纳为“4V”：Volume（大量）、Velocity（高速）、Variety（多样）和 Value（高价值）。“大量”具体表现为从 TB 级别跃升到 PB 级别；“高速”体现在数据高速到达，面临快速采集数据、及时给出处理结果的压力，这是区别于传统 BI 的显著特征；“多样”体现在数据来源及数据结构复杂，分为结构化、半结构化和非结构化数据；“高价值”表现为单位价值密度低，但数据总量可能会带来巨大的价值，这是运用大数据的关键。

数据作为信息的载体，大数据的构成反映现实世界事物运动的数据空间。与企业相关的各类数据，形成了企业的数据资源。现实世界的事物运动包含了大量的联动关系，使数据空间中也隐含了大量的关联关系。正是这些关联关系，给我们带来了新的商业价值。针对大数据进行商务分析，发现数据之间隐含的关联关系，就能获取新颖的商业洞察和机遇。

1.4.3 数据化运营管理的实施

本书的数据化运营管理应用主要关注：业务流程管理、供应链管理、数据运营管理、数据质量管理以及人力资源管理。

1. 业务流程管理

运营模式的核心是业务流程，数据化运营依赖于业务流程管理。在业务流程管理方面，需要关注线上和线下的流程管理，涉及建立业务流程、流程支持设施和业务流程再造等应用。

为了实施运营模式，需要建立业务流程，支持服务工作。业务流程管理涉及业务流程的选择、规划、分析和再造，是运营管理的精髓。电子商务运营管理就是对企业电子商务的服务系统流程进行的设计、运作和改进。流程分析是考察流程的各个方面，从而改进其运营的系统方法。流程分析使用的工具包括流程图、进程图和基于图形用户界面的模拟等工具。

业务流程支持设施的实物/虚拟环境或服务场景对服务中的客户和员工的行为、感知都会产生影响。在设计服务场景时，必须结合与运营服务概念一致的图像和感觉。运营管理可通过服务保障分析，对支持设施进行持续的改进。对线下服务场景，服务保障分析可对客户的意愿和行为进行分析，包括环境、整体、心理、内部相应行为的分析；对线上服务场景，特别是平台上，企业需要为双边客户群提供支撑服务，如支付工具、信息安全保障，保证达成更多交易，充分激发网络效应。

企业流程再造（Business Process Reengineering，BPR）是对运营流程和组织结构根本性的再思考和重设计。这种再思考和重设计侧重于企业的核心能力，以期实现企业绩效的大幅度提升。现在，企业流程再造更注重对企业流程的持续改进，侧重于运用 IT 技术以及运营中的交易、采购、物流等数据重新设计企业流程以实现组织变革。

2. 供应链管理

在供应链管理方面，企业也需要关注线上和线下的优化与管理，主要涉及采购管理、库存管理和物流管理等。

在电子商务运营管理中，采购管理的主要任务是保证网上交易产品的供应，支持企业运营并节约采购过程中的开销。采购管理必须确保产品符合所需的质量要求并及时交付，其主要内容包括供应商选择、采购成本、运送时间、产品质量控制。实施电子商务采购是采购管理中的一种战略选择。这种 B2B 会给企业带来巨大的成本节约和效率提升空间。

库存与物流管理是电子商务运营成功的重要因素。库存管理是对实物产品的储存，在此只考虑独立需求库存，涉及库存控制所需的管理工作，主要包括何时订购存货和订购多少存货的决策，以及对库存仓储、订单填写、拣选产品处理和库存进出的决策。库存管理中遵循的基本思想和原则，主要是即时管理和精益管理。

物流管理主要考虑在网上成交后，线下的实物产品配送。这里主要涉及产品的运输成本、交付速度以及应对变化的柔性之间的权衡。数据运营对资源配置、库存管理、作业计划和订单跟踪等活动的协调起着重要作用。

3. 数据运营管理

电子商务已经进入数据化运营时代，高效的运营及其管理都离不开数据。可以说，数据存在于电子商务流程的每一个环节。从原材料采购到仓储，从产品制造到物流，从产品展示到产品细节说明，从产品推荐到下单购买，每一个环节都在产生和使用数据，也必须运用数据把服务效率和用户体验提升到更高的水平。企业在运营中连续地、反复地使用数据，且每天都要根据数据来做出决策、完成交易，以及将数据用于企业运转所需的其他行动中。各种应用不断产生和结束，而其中的数据则一直存在。

一般来说，成功的电子商务企业都是数据运营企业。离开了数据运营及其管理，电子商务企业就没有了立足之地。用户访问流量、时长、PV/UV（Page View/Unique Visitor，页面浏览量/独立访问者数量）、客单价等已经成为基本的指标数据，而更多的指标数据也逐步获得广泛的应用。提供详尽的数据和数据运营工具为用户赋能已经成为平台的基本支撑功能，但同时也对平台上店家的数据运营能力提出挑战。

4. 数据质量管理

数据是数据化运营的基础。企业只有基于高质量的数据，才能做出有效的决策和行动。实际上，运营管理中数据的质量问题及其产生影响无所不在。客户会因为错误的送货地址而收不到订货、产品可能会因为错误的折扣率而被低价出售、发货可能会因为没有及时订购与产品配套的包装而延迟等。这些都可归结为低劣的数据质量造成数据化运营的失败。如果要推进企业运营的目标，则需要切实进行正确的、可信赖的、及时的数据质量管理。

数据质量管理是企业数据管理框架中一个重要的管理职能，是实施数据化运营管理中一项关键的支撑流程。商业模式的创新、业务流程的优化以及供应链的整合，都会对数据化运营的管理职能提出更高要求，包括高质量地整合数据源、创建一致的数据副本、交互提供数据或整合数据。

数据质量管理是一个长期而持续的过程。为满足数据化运营的需求，企业应制订数据质量标准的规格参数，并且保证数据质量能够满足这些标准。数据质量管理包括数据质量分析、识别数据异常、定义业务需求及相关业务规则，还包括在必要的时候对已定义的数据质量规则进行合规性检查和监控的流程，以及数据解析、标准化、清洗和整合。另外，数据质量管理还包括问题跟踪，对已定义的数据质量服务水平协议的合规性进行监控。

将数据质量管理和质量提升等流程制度化，依赖于识别数据化运营对高质量数据的需求和确定如何度量、监控及报告数据质量的最佳方式。在发现数据处理过程中的问题之后，需要通知相应的数据管理人员采取校正措施以解决紧急问题，同时，还需要采取措施消除问题的根源。

5. 人力资源管理

人力资源管理试图解决人员管理、人际关系和运营团队建设中的问题，并试图为企业处理人事问题提供指导，从而使电子商务运营的有效性和个人的满意度达到最大化。培养并建立一支具备相当能力的运营团队是电子商务运营成功的基本保障。数据化运营管理是一项企业全员参与的管理活动，是多团队、多专业的协同作业。商务分析部门和数据分析师在数据化运营管理中扮演着中心和主力的角色，而业务部门的参与、理解、应用和支持也必不可少。业务部门和分析团队成员的数据分析意识、分析水平和分析能力决定了数据化运营的水平和效果。他们的数据分析意识和能力可以及时、准确地预警和反馈数据化运营中的业务建议，从而显著提升数据分析部门和数据分析师的方案、结论、模型与业务场景的融合性和匹配度。

关键术语

电子商务、电子交易、信息内容类应用、网络社交类应用、网购产品类应用、O2O 产品类应用、运营管理、市场营销、会计与财务、数据化运营、数据运营、数据化运营管理、大数据、企业架构、运营模式、业务流程管理、供应链管理、数据运营管理、数据质量管理、人力资源管理

思考题

1. 请简要叙述电子商务发展的几个主要阶段，并说明技术进步是如何影响电子商务发展的。

2. 请结合具体网站，比较说明电子商务中 B2C 与 C2C 模式的差异。

3. 企业有哪些基本职能？它们分别关注什么？

4. 服务运营的主要特征是什么？

5. 电子商务相关的应用有哪几类？它们对运营有什么要求？

6. 怎么理解“数据化运营管理已成为电子商务运营管理的主要工作”这句话？

7. 企业架构方法在电子商务运营管理中发挥着什么作用？

8. 数据化运营与数据运营有什么联系和区别？

9. 为什么说数据质量管理是实施数据化运营管理中一项关键的支撑流程？

第 2 篇

运营策略篇

第2章 商业模式

【学习目标】

通过本章的学习，读者应达到以下目标：

- 掌握商业模式的概念，了解它与运营模式以及其他管理理论的关系；
- 了解并掌握商业模式五大要素的内涵及其相互关系；
- 了解商业模式的基本表达和设计方法。

【能力目标】

- 具备对商业模式有关的要素的认识和分析能力；
- 初步具备对商业模式的展示和构建能力。

【引导案例】

2013 年 12 月 12 日晚，2013 中国经济年度人物评选获奖名单揭晓，小米公司董事长兼首席执行官雷军、格力电器（简称“格力”）董事长兼总裁董明珠获奖。在颁奖仪式上，雷军与董明珠在电视镜头前投下了赌注：小米公司在 5 年之内销售额超过格力电器，赌注 10 亿元！这是一场引发公众热议的“赌局”。两位行业领军人物过招，言辞交锋间不断闪烁着两种商业模式的冲撞与较量。

成立于 1991 年的格力是全球知名的集研发、生产、销售、服务于一体的空调企业。2012 年，格力成为全球首家单品销售额过千亿元的企业，有多个世界一流实验室、全球 9 大生产基地、3 万个专卖店，产销量持续 8 年全球第一。2013 年，格力有 6 万多名员工，营业收入达 1 200 亿元。

小米公司 2010 年 4 月成立，2011 年 8 月发布第一代手机。2013 年小米手机首次参加天猫“双 11”活动，3 分钟即销售过亿元，当天销售 5.5 亿元。2013 年全年销售额突破 300 亿元。企业创办 3 年，估值 100 亿美元。

雷军认为，小米公司的商业模式最重要的就是轻资产。第一，它没有工厂，所以可以用世界上最好的工厂。第二，它没有渠道和零售店，采用电商直销模式，效率更高。第三，也是最重要的，因为没有工厂和零售店，它可以把注意力全部放在产品研发以及和用户的交流上。当年，小米仅有 4 000 名员工，其中，2 500 人与用户沟通交流，1 400 人做研发。

董明珠认为，小米公司的增长速度确实令人震撼，但是这种枝繁叶茂的下面，根在哪里？绿叶生长 3 年以后，能不能永久？而格力有 23 年的基础，有科技创新研发的能力，而且在传统模式的基础上引入电商，世界就属于格力，而小米公司只有一半，是不行的。

雷军认为，传统的品牌企业，首先面临的是多层次渠道，与用户距离太远；其次是渠道太长，库存全部在路上，有很大的风险；另外，它要做的事情实在是太多了，所以就难以真正专心把最擅长的事情做好。而像小米公司只做两件事：产品研发和用户服务。所以，只要把这两件事做好了，就能真正把品牌和业务做好。小米有足够的自信在未来的5年时间里，营业额超过格力。

（资料来源：董明珠雷军10亿对赌小米5年内能否超过格力，新浪科技，2013年12月12日）

2.1 商业模式导引

管理大师德鲁克说过，当今企业之间的竞争，不是产品之间的竞争，而是商业模式之间的竞争。一般认为，企业创新主要指技术创新和商业模式创新。也就是说，仅有技术创新是不够的，只有将技术转化为现实生产力才能产生经济效益。世界著名的施乐公司就是这方面典型的案例。据统计，从1979年到1998年，共有24家新公司从施乐公司的帕洛阿尔托研究中心（Palo Alto Research Center，PARC）独立出来，其中有9家公开上市（包括著名的Adobe、3Com公司）。至2001年，这9家上市公司的市值是其母体施乐公司的15倍。这主要是因为PARC研究出来的技术与施乐公司内在的商业模式不兼容，只有向外寻求更适合的商业模式才能发挥其技术创新的价值。

大量的事实告诉我们，一项新技术的经济价值是潜在的，即需要经过某种形式的商业化才能具体表现出来。同一项技术，商业模式不同则收益不同。好的商业模式可以举重若轻、化繁为简，在赢得客户、创造利润和吸引投资方面形成良性循环，使企业经营事半功倍。

在网络信息时代，产品生命周期日益缩短，生产成本不断提高，企业竞争日趋激烈。越来越多的企业发现，商业模式已经成为企业立足的先决条件，甚至比拥有高科技更重要。因此，企业应该顺应时代潮流，认清商业模式创新能够带来的机遇和挑战，掌握商业模式的分析框架和基本构建方法，充分利用“互联网+”形成的新思路、新技术，实现可持续的企业竞争优势。

在过去的几十年里，战略一直是企业竞争的核心要素。近几年来，商业模式的概念越来越受到人们的重视。根据IBM公司的全球CEO调查，2008年以来几乎所有企业都在调整商业模式，超过40%的企业正在实施商业模式创新和转型[①]。目前，商业模式创新无疑是企业提升竞争力、赢得未来发展的重要着力点。

2.1.1 商业模式

从理论上看，“创新理论”的鼻祖约瑟夫·熊彼特（1883年—1950年）在其成名作《经济发展理论》一书中创立了新的经济发展理论，即经济发展是创新的结果。熊彼特认为，创新绝不是从无到有的，也不是技术的进步；创新是能给社会带来巨大价值的革新。如果

① 伯曼等著. 未来企业之路[M]. 北京：北京大学出版社，2010.

把动力源从“马”变为“蒸汽机”看作技术进步，则城市交通从“公共马车”到“轨道交通”的变化就是创新。这种创新才会带来社会的真正变化①。那么，为了解释这种创新的革新方法，以及给企业带来的可持续竞争优势，企业应该重新审视商业模式的概念及其作用。

进入 21 世纪以来，世界发生了广泛而又深刻的变化。在这些变化中，既有好消息，例如层出不穷的科技发明将人类的各种梦想变为现实；也有许多坏消息，例如美国的金融危机、欧洲的债务危机和持续经济低迷以及全球的环境恶化问题、经济结构调整与可持续发展问题……具体而言，中国企业面临的挑战是：产能过剩、市场竞争加剧。互联网推动市场细分、供应链的变化，因而金融的加速效应也成为企业发展的主要因素之一。企业经营迫切需要一种“结构场景”来说明支撑特定企业的运营环境，并快速适应外界的竞争压力。

在互联网已经成为商业社会基础设施的背景下，传统企业的互联网转型可谓挑战和机遇并存。进一步来看，不管是传统企业还是互联网企业，谁能充分理解商业本质，利用互联网思想、工具去优化价值链，谁就能赢得商业竞争。在这种商业竞争中，不是互联网企业淘汰传统企业，也不是传统企业淘汰传统企业，而是新商业淘汰旧商业。因而，在“互联网+”的背景下，企业应该重新审视和构建商业模式，以及整个商业价值网络。

关于商业模式的含义，理论界尚未形成统一的解释，但从不同角度论述了商业模式的内涵，归纳起来大致可以分为 3 类。

（1）价值创造模式论。这类理论认为商业模式就是企业创造价值的模式。商业模式是企业创新的焦点，是企业为自己、供应商、合作伙伴及客户创造价值的决定性基础。商业模式关注企业进行价值创造、价值营销和价值提供所形成的价值结构及其合作伙伴网络，目标是维持带来良好收益流的客户关系资源。

（2）结构/体系论。此类理论认为商业模式是企业与其利益相关者的交易结构，是一个由多种因素构成且相互联系的系统，是一个体系或集合，包括交易主体（谁参与交易）、交易内容（交易什么）、交易方式（怎么交易）以及交易定价（收支来源）。典型的商业模式的组成要素包括定位、业务系统、盈利模式、关键资源能力、现金流结构和企业价值，其核心概念是业务系统，强调整个交易结构的构型及交易方的角色和各交易方的关系。

（3）赢利模式论。此类理论认为商业模式就是企业的赢利模式，是做生意的方法，是一个企业赖以生存的模式，更是一种能够为企业带来收益的模式。商业模式规定了企业在价值链中的位置，并指导其如何经营。

另外，对商业模式还有两种理解：一是战略性商业模式，指企业在动态环境下怎样改变自身以达到持续盈利的目的；二是经营性商业模式，即企业的运营机制。

以上理论看似迥异，实际上它们的思想是统一的，只是阐述的侧重点不同。商业模式（Business Model）强调的是对现实世界中企业运营主要关键因素的抽象，特别关注其逻辑的合理性、有效性。

综合以上理论，我们认为，商业模式是为了实现企业价值最大化，而构建的利益相关者生态系统的交易结构，是一个企业创造价值、获取价值的核心运行逻辑。

在理解商业模式的内涵时，需要注意以下 3 点。

① 三谷宏治著，马云雷，杜君林译. 商业模式全史. 南京：江苏凤凰文艺出版社，2016.

（1）客户价值与企业价值。客户价值是企业为客户所提供的价值，即从客户的角度来感知企业提供的产品和服务的实用价值；企业价值是企业预期未来可以产生的自由现金流量的贴现值，体现了使所有企业利益相关者（股东、债权人、员工、监管部门、客户等）均能获得满意回报的能力。客户在获得价值的同时，也为企业贡献着价值。一般认为，客户贡献的价值是企业价值的主要来源。利益相关者生态系统的交易结构设计应集中于客户价值的创造和变换，最终归属于企业价值的获取，通过满足客户价值的需求实现企业价值的最大化。在这里，应该避免单独谈及“客户价值最大化”或者“企业利润最大化”，因为这两个目标可能是相互矛盾的。

（2）利益相关者。这里的利益相关者是指与价值创造相关的、具备独立利益诉求的群体，有着相对独立的资源和利益的输入/输出。利益相关者，包括内部利益相关者和外部利益相关者。传统意义上的外部供应商、渠道、客户等，都可以看成是外部利益相关者；而企业内部的某个部门，如财务部门、仓库则可以看成是内部利益相关者。

（3）创造价值、获取价值的过程。这一过程可以统称为价值创造。商业模式是以价值创造为中心的，同时还是建立竞争优势的先决条件。它能创造出比竞争对手更多的价值，进而变换并获取利润。当创造价值时，企业需要关注客户追求的使用价值，只有那些被客户认可的价值才能最终转换为可获取的价值。企业创造的价值必须拥有某种独特性，并确保这些价值变换过程在一定时间内具有与竞争对手的比较优势，从而实现持续获利。

根据以上定义和讨论可知，商业模式至少涉及企业的战略、运营和经济层面，具体包括为谁创造价值、怎样创造价值、如何与客户互动、怎样经营、竞争力和优势来源以及时间、空间和规模的目标等议题。从电子商务的角度看，商业模式是利用IT技术将企业战略转换到运营概念层面和结构层面的逻辑，是企业业务流程、组织结构改善的基础。

2.1.2 商业模式与其他管理理论

1. 商业模式、运营模式和管理模式

为了应对现代商业的多样化、复杂化、网络化，人们对传统的企业经营战略框架进行拓展而形成了商业模式的概念。商业模式在满足客户需求、为客户创造价值和实现企业价值最大化之间提供了基本转换，同时也为将企业战略落实到企业运营战术形式建立了一座“桥梁”。

从价值创造理论观点来看，企业战略通过商业模式落实到企业运作核心——运营模式。运营模式成为企业战略转变后的战术形式，包括产品、销售、客户服务、财务、人力资源、IT系统等企业全部的业务功能和职责，涉及商业模式各要素的执行逻辑。这是广义的运营模式。

传统的运营理论认为，运营包括生产产品或提供服务所必需的活动。正如第1章中明确说明的，本书的电子商务运营仅涉及与电子商务相关的线上或线下服务活动。运营管理关注的是提供电子商务的服务系统的管理。作为运营管理的基础，这种运营模式是一种狭义的运营模式。狭义的运营模式主要关注与运营体系相关的业务流程和组织结构，明确定义资源配置、业务模块组织方式以及绩效考核等。以下所说的运营模式，若不进行特别声明，都是指这种狭义的运营模式。

下面再看管理模式。按照西方主流的管理学理论，战略实施框架实质上规定了管理模式

的理论体系。管理模式分为企业战略、组织结构、管理控制、企业文化、人力资源管理和业绩考核等 6 个要素。在这里，管理模式注重企业长远目标的确定和业绩的达成，强调组织和组织中人的执行力。

综上所述，商业模式关注企业业务交易结构的构建，力图实现内外利益相关者的利益共享；运营模式是商业模式进一步转换后的战术形式，是企业战略转化为日常实际运营的必经之路，主要关注业务组件的执行逻辑和企业内外部的协作关系；管理模式着重企业内部人员的培养、管理控制和激励，反映企业的执行机制。可以说，优秀的商业模式的特征是：即使是平均水平的人员素质和管理能力，也可创造高水平的企业业绩。

2. 商业模式与战略

企业战略关注企业发展的长远和全局。企业通过分析自身特点和外部环境找出自身的优势与不足，同时确定机会和威胁，在知己知彼后制订符合企业自身的发展战略。企业战略具体包括：加强型战略、一体化战略、多元化战略、防御型战略和支持型战略。

战略理论的关注点主要在产品、市场、产业价值链的定位上，而商业模式更注重利益相关者的利益需求和满足需求的交易结构，其关注点超出了产业价值链的范畴。换言之，战略关注产品和市场，而商业模式更关注满足需求的方式。

企业战略包括战略布局、战略目标和战略竞争，分别对应方向、目标和方法 3 个方面，属于宏观范畴；商业模式包括价值主张、价值创造逻辑和交易结构 3 个方面，更偏向于微观范畴。企业战略是企业竞争的最高形态；商业模式是企业竞争的运行逻辑。企业战略告诉企业做什么；商业模式告诉企业为什么这么做。

在企业竞争中，企业战略和商业模式相辅相成，缺一不可。企业在形态上制订战略，在逻辑上创新商业模式。

3. 商业模式与营销

商业模式的本质是价值创造体系；而营销的本质是通过交换来实现价值。商业模式与营销不属于同一个层次，商业模式是营销的元战略。商业模式从根本上说明营销中价值的具体内容以及价值是如何交换和发生的；现有的营销理论更多地从具体形式上研究营销活动，如产品设计、产品制造、产品分销、广告促销、产品价格、供应商渠道、经销商渠道、目标客户等。

如果局限于营销理论，则现有的许多新现象都难以得到解释和理解。有些企业以成本价格出售产品甚至免费送出产品，结果不但没有倒闭反而实现了快速发展。例如，360 杀毒软件“永久免费”，迅速成长为中国互联网巨头企业；淘宝用“免费”在短短几年内就击败了其他电子商务巨头，成为 C2C 电子商务第一网站。

2.1.3 商业模式的构成要素

商业模式通常有以下 5 个构成要素。

（1）价值主张：说明帮助客户解决哪些难题、满足哪些客户的需求、对客户有什么实用价值。先通过企业战略定位，明确提供的业务、客户和服务；再通过准确的信息，向客户表达服务所包含的使用价值。这是构建商业模式的起点。

（2）客户关系：说明企业与特定客户细分群体之间如何维持关系，涉及客户细分群体互动、保持和提升销售业绩以及相互整合关系。在移动互联网时代，客户权利日益受到重视，社交网络已成为与客户沟通的主要渠道之一，因而赢得客户信赖无疑是商业模式的关键。

（3）业务网络：说明利益相关者的角色、关系与构型。这是价值主张实现的核心，集中体现了生态系统的交易结构。商业模式的差异性的具体体现就是业务网络的差异性。

（4）赢利模式：说明利益相关者的收支来源、计价方式和收益方式以及现金流结构，是关于企业的收入和成本结构的两个维度交叉，体现了客户价值向企业价值转变的关键逻辑。

（5）核心能力：说明模式具备的独特竞争力，对模仿者构成竞争壁垒。企业需要围绕商业模式所需的核心能力构建自己的能力体系。这是模式能够具备长期竞争优势的保障。

下面将对这些构成要素逐步展开分析与讨论。

2.2 商业模式诸要素分析

一般认为，商业模式的概念为理解企业经营的多样化、复杂化、网络化奠定了基础。那么，商业模式的 5 个构成要素的基本含义是什么？它们有什么作用以及它们之间有什么关系？如何建立这些要素？这些都是本节将要讨论的内容。

商业模式是将企业战略落实到运营战术的一座桥梁，下面就从企业战略出发讨论商业模式诸要素。

案例 2-1

Airbnb颠覆传统商业

Airbnb（空中食宿）是一个联系旅游人士和家有空房出租的房主的服务型网站，可以为用户提供各式各样的食宿信息或需求信息。Airbnb 成立于 2008 年 8 月，总部设在美国旧金山市，其用户遍布 190 个国家近 34 000 个城市，被时代周刊称为“住房中的 eBay”。Airbnb 拥有巨大的潜力，在完成新一轮融资后，其估值达 255 亿美元，超过了希尔顿、喜达屋、万豪和温德姆等酒店集团。

Airbnb 采用“空床+早餐”的模式，希望能结合社交网络，为游走天下的旅行者提供处处都有家的体验。在 Airbnb 上，任何人都可以上传自己闲置的房间信息及照片，Airbnb 会帮忙寻找客户。同时，Airbnb 还引入了专业摄影师帮助房东为出租房间拍照。只要房主申请，Airbnb 就会派一位摄影师免费为房子拍照并上传到网上，同时标出特征。这成为房源信息中的重要内容。Airbnb 还为房东开发了群组功能，以便房东之间互相答疑解惑、交流感受。房东可以自定义租住细则，自由展示自己的特点及社交理念。旅行者可以在平台上创建理想中的房屋空间，或梦想的出行计划。另外，Airbnb 还开发了非常流行的移动应用端，能在当地定位各种屋源，让用户可以方便、快速地找到和选择附近理想的房东。

在 Airbnb 上，住宿与出租不是简单的买卖交易，而是一种智能化的解决方案。比如，它能通过先进的搜索技术精准地匹配房屋供需方的地点、出租类型、租赁特点、有效日期、出租价格等。Airbnb 还在大数据的运用上有所突破，主导制作了一个自动在线旅游指南，由此产生了一个“协同过滤”的网络，能查找并匹配许多有地方特色的交通、餐饮、夜生活、旅游景点、购物，甚至独处的佳地。作为一种智能化的制作工具或方法，"协同过滤"能通过不同数据源自动收集并预测某一个用户的兴趣、偏好、信息等。

为了帮助房东们进行定价，Airbnb 开发了一个"Aerosolve"机器学习平台。该平台模仿酒店和航空公司的定价模式制订了一套动态定价策略。这个平台会自动将城市划分成无数个由微型街区组成的小区域，并分析房东们拍摄的房间照片。

Airbnb 的利润全部来自中介费，它向租客收取房屋出租价格 6%～12%的服务费，同时向房东收取 3%的服务费。这就意味着每间房屋的出租价格直接决定了 Airbnb 公司的收入。因此，对于 Airbnb 来说，除了提升服务品质外，获取高溢价的最佳方式就是让平台上的房源具备本地化、个性化、富有人文气息特色。

Airbnb 改变了人们的租住意识。大多数人不愿意让陌生人住到自己家里，毕竟会涉及安全问题、隐私问题……当然，对租客来讲也是一样的。本来一个人出去就不安全，还住在别人家里，万一房东有歹意怎么办？ Airbnb 重塑了酒店行业。出外旅行时，你可以租住某个人家中的一间房屋，而不是住在一家酒店。Airbnb 模式的逻辑是：出租空闲的资源，可以通过提高闲置资源利用率来获得收益。这个逻辑同样可以应用到其他领域，如邀请别人到自己家里进餐的餐饮服务。

（资料来源：Airbnb，颠覆传统商业的终结者，微口网，2015 年 10 月 13 日）

2.2.1 价值主张

企业要想建立优异的商业模式，就必须谨慎选择将要从事的行业，或者正确认识已经从事的行业。从企业战略的角度看，首先必须考虑战略定位，即明确企业处于什么样的行业、应该占有哪个位置以及开展什么业务，再自然导出企业的价值主张。只有明确了价值主张，才能着手设计价值创造的业务网络，并最终通过产品或其他方式找到赢利模式。

商业模式的关键是价值主张，而价值主张源于战略定位。一家经营与同行同质化产品的企业，如果战略定位不具备优势，其竞争能力最终只能靠价格来体现。只有那些为客户提供了具备独特价值的产品的企业，其战略定位才具有优势。

定位工作需要明确的主要问题有 3 个：企业的业务是什么？目标客户是谁？应该向客户提供怎样的服务？

1. 企业的业务定义

业务定义会对企业所收集到的信息起到过滤作用，明确企业应该抓住或放弃哪些机会。业务定义还可以明确客户、合作伙伴、竞争对手，以及企业需要哪些核心能力。

业务定义通常从研究企业从事什么行业开始。如果企业所处的是高科技行业，或者说是新兴行业，那么企业的产品与生俱来就有着较强的吸引力。这是因为新型产品满足了客户从未被解决的需求，这种需求解决方案是企业独家具有的，在客户一方没有选择的余地。所以，在这种情况下如何创造价值是其设计重点，如率先推出智能手机的企业；如果企业处于传统行业，或者处于竞争激烈的行业，那么企业就应该兼顾产品吸引力与获取价值的设计，统筹考虑价值创造过程，如小米公司；如果企业从事的行业是寡头垄断，那么如何获取价值就成了设计的重点，如国内的移动运营商等。

2. 企业的目标客户

识别和确定企业的目标客户，意味着企业必须考虑服务于哪些客户、客户规模以及客户所在的地理区域。识别目标客户需要有一些创新的思想和方法，从而更好地划分客户。

（1）摒弃现有角度，从其他角度思考客户需求。这种方法首先是确定一个合适的客户标准，其次是用这个标准识别目标客户群，最后是将不同类型的客户细分为目标客户。

（2）根据企业的资源和能力选择客户。这种方法需要找到与独特资源能力相匹配的、有对应需求的客户。

（3）完全不考虑现有的目标客户群，重新考虑客户需求。这种方法假设有一个新客户，企业考察其提出的新需求或对类似产品的需求，目标是挖掘客户的新需求或者产品隐含的功能。

对于细分目标客户的标准，有这些依据：①需提供明显不同的提供物（如服务）来满足需求的客户群体；②需通过不同的分销渠道接触的客户群体；③需使用不同类型关系的客户群体；④具有不同赢利能力的客户群体（收益性）有本质区别；⑤愿意为提供物的不同方面付费的客户群体。

按照市场营销的理论，客户细分群体可分为以下不同的类型。

（1）大众市场：这种群体中的客户具有大致相同的需求和难题，商业模式在不同客户细分之间没有多大区别。

（2）利基市场：这种群体都有各自特定的需求，商业模式需迎合特定的客户细分群体。

（3）区隔化市场：这种群体中的客户有很多相似之处，但又有不同的需求和难题，商业模式应对有不同需求的客户采取各不相同的策略。

（4）多元化市场：商业模式应服务于多元的、具有不同需求和难题的客户细分群体。

（5）多边市场：商业模式应服务于两个以上相互依存的客户细分群体。

通过建立客户细分群体，企业能够明确应服务于哪些客户、忽略哪些客户。

3. 为目标客户提供什么样的服务

企业不可能服务于所有的客户，也不可能向一个客户提供所有的产品。因而，向目标客户提供什么样的服务就显得特别重要。那么，如何确定服务呢？通常有以下 3 种方法。

（1）将产品与目标客户细分相关联。

（2）与竞争对手进行比较。

（3）与行业价值链中自身的角色进行比较。

不管企业经营的产品处于何种生命周期，企业都应潜心琢磨客户的需求，抓住他们关切的难题，找到合适的客户群体，开发出适销对路的产品。许多企业之所以失败，就是因为对客户需求和购买特征所知甚少。这样生产出来的产品价值点不突出、卖点不清晰，难以对目标客户群体产生吸引力，企业也就无法建立自己的目标市场，更不可能在激烈的竞争中胜出。

除了直接客户群体之外，企业也必须考虑其他利益者的诉求。当前，竞争已经由原来企业间的竞争转变为供应链、平台间的竞争。企业在设计商业模式时，不仅要考虑直接客户的利益诉求，也要考虑合作伙伴的利益诉求，这样才会事半功倍。

例如，当年苹果公司在推出 iPod 音乐播放器时，就建立了 iTunes 软件平台。用户在通过该平台下载数字音乐的同时，也给唱片公司带来了直接利益。正是这种合作和利益分享机制使得苹果能够整合音乐供应商，建立起自己在数字音乐销售市场中的统治地位，并获得了源源不断的后续收入。

企业经过战略定位，应总结出自身的价值主张：帮助客户解决哪一类难题？满足哪些客户的需求？向客户传递什么样的价值？一旦价值主张形成企业文化，并通过创新的方式方法实现企业的发展战略和目标，就会转变为一个企业的价值理性及价值观。

从客户的角度来看，只有企业的价值主张能切实满足他们的需求，他们才有动力去购买企业的产品。只有企业的价值主张相对独特且竞争对手难以提供，产品才可能成为客户的首选，企业才可能建立起自己的根据地市场。因而，价值主张是企业吸引客户、打动客户的关键。

传统商业模式的价值主张通常以商业资源稀缺为前提条件，商家主导模式控制权，商业目标是股东利益最大化，因此企业往往是先生产后销售、先投资（重资产）后经营。企业发展大多以生产制造驱动市场需求发展，而且规模化、标准化的大企业就是强企业，大规模量产就是高效的运营管理。

与传统模式相比，电子商务的商业模式创造了新的商业价值，即注重人文关怀。这是“互联网+”解决方案的前提。企业不仅要为客户提供有用的产品，还要通过互联网的新技术将冷冰冰的产品变成有灵魂、有热度的带有人文关怀的价值主张，展现出商业模式的魅力。

人文关怀往往表现为个性化、参与感和选择性。个性化反映了人们所追求和向往的人生差异，千篇一律是对人性的压制，只有个性化才可以放飞自我，实现人类最高层次的精神追求；参与感说明了是否有客户参与其中，在创造产品的过程中注入个性化的情感；选择性体现了主动性，没有选择、被迫接受是缺乏人文关怀的表现。因此，具备人文关怀的商业模式有 3 个核心层次：①如何解决客户的难题；②如何发现和激发潜在的消费需求；③如何激发客户的共鸣。

2.2.2 客户关系

客户关系主要说明企业与特定客户细分群体应如何维持关系。为了更好地满足客户的需求，企业应先将客户分成不同的细分区隔。如此，每个细分区隔中的客户都具有共同的需求、共同的行为和其他共同的属性。只有明确了细分群体，才可以更深刻地理解特定客户群体的需求，从而有针对性地实施互动策略。

客户关系需要明确：企业希望与每个客户细分群体建立和保持什么样的关系？已经建立起哪些关系？这些关系的作用、效果及成本如何？如何对现有关系与商业模式的其他要素进行整合？

通过互联网，企业可建立的客户关系类型有以下 6 种。

（1）个人助理：这种关系类型基于人与人之间的互动。在售中或者售后阶段，客户可以与客户代表交流并获取帮助。在网上，客户可以通过呼叫中心、电子邮件、即时通信工具或其他方式与企业进行沟通。

（2）专用个人助理：这种关系类型的主要形式是为单一客户安排专门的客户代表。它是层次最深、最亲密的关系类型，通常需要客户满足一定条件或用较长时间来建立。例如，私人银行服务会指派银行经理向高净值个人客户提供服务。

（3）自助服务：在这种关系类型中，企业与客户之间不存在直接的关系，而是为客户提供自助服务所需要的所有条件。

（4）自动化服务：这种关系类型整合了支持自动化过程的设施，用于实现自助服务。例如，客户可以通过在线档案来定制个性化服务。自动化服务可以识别不同客户及其特点，并提供与客户订单或交易相关的信息。

（5）在线社区：企业利用在线社区与客户或潜在客户建立更深层的联系，并促进社区成员之间进行有效互动，相互交流知识和经验。

（6）共同创造：企业与客户一起创造价值，如购物网站都鼓励买家撰写购物评论，以供其他买家参考；鼓励客户参与到全新和创新产品的设计过程中，如优酷视频鼓励客户上传原创视频。

随着微博、微信的普及，社会化营销正逐步成为电子商务企业的主流客户关系工具。社会化营销就是利用社会化网络、在线社区、微博、微信、百科或者其他互联网协作平台和媒体来传播和发布信息，从而形成营销、销售、公共关系处理和客户关系服务维护及开拓的一种方式。

在社交媒体的关系中，客户控制着主动权，企业无法用以往的垂直方式来控制管理客户关系。同时，社交媒体中的关系已不再是简单的企业与用户之间的买卖关系，而是以客户为中心的多维度社交关系。企业应该意识到，以客户为中心的社交媒体策略对建立和提升客户忠诚度有很大帮助。通过用户在微博、微信等渠道分享的体验及进行的口碑传播，企业可以获取更多忠诚度高的客户。

2.2.3 业务网络

战略定位帮助企业解决了价值主张的选择问题，价值主张帮助企业明确了对客户价值所做的承诺。接下来我们要关注的是客户价值的创造和传递活动，即企业为了实现价值主张而实施价值创造的各种内部和外部活动。不管提供什么样的产品，企业都必须构建与价值主张相一致的业务网络，这样才能持续不断地表达自身的价值主张。

业务网络从全局角度明确了核心企业（商业模式构建者）、客户、供应商和其他合作伙伴在价值创造过程中所扮演的角色、关系和构型。角色是指拥有独立资源能力的利益相关者所发挥的作用；关系是指利益相关者之间的关键业务活动和控制权关系；构型是指连接利益相关者的关系所形成的网络拓扑结构。业务网络是商业模式的核心要素，业务网络之间的差异往往能体现出商业模式的差异。业务网络主要解决企业“怎么做”的问题。这是企业经营成功与否的关键。特别是对于那些逐渐标准化、产品化的服务，企业可以通过建立业务网络实现成本优势，帮助企业在竞争中胜出。

关键业务活动是创造和提供价值主张、接触市场、保持客户关系并获取收入的基础。关键业务因商业模式的差异而有所区别。人文关怀的价值主张更应围绕用户体验展开业务活动。线上活动应充分发挥移动互联网无所不在、无时不能服务的特点。线下服务应改造传统的活动方式来体现服务创新，它有两个作用：一个是将原来个性化的服务过程标准化，提高整体服务的质量和效率；另一个就是通过标准化的动作分解，降低服务成本，提升规模效应。

建立业务网络的关键在于对行业所处环境和相互关联主体的整体分析。任何一个准备进入某个行业的新企业，都可以通过考察以下方面来确定利益相关者：①企业拥有或可以从事什么样的业务活动；②行业环境可以为企业开展业务活动提供哪些支持；③企业可以为各主体提供什么价值；④企业如何才能够将业务活动形成一个共赢的价值网络。

企业通常按以下步骤建立业务网络。

（1）整体分析行业环境和相互作用的主体。

（2）识别利益相关者，并确定不同利益相关者的关系种类，以及相应的交易内容和方法。

（3）识别相关的业务活动，并整合为系统。

（4）根据核心能力和资源分配各方的角色，确定相关价值活动的关系和结构。

（5）将内外部相互合作的业务活动形成一个价值网络。

企业通常以业务网络为中心，构建整个商业模式的运营机制。在此需要强调的是，在建立业务网络的过程中，合作共赢是商业模式成功的一个重要标志。

2.2.4 赢利模式①

赢利模式是指按照利益相关者划分的收入结构、成本结构以及相应的目标利润。简单地说，赢利模式就是企业利润的来源和获取方式。进一步来看，赢利模式是确定业务网络中价值结构和所有权后各利益相关者的收支、利益分配格局，包括收入来源、成本结构与利润结构等几方面的内容。赢利模式对企业的成功至关重要。它影响着企业的投资规模、运营成本支付以及收益持续成长的能力和速度，是企业实现价值的关键。如果企业基于现有商业模式进行创新，那么赢利模式创新相对来说就更容易操作，也更容易出效果。

一个企业可以使用多种收益和成本分配机制，从而形成多种赢利模式。如果仅分析一种赢利模式，可采用收入来源和成本结构两个维度交叉进行。在这里，收入来源可以有多种，即直接客户、直接客户和第三方客户、第三方客户；成本结构与企业产品、业务网络及其资源能力分布相关，可以是企业、企业和第三方伙伴、第三方伙伴、零可变成本。这种分析的前提假设：企业收入结构与成本结构可以不对应。

同一行业中的不同企业，价值主张和业务网络不同，收入结构与成本结构也不同。传统企业基本上都是“靠山吃山，靠水吃水”，其对应的赢利模式比较单调，往往依赖于主营业务的直接销售，即收入来源于直接客户，并且主要由企业自己支付成本、承担费用。而现代企业的赢利模式有了许多创新，如在收入来源方面进行扩大。例如，湖南卫视的“超女”节目，创造了电视娱乐新的注意力赢利模式，其主要收入来源于第三方客户的广告，而成本支付方是电视台和第三方伙伴；传统杀毒企业靠卖杀毒软件赚钱，而“奇虎 360”则靠免费杀毒软件吸引客户，然后通过 360 浏览器中的导航广告和游戏分成获利。

企业也可以在成本支付方面进行创新。例如，会议的主办者可以邀请广告商来赞助、电视台可以让企业来制作节目，从而降低自己的成本支出。与收入来源相对应，企业也可以在利润结构上做出很多创新。例如，吉列公司推出的“剃须刀架+刀片”的绑定模式。

所谓的“剃须刀架+刀片”模式，是指生产商以低价出售剃须刀，而对与之配套的刀片收取高价。吉列公司刚推出这种模式时，以 55 美分的价格销售成本为 2.5 美元的刀架，而把成本为 1 美分的刀片卖到了 5 美分，正是这种模式帮助吉列垄断剃须刀市场数十年。这种模

① 本节内容参考：魏炜，朱武祥，林桂平. 商业模式的经济解释[M]. 北京：机械工业出版社，2013.

式要发挥作用必须依赖两个关键因素：一是客户绑定，二是“刀片”的盈利要能够弥补“剃刀”的“亏损”。这种模式并不仅限于剃须刀销售，而适用于所有对产品的配套服务要求比较高的耐用消费品。亚马逊借鉴这种模式，通过销售低价的Kindle阅读器吸引用户，而通过相对高价但丰富的内容获取盈利。另外，“反剃须刀架+刀片”的模式则以高价出售产品，但后续服务价格低廉。传统的产品销售大都如此（产品价格昂贵，但后续服务免费），如苹果公司的iPhone、iPad 和 iTunes 等软件的组合就属于这种模式。

明确了赢利模式中的收入来源，那么该如何计价收费呢？赢利模式中的计价方式可分为基本计价和组合计价方式。

（1）基本计价方式。

实际上，线上或线下的交易都有成千上万种计价方式，但归纳起来不外乎5种，即资格费、次数费、时长费、消耗费、分享费，如表2-1所示。在一种赢利模式中，对相同的交易对象，如汽车，甚至可能会同时存在多种计价方式。例如，对于一辆小轿车，除了各种固定费用（保险、养路费、年检费）外，还有一些不固定的费用（过路费、停车费、油费等），因而计价方式多样。

表2-1　基本计价方式的分类和举例

类别	计价方式	举例
资格费	消费资格	会员费、订阅费、自助餐费、入场费、一次性销售
次数费	消费次数	过路费、广告按点击数收费、健身卡按次数收费、投币游戏机/电视机节目
时长费	消费时长	停车费、网络游戏按在线时长收费、手机通话收费
消耗费	消费价值	汽油费、按成本定价、网络游戏道具、计件定价
分享费	价值增值	品牌分享、连锁加盟费、投资基金

① 资格费，是为了获得某种消费资格而收取的费用，消费者通过支付资格费获得某种权利。如消费者通过支付会费获得参加某个活动或者享受某项服务的权利；通过支付订阅费获得在规定时间内无限次使用某一数据库的权利；通过支付自助餐费可在规定的时间里无限量进餐。

② 次数费，是依据消费次数而定的费用，消费的次数越多收取的费用也就越多。如汽车的过路费、过桥费，广告按点击数收费、健身卡按健身次数收费，以及投币游戏机等。

③ 时长费，是以消费时长为计算依据向消费者收取的一种费用。如最常见的汽车停车费、电话通话费就是按照消费时长来计费的，还有网络游戏也是按在线时长即消费时间长度收费的。

④ 消耗费，是根据其为消费者提供的价值多少来确定的。如汽车的耗油量、按成本定价、网络游戏销售道具、计件定价都是向消费者收取消耗费的具体形式。

⑤ 分享费，是较新颖和高级的一种收费，它以价值分享为基础，理论上消费者获得多少价值增值就收取多少费用。具体的形式有连锁加盟费、投资基金等，消费者通过支付分享费来分享某一项目实施后所创造的价值。

有些行业在不同阶段会应用几种不同的赢利模式，电脑游戏就是一个典型的例子。在互联网没有诞生或尚未普及的年代，电脑游戏都是单机版的，主要靠实体店销售存储于磁盘或光盘上的游戏拷贝获利。这相当于资格费，只有买了拷贝才能玩游戏。为了防止被随意拷贝，商家发明了许多加密、许可证方法来保护游戏开发者的利益。互联网普及后，直接上网玩游戏更加有趣、方便，于是开发出按玩游戏次数、时长的计价方式。购买游戏道具则属于按消费价值计价的方式，即玩家支付消耗费。

对于比较固定的资格费、计次数的次数费、计时间的时长费、计消费价值的消耗费、计价值增值的分享费，无疑是需要逐步增加投入成本的。要了解客户所得价值、测量使用时间、计算使用次数都需要付出额外的成本。资格费的计价成本最低，收一次后就不管如何消费了；而消耗费的计价比较麻烦，需要准确计量到底损耗了多少价值。实际上，分享费常常难以衡量价值增值的数量。例如，企业请咨询顾问管理咨询就难以量化其价值，而只能以时长来计算并收取时长费。如果双方在单价上没有达成共识，咨询顾问的积极性可能就会受到抑制。

另外，还有一种在互联网世界通行的计价方式：免费。在与收费方式的竞争中，免费方式通常可获得压倒性优势。对企业而言，免费不是目的，通过免费实现收费才是目的。对消费者而言，如果获得的产品是免费的，就意味着消费者本身已经变成企业所售卖的“产品”。免费的本质是将用户纳入业务网络，成为另一类利益主体的稳定客户。

（2）组合计价方式。

以上的计价方式都是针对同一个消费群体和同一种产品开发的。在现实中，一个企业往往要同时面对多个消费群体、销售多种产品。在这种情况下，就需要运用组合计价方式。

按照不同的组合方式，可以把组合计价分为产品组合计价和消费群体组合计价两种。其中，产品组合计价主要有两部计价、“剃须刀架+刀片”、整体解决方案、超市货架等；消费群体组合计价则主要有交叉补贴、批量计价、分时计价等。

另外，赢利模式还涉及现金流结构。同一笔收益，在不同的时间段收入或者支出，会体现为不同的现金流结构。现金流结构表示现金流交易的流量谱，是按利益相关者划分的企业现金流入和流出的结构、形态。相同的收入来源可以对应不同的现金流结构，如手机话费有预存、月结付费等多种收费形式。在交易中，当客户初期投入较大时，可采用分期付款、融资租赁方式降低购买门槛；而当客户是低投入重复消费时，就可采用预收款方式。

2.2.5 核心能力

纵观几十年的企业经营战略研究历史可知，主要有两个学派：定位学派和能力学派。定位学派认为，外部环境很重要，只有在行业中占有竞争优势者才能取胜；而能力学派强调，内部环境很重要，企业自身的优势才是取胜的关键。近年来，这两个学派开始进行融合。商业模式要素由战略定位导出价值主张，建立起实现创造、传递价值的业务网络以及获得价值的赢利模式。这些要素需要获得运营层面关键资源能力的支撑，否则形成的模式很容易被模仿，难以获得成功。

要想建立有效的赢利模式，除了设计合适的收支来源和计价方式外，还需要了解和分析企业基于什么资源能力并通过怎样的方式获得利润、支出成本。资源能力是影响企业收支来源的重要因素，企业若能不断发展与其商业模式相匹配的关键资源能力，就会具备更强的赢利能力。

资源是企业拥有或可控制的、支持企业运营的资产，包括内部资源和外部资源，如人力资源、金融资源、信息资源、客户关系、企业网络、无形资源、战略不动产。资源能够使企业构思和设计好的战略得以实施，从而提高企业的经营效益和效率。

能力是企业在经营过程中形成的有效配置和运用资源管理组织变化的知识和技能，如组织能力、交易能力、市场能力、物资能力。能力可以出现在特定的业务活动中，也可以与特定技术或产品设计相联系，存在于管理价值链要素之间联系或协调这些活动的能力之中。因而，资源是能力的来源；企业能力是由资源配合完成某项任务或活动的才能，是资源的最优配置和使用，决定着企业成长的方向和极限。

核心竞争力是企业在长期生产经营过程中的知识积累和特殊技能以及由相关资源组合成的一个综合体系，是企业独具的、其他企业难以模仿的能力。核心竞争力由洞察预见能力和前线执行能力构成。企业需要围绕核心竞争力构建自己的能力体系，以获得竞争优势。

商业模式的核心能力同样聚焦于竞争优势问题，但关注的并不是某个企业的能力，而是它与其他企业模式之间的比较优势。核心能力不同于核心竞争力，它是相对于商业模式而言的，强调能力与商业模式相匹配。它不一定是核心企业所拥有的，但必须是业务网络中某个企业能提供以支持模式赢得竞争优势的能力。

还应注意的是，商业模式价值并不等于核心企业价值。如果存在商业模式价值较大而核心企业价值较小、商业模式价值较小但核心企业价值较大两种商业模式，那么核心企业会有极大的意愿选择后者。而能否进行这种选择，在很大程度上取决于核心企业与其他利益相关者的核心能力所带来的实力对比和风险分担。最终的均衡结果则来源于各方核心能力在交易结构上的博弈。

例如，在淘宝商城（现更名为天猫）壮大之后，淘宝网为增加盈利并提升商城形象而大幅提高了网店的进场费，试图一举改变淘宝商城“商业模式价值大，而核心企业价值小”的状况，却引发了一场多方博弈。

案例 2-2

淘宝新规引发“内乱”

2011 年 10 月 10 日，淘宝网突然出台新规，大幅提升淘宝商城的商家服务费和保证金。新规公布一天后，商城便发生了一场“暴动”，数千名中小卖家集结起来，有组织地攻击多个大卖家，通过拍产品、给差评、拒付款等恶意操作行为逼迫这些店铺停止运营。这个反淘宝联盟中的成员达到 2 万之多。10 月 12 日，淘宝网回应，称不会改新规，并已向警方报案。之后，马云也发表了强硬讲话。

该事件源于 B2C 平台淘宝商城对商家管理体系的升级。淘宝网声明，为进一步规范商家的经营行为，淘宝商城将原来每年 6 000 元的技术服务年费提高至 3 万元和 6 万元两个档次。同时，实行有条件的技术服务费年终返还制度，即淘宝商城将根据商家的经营规模、服务质量等指标的达标情况对商家的技术服务年费进行部分乃至全额返还。

在新规出台前，淘宝商城以“扣点返还”的形式返还 6 000 元年费。卖家若想得到全额退还，年交易额在新规前只要达到 12 万元，而在新规后则必须达到 120 万元，返还门槛明显提高。

淘宝网同时声明建立“商家违约责任保证金”制度，收取保证金 1 万～15 万元。商家一旦出现一定程度的违约行为，将扣除至少 1 万元的保证金。记者经了解得知，此前商户缴纳的保证金统一为 1 万元。此外，淘宝商城对假货、水货采取“零容忍”态度。商家一旦出售假货、水货，将被立即封店，并且扣除全部违约责任保证金。同时，消费者将获得“假一赔五”的赔偿。

淘宝商城如此大幅度提高服务费和保证金，遭到了部分中小卖家的强烈反对。新规发布后，淘宝商城的大卖家如韩都衣舍、欧莎、方七格格、优衣库等品牌网店被集体攻击，被迫停止营业。

于是，淘宝商城发表声明，称为了给消费者提供更多更好的产品质产品和服务，让市场良性发展，必须做出改变，淘宝商城和广大商家不会因为遭威胁、恐吓而放弃原则。

据分析，淘宝商城推出新规的目的在于以下几点。

（1）实现商城品牌化。

淘宝网大幅提升商家成本是为了驱逐商城中实力较弱的中小卖家，实现商城的品牌化。原来淘宝网是一个地摊，现在变成了一个高档商城，于是实力弱的中小卖家只能被扫地出门。

（2）为上市做准备。

淘宝网假货盛行、赢利困难等，是导致其多次遭受上市失败的主要因素。因此，淘宝商城调整收费方式也可能是为了上市，而调整商业模式则是为了增加企业收入。

（资料来源：淘宝商城新规引发“内乱”小卖家疯狂围攻大卖家泄愤，和讯科技，2011年10月13日）

商业模式中，核心能力的确定有两种方法：一是根据商业模式其他要素的要求确定，如不同的业务网络和赢利模式都需要不同的核心能力；二是以核心能力为中心构建商业模式，具体方法是：以企业的单个核心竞争力为中心，寻找、构造与该能力要素相结合的其他利益相关者，或者对企业内部价值链上的能力要素进行有效整合，以创造更具竞争力的价值链产出。

案例 2-3

戴尔PC商业模式的核心能力

迈克尔·戴尔于1984年创立的戴尔计算机公司（简称“戴尔”）是世界著名的IT产品及服务提供商。1988年戴尔正式上市，2013年9月退市，当时市值总报价为249亿美元。回顾戴尔的发展历程，1999年戴尔公司首次成为全球首屈一指的计算机公司，2003年—2006年连续蝉联全球PC老大。那些年，戴尔为什么能取得如此骄人的成绩呢？

21世纪初，戴尔的商业模式以供应链管理和电子商务闻名天下。当时国内几家领先IT公司的运营成本与总收入之比为20%～22%，而戴尔的该项指标是9%，可谓实现了低成本高效率运营。当时戴尔拥有的几项核心能力是：获取大客户能力、供应商体系能力和供应链管理能力。

在获取大客户能力方面，据调查，戴尔占据商用计算机市场的70%以上的市场份额。戴尔为每一个重要客户建立了一套跟踪分析体系，以便及时预测客户系统升级等需求。戴尔的销售人员分为外部销售人员和内部销售人员。外部销售人员根据行业因素划分盯住不同的客户，维持客户关系，捕获客户潜在需求，是大客户筛选和获取的核心力量。内部销售人员利用各种渠道搜寻潜在重要客户的通信方式，采用电话销售的形式与客户进行初次沟通，在确定其意向后会将客户资料递交其所属的外部销售人员，每个内部销售人员每天平均拨打100～200个电话。销售人员的平均劳动生产率约为2 000万元/人年。

在供应商体系能力方面，戴尔采纳符合工业标准的技术，尽快把技术商业化，集中与上游 60 家供应商合作并满足其 95%的物料需求，其供应链的核心优势是拥有一套从下往上、从前往后、以客户为中心、高效运转的直接销售系统。用软件整合硬件、用客户资源整合优秀的供应商是戴尔供应链管理的两大精髓。

在供应链管理能力方面，快速直销是戴尔特有的运营方式，其高效的生产制造体系为实现直销模式奠定了基础。首先，戴尔通过电话、网络接受订货，用信息系统确认库存，然后按照订单量向零部件厂商发出订货，所需的计算机部件就会被及时运到生产地点。每 2 小时进行一次这样的过程，计算机生产工厂内的部件每 2 小时就会追加一次。戴尔工厂平均库存维持在 4～5 天，根据工厂的不同甚至只有 2 小时的库存。相对于戴尔的高效率，其他计算机厂商的库存周期则在 30～40 天。

正是依靠这 3 个方面的核心能力，戴尔公司的电子商务运营才得以高效运转。

（资料来源：戴尔公司，MBA 智库百科，2015 年 10 月 13 日）

案例 2-4

居泰隆：家装整体解决方案提供商

居泰隆家居（简称“居泰隆”）是一家致力于全面降低居家装饰费用，为客户提供全案设计、全程服务的中外合作企业。该企业自 2001 年创建以来，凭借其独立研发的可视化设计与家居配置服务系统（HDS），通过对装修公司、家居产品生产企业和客户资源的有效整合，构建了以客户为中心，以居泰隆为平台，以装饰公司、材料生产企业、饰品生产企业和家具生产企业为业务网络的全新居家装饰商业模式。

截至 2013 年年底，居泰隆家居已在全国 20 余个省市建立了 24 家分/子公司、100 余家服务门店，并与国内外 200 多家知名生产企业建立起合作同盟关系，汇聚了 20 000 余种家居产品。居泰隆倾力推出的“婚房”和“新居”两大“家”系列产品，为中国上百万消费者提供了精彩纷呈的个性化选择，帮助客户实现了轻松家装、拎包入住的愿望。

传统的家居装饰模式是：材料供应商只负责提供材料，装修公司只负责施工，家居产品供应商只负责提供家居产品。消费者对家居装饰几乎不了解，信息不对称往往使他们处于被动地位，还需要对商家的各个活动进行连接、对施工质量和装修效果进行监督。采用这种模式不但达不到理想的家装效果，而且费心、费力、费时、费钱。

居泰隆创建初期，主要集中于开发一套可视化的 HDS 系统。同时，居泰隆还与数百家国内品牌家居产品制造商签订了供货合同。HDS 系统存有这些品牌家居制造企业的数千种产品图样，用户只要在系统中输入房间的大小、形状等数据就可以根据自己的喜好选择装修风格和材料，如现代简约、欧陆风情、古典情怀等。HDS 系统还可以让用户自己挑选并摆放各种品牌、款式、风格、颜色的家具和饰品，也可以随时调整摆放在房间中的灯具、挂画等。所有这些都以三维立体的方式呈现出来，几乎与实际场景一致。在用户确定这些设计后，系统就可以列出需要购置的所有产品的品牌、规格型号、价格等，甚至可以列出装修的流程和规范。这样，所有产品都比消费者自己购买的价格低 15%以上。

如果从商业模式的五大要素来看，居泰隆的商业模式可以初步总结如下。

1. 价值主张

居泰隆凭借 HDS 系统，以生活方式为导向，注重“理性”“慢调”和“鉴赏”，倾力打造“婚房”和“新居”两大“家”系列产品。相应地，其客户细分群体主要为新婚夫妇、新居客户。

居泰隆作为一个家居整体解决方案提供商，为客户提供便捷、迅速、满意、无忧的家装一体化服务，承诺家装达到“所见即所得”效果，节省15%的费用、决算价不超过预算的5%，轻松家装、拎包入住。

从居泰隆角度看，帮助客户在基础装修、主材及家居产品方面节省了大量费用：在基础装修方面，至少可以为客户节省15%～20%的费用；在主材方面，至少比客户自己去采购要便宜5%～8%；在家居产品方面，至少比市场成交价便宜20%。

2. 客户关系

针对有不同偏好的客户，居泰隆分别提供线上和线下服务，使电子商务和传统购买方式得以有机结合。在线上，居泰隆利用网络和电子商务技术搭建了功能完备的家居产品定制交易平台，实现了自助式设计和便捷购买。消费者通过网络平台既可以了解到最新的家居装饰时尚和动态，也可以通过可视化家装设计系统自行完成个性化的居室设计，进而生成订单购买家具、家装材料等。在线下，消费者进入居泰隆服务门店，就能够在设计人员的指导下完成可视化的家居设计。居泰隆还利用微博、微信为消费者提供互动服务，通过虚拟社区为更多用户建立家装交流空间。

按照客户群体、产品和沟通方式的特点，居泰隆适合与客户建立专用个人助理、在线社区和共同创作方式的客户关系类型。

3. 业务网络

居泰隆与数百家品牌家居制造商签约，整合了国内品牌家居产品制造商、家居产品供应商、外包物流提供商。同时广泛征集加盟商，有A、B、C 3类线下加盟服务商，加盟费为8万元～20万元，加盟店通常一年即可收回投资。

居泰隆自己负责HDS系统、网站、配送中心和少量中心门店的运营。在整个家装服务流程中，居泰隆控制着最为关键的信息流，而将包括制造、部分销售终端、物流在内的业务都进行了外包。居泰隆的运营模式是：专注于中心店建设、供应链营销、运营指导以及品牌管理。

4. 赢利模式

特许加盟费：居泰隆90%的连锁门店都是通过特许加盟方式发展的，企业收取至少8万元的费用，给予技术、人员等方面的支持。

终端租赁费：凭借HDS系统，向各家装公司予以推广，收取系统租赁费。

委托订货管理费：向客户收取家装产品的管理费。

厂家返点：向各品牌厂商收取销售返点。

直营门店经营：向消费者收取服务费用。

5. 核心能力

核心技术：HDS系统以三维图形方式为客户提供可视化的家装模拟方案。

家装产品供应链：通过外包策略，整合了国内品牌家居产品制造商、家居产品供应商、外包物流提供商，通过信息共享，提供高效的供应链。

品牌化锁定客户：在家装市场，口碑很重要。居泰隆提供的便捷、迅速、满意、无忧的居家装饰服务使其具有较高的客户知名度、信任度与忠诚度；同时，通过与地产商合作，锁定小区客户，推出楼宇小区量身定做方案。

（资料来源：居泰隆十年精工铸伟业，中华建筑报，2013年12月3日；
居泰隆家居，2016年7月28日）

2.3 商业模式设计

上一节介绍了商业模式的诸要素，重点讨论了如何理解和分析五大要素的内容及其相互之间的关系。那么，如何从企业的角度，结合企业自身的行业定位和资源能力，设计新的商业模式呢？实际上，要回答这个问题会涉及许多内容，本节主要讨论用什么语言表达商业模式、有哪些商业模式设计方法等话题，最后用商业模式画布展示案例 2-4 居泰隆商业模式的部分内容。

奥斯特瓦德等提出的商业模式构建方法是一种简洁的商业模式表达，本节介绍的设计方法参照他们提出的商业模式画布和商业模式设计方法①。

2.3.1 商业模式画布

既然商业模式是企业业务的一种模型或框架，那么就需要有一种建模语言来表达这种模型或框架的构成因素及其关系。由于构建商业模式的过程可能需要多人参与集思广益，所以需要一个方便大家交流沟通、易于理解的可视化工具。商业模式画布就是适合这种团队协作的通用图示表达工具。这种工具类似于画家的画布，其中预设了 9 个空格，如图 2-1 所示。我们可以在上面加入商业模式的相关内容，以形成构造块，从而呈现出现有的商业模式或设计新的商业模式。

商业模式画布可被看成前面讨论的商业模式五大要素的进一步细化。五大要素实际上回答了以下问题:企业提供什么？如何提供？为谁提供？有哪些核心能力？收入、成本是多少？如图 2-2 所示。

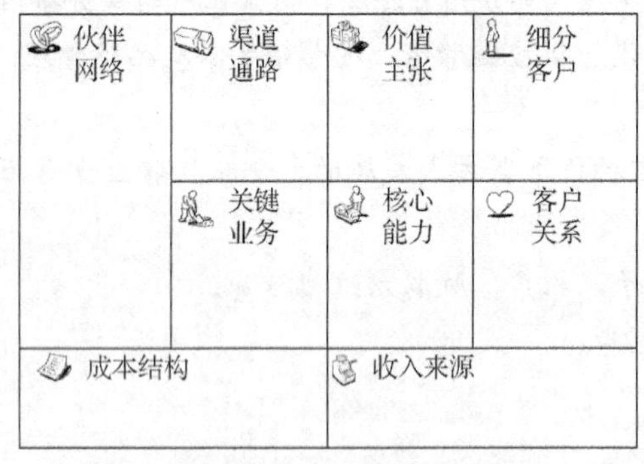

图 2-1 商业模式画布

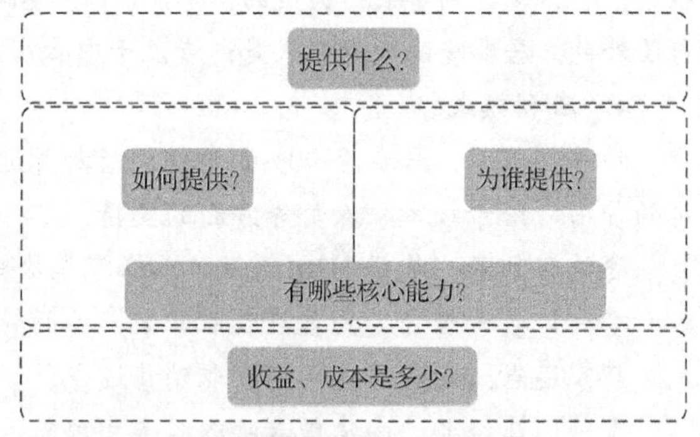

图 2-2 商业模式五大要素与画布

考察商业模式五大要素与画布 9 个构造块的内容及其关系，可以获得它们之间大致的对应关系如下。

（1）价值主张：对应画布上的价值主张、细分客户构造块。

（2）客户关系：对应画布上的客户关系、细分客户构造块。

（3）业务网络：对应画布上的伙伴网络、关键业务和渠道通路构造块。

（4）赢利模式：对应画布上的收入来源、成本结构构造块。

① 奥斯特瓦德等. 商业模式新生代[M]. 北京：机械工业出版社，2011.

（5）核心能力：对应画布上的核心能力构造块。

结合前文对商业模式诸要素的深入解析，可导出商业模式 9 个构造块的具体内容，如图 2-3 所示。

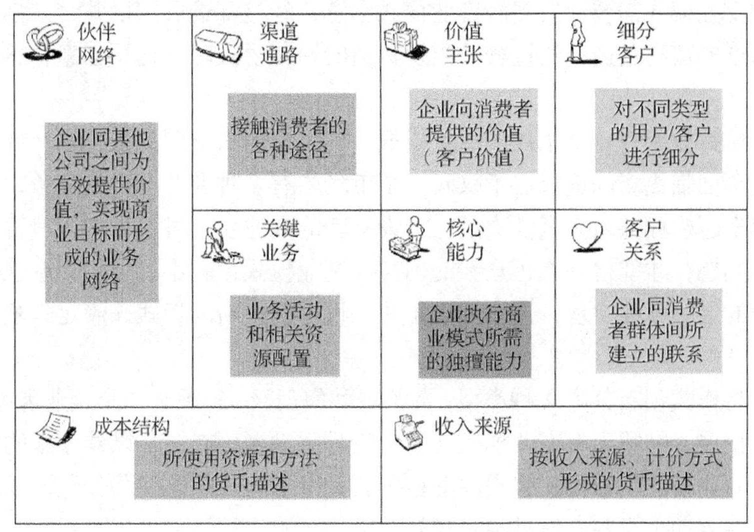

图 2-3　商业模式画布构造块的具体内容

2.3.2　商业模式设计方法

为了设计出更好、更有创意的商业模式，可利用一系列工具和方法。企业经常需要进行各类设计，如战略、组织、商业模式、流程等。要做到这点，就要面对复杂的市场环境，考虑现行技术、竞争对手、法律和环境的约束，还要探索未知的领域，同时掌握相应的设计工具。这样才能进行有效的需求和设计沟通。以下简要介绍 5 种商业模式设计方法：客户洞察、创意构思、可视思考、故事讲述和情景推测。

（1）客户洞察。

设计商业模式时，企业应从客户的角度进行考察。这并不意味着要完全按照客户的思维来设计商业模式，而是在选择、评估商业模式时要融入客户的视角。要创新模式，企业就要对客户有深入了解，包括环境、日常事务、客户关心的焦点和愿望，同时，应该让客户视角指导关于价值主张、客户关系和收入来源的选择。

达到对客户的彻底了解是企业面临的真正挑战，而有了客户洞察才能基于这种了解进行商业模式诸要素的设计、优化。企业应改变围绕自身设计商业模式的思路，采用围绕客户设计商业模式的思路。例如，与其提问“我们有什么可以卖给客户的？”，不如考虑“我们的客户需要什么？我们又能如何帮助他们？”；与其提问“我们如何才能更有效地接触客户？怎样才能让客户付款？”，不如考虑“我们的客户希望是什么样子的？希望我们与他们建立什么样的客户关系？客户会为获得什么样的好处而付款？”

另一个挑战是企业清楚该听取哪些客户的意见，忽略哪些客户的意见。客户洞察是指企业要辨别哪些是客户的真正痛点，哪些是客户的真实需求？企业的未来增长点常常就在热销产品的附近，模式设计者应该更多地关注新的和未满足的客户细分群体。通常客户洞察应掌握的客户细分群体的特征，可通过梳理以下问题获得：①客户看到了什么？②客户听到了什么？③客户真正的想法和感觉是什么？④客户说了什么、做了什么？⑤客户的痛点是什么？⑥客户希望得到什么？

（2）创意构思。

设计新的商业模式需要开发多种商业模式创意，经过筛选后加以整合。创意构思就是指这个开发和筛选的富有创造性的过程。当设计新的商业模式时，运用创意构思的技能会事半功倍。

大多数传统行业都有一个主流的商业模式，但现在的情况要复杂得多。现在设计新的商业模式，一般会面临更多的选择。不仅同一个市场内有多种商业模式的竞争，而且行业间的界限也变得越来越模糊甚至完全消失了。当设计新的商业模式时，我们只有暂时忽略现状、暂停关注运营问题，才能得到真正全新的创意。商业模式创新不可能仅吸取以往的经验或者参照竞争对手的经验就能实现，还需挑战正统，设计出全新的模式来满足未被满足的或潜在的客户需求。

这里可以将模式创新分为4种类型：资源驱动型创新，起源于一个企业现有的基础设施，抑或合作关系拓展，抑或现有商业模式转变；产品驱动型创新，是以建立新的价值主张的方式来影响其他商业模式构造块；客户驱动型创新是基于客户需求，降低获取成本或提高便利性。另外，这些驱动也可联合推动模式创新。

（3）可视思考。

可视思考使用诸如图片、草图、图表和便利贴等可视化工具来构建和讨论工作。商业模式往往由多个构造块组成，因此只有把构造块描述出来才能获得理解并达成共识。

商业模式是一个复杂的系统，其中任何一个元素都可以影响其他多个元素，只有将这些元素作为一个整体看待才有意义。如果没有可视化，就很难捕捉到商业模式的全貌。事实上，通过可视化地描绘商业模式，可以把其中隐形的假设转变为明确的信息，从而明确商业模式，并且更清晰地进行讨论和优化。可视化技术赋予商业模式以鲜活的故事，能促进团队的共同创造。

（4）故事讲述。

虽然有些商业模式新颖而富有创意，但常常是晦涩难懂的。通过全新的方式组合各种元素，挑战现行的创新模式，需要迫使听众打开思路，接受新的组合。面对这些陌生的商业模式，听众们很有可能会本能地产生抵触。所以，如何将新的商业模式呈现出来，并且让人们易于接受，是模式设计中重要的环节。就像商业模式画布能帮助企业说明和分析新模式一样，故事讲述能帮助企业表达新的商业模式和理念。故事讲述其实是利用商业模式画布的说明能力，打消人们对未知事物的疑虑。

（5）情景推测。

同可视思考、故事讲述一样，情景推测能把抽象的概念变成具体的模型。它的主要作用就是通过假设更多的现实环境，帮助人们理解、熟悉和评估商业模式设计。

商业模式创新可能涉及两种类型的情景推测。第一种说明的是不同的客户背景，即客户是如何使用产品的，哪类客户在使用它们，客户的顾虑、愿望和目的分别是什么。这种建立在客户洞察基础上的场景，将对客户的了解融入一组独特、具体的图像。通过描述特定的场景，关于客户的情景推测就能把客户洞察具体形象地表现出来。第二种说明的是新商业模式可能出现在哪些场景中。这里的目的并不是要预测未来，而是要具体形象地描绘出未来各种可能的情况，并根据未来不同的环境设计出最为恰当的商业模式。在商业模型创新中，运用情景推测可促使设计者思考商业模式在特定环境下的演变趋势以及应对方法。

2.3.3 商业模式画布设计实例

根据以上对商业模式画布的讨论，可以将商业模式五要素扩展成图 2-4 所示框架。简单地看，商业模式的设计过程就是填写这 9 个构造块的过程。当然，对现有商业模式的分析也是填写 9 个构造块内容的过程。

下面我们以案例 2-4 的内容为例，简要画出居泰隆公司商业模式的 9 个构造块（部分内容），说明商业模式画布的使用方法。

（1）应明确针对哪些客户提供什么样的价值主张。居泰隆的目标客户是需要家装的客户，如果按客户群体划分，主要有两类客户：新婚夫妇、新居客户。在居泰隆的线上线下还可以做许多广告，所以广告主也是主要客户。针对这些主要客户，要有相应的价值主张，如图 2-5 所示。

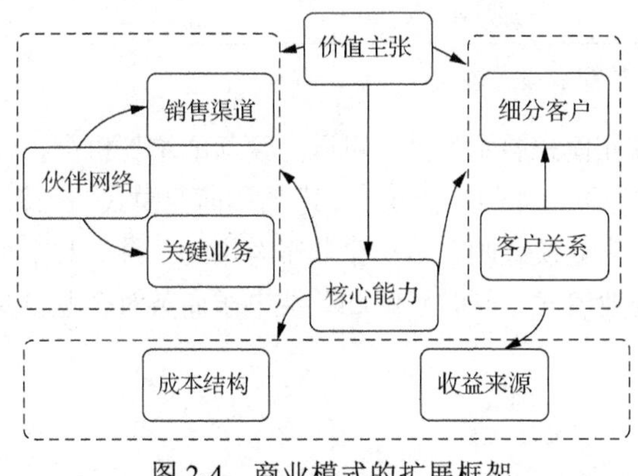

图 2-4 商业模式的扩展框架

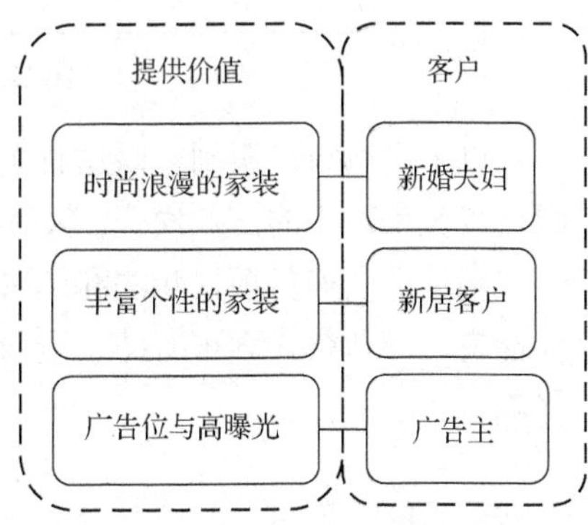

图 2-5 客户群体与价值主张

（2）应明确如何建立客户关系。每一类客户都有特定的建立客户关系的渠道或方法。如果是新婚夫妇群体，则可采用的客户关系方法如图 2-6 所示。

（3）应考虑收入来源，价值主张、客户以及收入来源的关系。这里仍然以新婚夫妇和广告主为例，如图 2-7 所示。

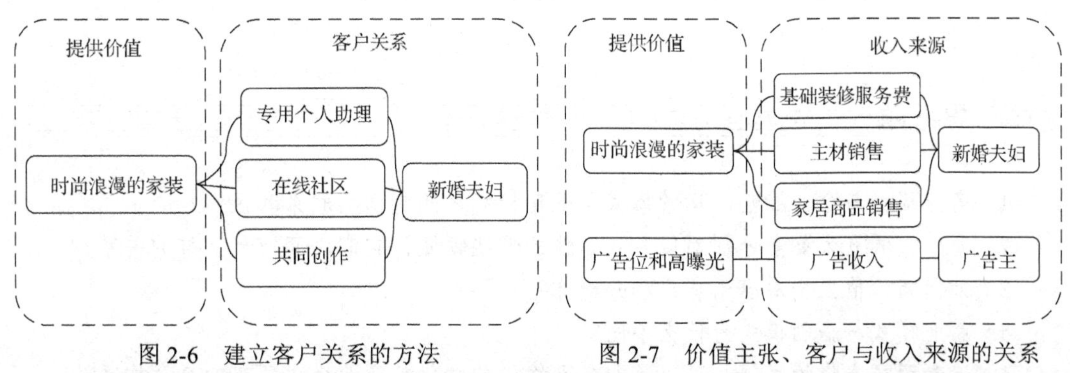

图 2-6 建立客户关系的方法　　图 2-7 价值主张、客户与收入来源的关系

（4）应遵循这种方法总结对居泰隆其他构造块的分析，可以分别填写出关键业务、核心能力、合作伙伴以及成本结构的部分内容，如图 2-8 所示。

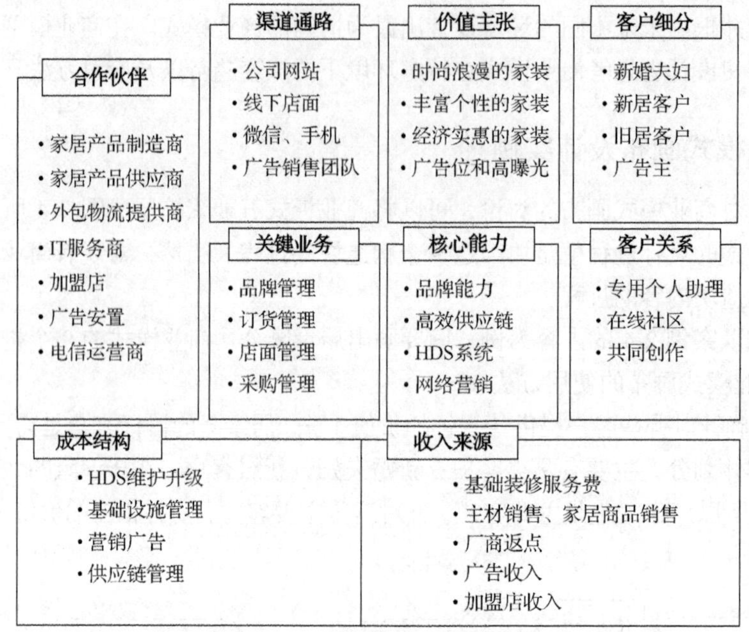

图 2-8　居泰隆的商业模式画布

从以上内容可以看到，以这种画布作为商业模式展示工具，可以发现新的增长机会，评估自己或竞争对手的商业模式，从而在团队内部讨论如何加快技术、市场和商业模式的创新。

在捕捉电子商务项目想法和解决方案时，商业模式画布是一个非常有用的工具。对中小企业而言，商业模式画布有助于澄清现行的商业模式，同时了解和关注电子商务对企业自身的影响。

关键术语

商业模式、运营模式、管理模式、企业战略、客户价值、企业价值、利益相关者、价值主张、客户关系、交易结构、业务网络、价值网络、赢利模式、核心能力、资源能力、核心竞争力、竞争优势、商业模式画布、商业模式构造块

思考题

1. 商业模式与企业战略、运营模式与管理模式之间有哪些联系和区别？
2. 商业模式五大要素分别对应企业运作的哪些领域？它们之间有什么样的关系？
3. 如何将价值主张对应于客户细分群体？
4. 商业模式与赢利模式有什么不同？
5. 请参照居泰隆的案例，画出其业务网络，并细化其商业模式画布的 9 个构造块。

第 3 章　平台经营策略

【学习目标】

通过本章的学习，读者应达到以下目标：

- 掌握平台模式的概念，了解平台生态系统的运营特征和业务活动；
- 了解平台模式的规划，理解平台模式的构建方法；
- 理解平台企业和多边群体的互动与博弈方式；
- 初步掌握平台经营策略的思路和实施方法。

【能力目标】

- 初步具备对平台模式的分析和构建能力；
- 初步具备说明和分析电子商务平台经营策略的能力。

【引导案例】

2016 年 8 月 1 日，滴滴出行宣布与 Uber 全球达成战略协议。根据协议，滴滴出行收购 Uber 中国的品牌、业务、数据等全部资产。滴滴出行和 Uber 从“相杀”到“相爱”，花了两年多的时间。至此，滴滴出行成为唯一一家由腾讯、阿里巴巴和百度投资的公司。彭博社援引知情人士消息称，滴滴出行与 Uber 中国合并完成后，新公司估值达到 350 亿美元。

创立于 2010 年的 Uber 业务已经覆盖到全球 68 个国家。2014 年年初，Uber 中国正式运营，开启了其在中国市场的进程。两年间，Uber 中国扩张迅速，已经覆盖到中国 50 多个城市，并计划到 2016 年年底扩展到 100 个城市。如此急速的业务扩张，加之与滴滴出行的竞争，Uber 中国也陷入了烧钱补贴的运营模式。Uber 的公开资料显示，2015 年它在中国亏损逾 10 亿美元，而在全球其他地区已开始盈利。再看滴滴出行，自从 2014 年 2 月滴滴出行和快的合并后，其业务遍及全国 400 多座城市，其官方公布的数据显示，目前滴滴出行在半数城市已实现盈利。

打车软件 App 彻底改变了传统的打车方式，建立起移动互联网下的智慧出行方式。相比于传统的电话召车与路边招手叫车，打车软件的诞生更是改变了传统打车市场的格局。利用移动互联网特点，将线上与线下相融合，从上车开始到下车使用线上支付车费，打造了一个乘客与司机紧密相连的 O2O 完美闭环。这种方式提升了乘客打车体验，改变了传统的出租司机等客方式，让司机师傅能根据乘客目的地按意愿“接单”，从而降低车辆空驶率，最大化地节省司乘双方的资源与时间。

打车软件的鼻祖是 Uber 公司。自 2012 年起，中国企业开始拷贝打车软件模式。2012 年，快的、嘀嘀打车软件上线。据统计，在鼎盛时期，市场上共有30多种打车软件，竞争相当激烈。2013年之后，阿里巴巴、腾讯分别入主快的、嘀嘀（后更名为滴滴打车）。从2014年年初开始，快的、滴滴展开补贴大战，总计补贴数十亿元。在烧钱攻势下，大部分打车软件日益衰落，打车市场进入快的、滴滴“双雄时代”。2014年12月，百度投资Uber，从而开启了打车市场的BAT竞争。2015年2月，滴滴、快的宣布战略合并。2015年9月，滴滴打车公司正式更名为“滴滴出行”。

2016年7月28日，交通部发布新规定，打车软件终获合法地位。打车软件是一种典型的平台商业模式，它完全颠覆了出租车、租车行业的传统规则。

（资料来源：滴滴收购优步中国，北晚新视觉，2016年8月1日）

3.1 平台模式

平台（Platform）模式是当今最重要的商业模式。从现实世界到虚拟的网络空间，平台模式创造了一个又一个财富传奇。从日常生活到高科技开发，平台模式已经深入社会生活的每一个角落。时至今日，人们已感觉到每个产业、每个环节都在迅速经历着平台变革的洗礼。平台模式不仅在近几年电子商务的应用范围中快速扩张，更在未来几年中将成为传统行业转型升级的主要模式。

3.1.1 平台模式概述

平台是一种交易空间或场所，在此可以导致、促成双方或多方客户之间的交易。平台既存在于现实世界，也存在于虚拟的网络空间。平台作为一种典型的商业模式，其存在形式十分广泛，在现代经济系统中占据非常重要的位置，而且会成为引领新经济时代重要的经济运作体。

平台企业（平台方）是平台商业模式的构建者。平台企业往往会建立独特而严谨的规范和机制，连接多个特定用户群，为他们提供互动机制和服务，激励多方群体之间的良性互动，并从交易中获利。平台模式的精髓，在于打造一个完善的、成长潜能强大的“生态系统”。

一个典型的交易平台，至少涉及买方、卖方和平台方。在买方和卖方决定采用平台后，平台上买卖双方的网络规模就成为重要的价值参数。当双方（或多方）在一个平台上互动时，平台上卖方越多，对买方的吸引力就越大；同样，卖方在考虑是否使用这个平台的时候，平台上买方越多，对卖方的吸引力就越大。

现实生活中有许多平台模式的例子。在传统产业中，如银行卡就是典型的平台。随着信息和通信技术的迅速发展与广泛应用，出现了多种新型的平台形式，如软件业、B2B、B2C和网络虚拟市场等。典型的操作系统平台，如Windows、Linux。这些操作系统平台之间存在竞争：一方面需要吸引更多用户，以使应用软件开发商愿意在自己的操作系统平台上开发、运行应用软件；另一方面需要吸引更多的应用软件开发商，以使更多的用户使用自己的操作系统平台。除此以外，平台模式还包括电信业（信号发出方与接受方）、银行卡（持卡方与商户）、技术标准（产品开发商与用户）、电子游戏平台（游戏开发商与游戏方）、购物中心（开店商家与购物者）和公共媒体（节目提供者、观众和广告商）等。

正如在第 2 章中所介绍的，传统模式的价值主张通常以商业资源稀缺为前提条件，商家主导模式控制权，目标是使股东利益最大化。企业采取先生产后销售、先投资（重资产）后经营的方式运营。企业大多是以生产制造驱动市场需求促进发展，而且规模化、标准化的大企业就是强企业，大规模的量产就是高效的运营管理。在客户关系方面，企业将客户细分、服务、渠道和售后独立运营，通过广告洗脑维持单一的交易关系、教育与被教育的关系。在业务网络方面，企业采取各方独立经营或垂直经营模式，客户与供应商基本上处于隔离状态，信息严重不对称。而在赢利模式方面，企业通常运用广告营销、降价倾销以及压榨经销渠道和后端供应方法，可能会引发诚信危机。

与传统模式相比，平台模式发展出新的商业价值，即注重人文关怀、个性化。企业不仅为客户提供有用的产品，还通过互联网技术将冷冰冰的产品变成有灵魂、有热度、有人文关怀的价值主张，从而吸引消费者。在客户关系方面，企业将服务、体验放在第一位，让客户参与产品创新，并通过建立信任连接提高客户转换成本；在业务网络方面，企业基于客户需求参与设计、制造，构建共同按需定制的生产和供应体系，精准匹配需求，减少信息不对称，降低库存；而在赢利模式方面，企业采取免费补贴策略，积极开拓多种收入来源，降低交易成本。

3.1.2 平台模式的特点和分类

平台模式的特点，主要是网络外部性和多属行为，就是利用群体关系建立起无限增值生态系统的可能性以及群众行为的自主选择性。

传统的经济现象将消费时所获得的价值视为个人层面的东西，与他人无关。然而在现实中却存在这样一些产品与服务：当使用者越来越多时，每一位用户所得到的消费价值都会呈跳跃式增加。以电话为例，如果全世界只有你一个人的家里装了电话，它将没有任何价值，因为你无法拨打给其他人。然而，当第二个人也装了电话后，效用就开始改变，你可以使用电话进行异地交谈，电话的价值由此产生。当第三个人、第四个人……陆续加入时，电话的使用价值会越来越高。所谓外部性，就是一个经济主体的行为对另一个经济主体的福利产生影响，但这种影响并没有从市场交易本身反映出来。而网络外部性或者网络效应，则说明的是连接到一个网络的价值取决于已经连接至该网络的其他人数量的价值规律。

通常可区分两类平台的网络外部性。一类是平台的用途外部性，也称为直接网络外部性，它一般是指一种产品的价值与使用相同产品或兼容产品的消费者的数量相关。换言之，就是指因使用这样的产品而获得的附加值。例如，对于一个办公软件的用户而言，随着使用相同软件的人数增加，该软件对该用户的价值在逐步增加，因为与他人交换数据的便利程度也在逐步增加。直接网络外部性的另一种情况是，产品的整体价值与产品的用户数量相关。例如，电邮服务和电话服务的价值几乎只与产品用户的数量相关，因为它们仅用于用户之间的通信。

另一类是平台的成员外部性，也称为间接网络外部性，是指一种产品的一类用户的数量影响其对另一类用户的价值。例如，对于银行卡持卡人来说，该银行卡的价值与接受此卡的商户的数量相关，而不与其他持卡人的数量相关。类似地，一个购物平台对于消费者的价值取决于商家的数量，而非其他消费者的数量。

多属（multi-homing）行为是指一类客户不受限于某一个平台，而采取与多个平台发生关联的行为。由于平台功能存在可替代性以及平台相互之间存在不关联性，平台上的某类客户为了提高交易量或可选择性、降低市场风险，通常会采取入驻多个平台的策略。

例如，电子游戏开发商可能会将自己所开发的游戏上传到多个游戏平台，以争取尽可能多的游戏玩家。应用软件开发商往往会在互相竞争却不兼容的软件平台间采取多属策略。对银行卡业而言，不同支付卡系统之间还不能做到互通互连，导致商户与客户都可能存在多属行为，也就是使用多种 POS（Point Of Sale，销售终端）系统或拥有多种银行卡。

对平台模式的分类，目前主要依据平台连接的性质或平台的功能进行。若依据平台连接的性质，可将平台模式分为纵向平台、横向平台和观众平台。

（1）纵向平台，它促进“卖家”和“买家”达成交易。纵向平台的一个直观的例子是 B2C 购物平台，它通过提供网络空间来促进商家与消费者交易。银行卡则是另一个直观的例子，它说明可以通过一种技术平台促进卖家和买家达成交易。

（2）横向平台，它促进不同组成员的相互交流和组合。横向平台的一个典型的例子是电子邮件系统，各个用户之间地位相同，不存在买卖关系，但是存在相互交流与组合的需求。电信则是另一个典型的例子，电信的用户之间往往不存在明显的买家与卖家的区分，既可以是拨号方，也可以是接听方。

（3）观众平台，它通过为观众提供服务来捕捉目标客户，而这种服务通常会得到商户的资助。例如，报纸、电视节目、网络搜索引擎和文件共享技术。观众平台的商业模式受到内容提供者的欢迎，虽然内容的生产成本很高，但是只要能够获得观众的注意就可将成本转嫁给广告商。在强调信息时效性的年代，观众平台这一模式尤其受欢迎。

若根据平台的功能，可将平台模式分为市场制造者、观众制造者和需求协调者。市场制造者使得属于不同市场方的成员能够开展交易，某方群体成员越多，则另一方成员就越看重这项业务，因为这显然增加了互相匹配的机会，并降低了寻找成本；观众制造者发布信息聚集观众，然后匹配广告商和观众，观众越多，广告受众越多，广告商就越看重这项服务；需求协调者制造能产生间接网络效应的产品，这些产品能使两个或多个客户群体之间建立网络连接。这种分类突出了平台的主要优点：平台提供廉价的实体环境或虚拟的贸易环境，从而降低市场各方为寻找贸易伙伴而支出的成本。

3.1.3 平台的关键业务活动

不论是哪类平台，其关键业务活动都主要包括获取双边用户、平衡用户利益、用户规模化与流动性、平台竞争。

1. 获取双边用户

平台的一个重要特征是，不论如何收费，只要一方没有需求，则另一方的需求也会消失。例如，如果银行卡不是到处都能用，则消费者就不会对银行卡有需求；如果没人持有银行卡，则商家也不会安装银行的刷卡设备。这就产生了“鸡和蛋哪个先有”的问题。此时，平台企业的首要任务就是必须设法召集双边用户。因而平台的定价策略至关重要，3.1.4 节将专门介绍平台的赢利模式。

获取双边用户的方法之一就是先赢得平台某一方的大量客户，免费为他们提供服务，甚至支付补贴让他们接受服务。在平台企业处于多边市场的初始阶段时，这种策略比较常用。如中国银联尽管现在对银行卡采取年费制，但最初也是采取免年费的方式培养客户群。

上述策略就是所谓的“各个击破”的策略，鼓励了受益一方参与平台的积极性，有助于解决“鸡和蛋哪个先有”的问题。通过这样的运作方式，平台能够为市场培养（甚至在最初提供）一方或双方的客户，以推动平台获得全面的成功；同时，也可以减少客户使用竞争对手服务的机会。

2. 平衡用户利益

在获取一定数量的双边客户后，需要制订和维持一个适当的定价结构或计价方式。大多数平台的定价结构都会明显地倾向于平台的某一方,这一方的边际效用远低于平台的另一方。例如，除去交易收入，淘宝网的主要收入来自于淘宝商家；微软操作系统的绝大部分收入来自于给予最终用户和计算机生产商的授权许可，而不是应用软件开发商。

构建最适当的定价结构是多边市场中平台竞争的重点，也是难点。免费是互联网平台最大的特色，即使收费，其前提也是拥有庞大的免费用户基数。免费是一把双刃剑，一方面，任何一个互联网平台都不能轻易尝试从免费到收费的转变；另一方面，经营成本的巨大压力迫使企业不得不进行赢利模式的创新。

3. 用户规模化与流动性

对互联网平台而言，用户规模及数量至关重要。这既是网络外部性的要求，也是实施免费策略的目的。实际上，免费策略的实施导致大量用户被连接到平台上，并有可能成为第三方客户（如广告主）所需的目标客户，从而实现收入来源的转换。因而，用户越多对第三方客户越有利，平台企业的收入也就越能得到保障。

平台可能带来垄断，而多属行为无疑是制约垄断的有效手段。用户的多属行为带来的流动性，导致平台企业设法实施绑定客户策略，以提高客户的转换成本。流动性往往会给平台带来负面影响，提高平台企业的客户保持成本。但是，平台也可以利用流动性驱赶一些不良客户，以净化自身的使用环境。

4. 平台竞争

互联网平台的竞争，常常表现为联盟间的竞争，而非企业个体间的竞争。企业个体之间既是竞争者，也是合作者。许多技术产品都对其关联产品具有很强的依赖性，如浏览器的应用有赖于操作系统、计算机硬件和网络设备。此外，网络的特征也使企业之间可以方便地组成团队，为客户提供完整的服务。

平台的竞争常常表现为跨行业竞争，而非行业内竞争。由于大多数平台企业都不从事有形产品的生产，因而企业通过信息工具能够实现跨行业经营，在创造价值时也更能贴近客户的需求，从而使用户的体验更好。平台上的大规模用户，更容易被引导进入破坏性创新的领域。

3.1.4 平台的赢利模式

平台需要采用定价策略等手段，扩大双方客户的规模并从中获利。由此可见，如何定价是平台的核心问题之一。首先，平台要确定从哪边获利和如何定价；其次，平台要关注定价方式以及定价方式中的关键因素对平台运作的影响；最后，平台也要关心赢利模式对平台福利的影响，以及平台用户偏好什么样的定价方式等问题。下面主要介绍赢利模式在平台环境中的特殊性。

平台生态系统不再是单向流动的价值链，也不再是仅由一方供应成本、另一方获取收入的简单运营模式。在平台模式中，每一方都可能同时代表着收入与成本，也都可能在等待另一方先加入生态系统。因此平台企业需要同时制订能够吸引多边群体的策略，让每一方使用者获益，这样才能真正有效地壮大其市场规模。

根据平台的特点，一般认为，即便在双边信息对称的情况下，也会发生平台定价不对称以及其他不对称的情况。于是，平台经常采取由一方补贴另一方的策略。在观众平台中，广告商补贴观众。在纵向平台中，卖家补贴买家。例如，购物商场为消费者提供多种津贴或免费服务：停车场、中央空调、休息室等。尽管这些服务的成本由卖家承担，但卖家则从与消费者数量相关的间接外部性中受益。在某些纵向平台中，买家可能补贴卖家。例如，操作系统平台经常向最终用户收费而补贴软件开发商。当供求不对称时，横向平台经常通过对某些成员进行补贴来调节供求以获得动态平衡，如对商务用户采取高收费补贴一般消费用户。

平台的某些因素会影响对最终用户收取的费用，并通过增强各方的连接提升交易价值。这种连接明显区别于传统的商业战略，特别是当平台某一方从另一方赚不到钱甚至出现损失时。例如，观众平台经常播放免费电视，目的不是挤垮对手，而是向广告主收取更高的费用。

影响平台定价的因素主要有：需求弹性、中介的市场能力、产品和客户的差异化、平台竞争和多属行为，以及捆绑销售和技术锁定等。

平台企业要想赢利，要么向平台双边就平台产生的直接或间接外部性收费，要么与受益于较高网络外部性的一方分成收益。而有些平台，会通过提供辅助服务来增加收入。在具体收费时，平台对双边的每笔交易收取一定的交易费用是通行做法。但有时平台并不考虑平台双边的交易是否达成，而是直接收取固定的资格费，其主要动机是：①平台无法对交易行为收费，可能是难以获悉交易情况，或获得信息的成本太高；②固定费用使平台可以对另一方客户进行补贴，从而增加用户数量；③固定费用可能是对最终用户收费的最有效方式。

平台企业采用定价策略，可以提高对平台的管制能力。①平台作为价格管制者，如果卖方具有超越买方的市场能力，买方通过加入平台仅能获得很少的收益，那么平台就会有动机去关注或通过对买方进行补贴等方法来增加买方收益，并促使他们乐于加入平台。②平台作为许可授权者，其最终用户常常不仅仅关心定价问题，同样关心交易的质量问题。在一些行业中，平台关注对交易参与方的筛选，因为后者创造了前者的外部性。例如，媒体对广告主和广告内容的限制至少不能冒犯媒体的观众。从这个角度说，平台就是具有许可授权能力的管制机构。③平台作为竞争策划者，当价格管制成本太高时，可以通过鼓励平台一方的竞争而使平台对另一方更有吸引力，从而导致价格接近边际成本、交易量接近有效量。因而，一个平台能够从鼓动某一边的竞争中获得收益，也就是说它至少能够通过与市场另一方的交易获得补偿。

案例 3-1

起点中文网

2002 年 5 月，起点原创文学协会成立，这是起点中文网的前身。2002 年 6 月，起点中文网第一版网站推出，并开始试运行。网站以推动我国原创文学事业为出发点，以“读书在起点，创作无极限”为口号，一直致力于挖掘和发现优秀的原创文学作者，推动中国文学原创事业的发展。2003 年 10 月，网站开创了在线收费阅读，即电子出版的新模式。

起点中文网为读者呈现的内容比传统出版社提供的内容更新颖，价格也更便宜。通常一本 20 万字左右的实体书，市面上的售价为 30～40 元人民币。换算起来，每千字的阅读价格为 0.15～0.20 元。而起点中文网的读者，每阅读千字原创小说所缴付的费用为 0.03～0.05 元，仅仅是传统实体书四分之一的价格。同时，文字作品一旦上线，读者便能立即阅读，不必等待出版、印刷这一过程。另外，网上可提供各种类型的书籍，其丰富性远远超过任何书店，甚至超过一般的图书馆。

对于原创作者来说，起点中文网为他们提供了展示才华的前所未有的机会。在传统出版业，哪些作品能够出版、哪些会被淘汰，全由出版社的编辑们决定。一般来说，专业的编辑凭借其长年的产业经验与直觉来判断作品的销售价值。在数百份投递给出版社的书稿中，往往只有一小部分能以实体书的形式上市，最终接触到读者大众。

这些作者与起点中文网是收入分成的。读者在网站充值后付费看文学作品，网站定期将作者的作品收入按一定的分成比例付给作者。网站还通过线上广告、内容增值业务等获得收入。经过 10 年的努力和奋斗，起点中文网成为中国原创文学的领导品牌，建立了完善的集创作、培养、销售于一体的电子在线出版机制，树立了业内具有影响力的行业领导地位。

2014 年 12 月，腾讯文学发出邮件称盛大文学旗下的起点中文网、创世中文网、云起书院将以第三方渠道的身份被纳入腾讯文学。在稿酬结算方面，扣除第三方收取的渠道费用后，腾讯文学将对结余收入与作者以 5∶5 的比例结算。

（资料来源：起点中文网，百度百科，2016 年 8 月 13 日）

3.2 平台模式规划

通过审视传统企业的价值链、持续竞争力，我们会发现传统企业存在企业价值链太长、产品缺少个性和特点、限制企业进入新行业等诸多问题。

企业价值链过长，导致采购信息、产品信息的传递效率低、沟通过程复杂，也导致上下游合作伙伴的反应速度减慢，因而需要通过去中间化、去中介化，让供需双方直接见面，缩短低效的产业链；传统产业过于强调标准化、流水线生产，导致产品缺少个性和特点，因而需要通过平台模式增强产品的丰富性，满足客户的个性化需求；传统产业独立性强，分工明确细致，企业难以进入新行业，因而需要通过平台模式去边界化，实现跨界整合。

3.2.1 重构价值链

零售商要想保持高收入，就必须以最快的速度在商店或网店中展示最近流行的产品。这对现实世界中的企业运营和供应链管理提出了挑战。这些挑战表现为零售行业中价值创造、行业价值链的构造、企业运营效率等。

在现实世界中，我们经常会感到有些生活不方便、办事效率低，如出门坐车难、订酒店难……这些日常痛点，实际上就意味着这个行业价值链中存在脱节、低效点。近几年来，一些企业已制订出解决这些痛点的方案。他们不是简单地将销售环节搬到网上，而是尝试运用平台模式重构价值链。

重构价值链，就是对行业价值链的各个环节进行分解，寻找可改造的节点，然后重新构造整个价值创造与分配的关系。重构价值链的过程，既有对原有环节的提升或降低，也有对原有环节的排除或改造。在重构价值链的过程中，要摒弃一些旧观念、旧范式，删除传统价值链上一些低效、阻碍的环节，增加新的利益相关者和资源，提升交易价值，建立对应的新规则，降低交易成本和交易风险。因此，平台应重点考察以下几点。

（1）在新的行业价值链中，必须包含的利益相关者或资源。

分析完旧的价值链后，根据商业的本质分辨未来新的价值链中必须保留的环节，以保持交易核心圈，即无法排除的商业环节。通常供需匹配的双方都不可或缺，或是直接产生利润的环节，或是无法跳开的消费过程，或是双方互动所必需的中介。总之，少了这些环节产业链就不成立。

（2）在新的行业价值链中，不需要的利益相关者或资源。

平台一旦排除了行业垄断者、信息屏敝者、成本虚高者等障碍性环节，就能降低交易成本。实际上，这正是平台最能发挥联系双边客户作用的地方，是对行业价值链的革新。例如，58 同城、家政网站打破了传统中介的信息垄断、信息屏蔽；淘宝网上的农产品销售摆脱了中间的多层供应商，直供城市居民，大大降低了中间环节的交易成本。

（3）在新的行业价值链中，必须新增的利益相关者或资源。

为了增加商业模式的交易价值，可以引入必需的利益相关者，发掘价值创新的途径。在互联网技术普及的时代，用技术来改进、颠覆商业模式的案例比比皆是。网约租车模式引入众多的租车公司、个人司机来增加供给，其中智能手机便发挥了关键作用。智能手机既是司机、客户、平台的信息联系工具，更是导航工具、线路监控工具。

案例 3-2

春雨医生：重构医疗价值链

春雨医生创立于 2011 年 7 月，历经 5 年的时间，聚集了超过 9 200 万名注册用户、49 万名公立二甲以上医院的注册医生，日均问诊量超过 100 万次，日均 33 万个问诊得到专业医生的解答。

中国医疗行业的价值链主要由医疗服务的提供者（医院和医生）、支付者（个人、企业和保险）、药品生产和流通者以及政府监管者组成。

在这个价值链中，春雨医生保留了医生和病患者这两个不可或缺的服务对象，这是医疗价值链的两个核心利益主体；春雨医生试图删除医院这个低效的环节，在某个时间段医院甚至是无用的环节；另外，春雨医生还引入了新的环节。

那么，春雨医生是如何重构这种价值链的呢？春雨医生的 CEO 张锐认为，春雨医生在探索自身模式的过程中，经历了 3 个阶段，可以总结为 3 个关键词：QA（提问和回答）、私人医生、保险。

春雨医生在刚进入移动医疗行业时，政策并不明朗。为此，它发明了一个新概念——轻问诊，也就是将医生拉到线上，为用户提供一些诊断咨询，即QA（提问和问答）。这是春雨医生从一个普通用户的视角去看待“看病难”的问题。仅仅3个月，春雨医生就获得了100万人的用户量。然而，这种QA方式带来了两个问题：一是用户体验不够完整，医生怎么说用户就怎么听；二是给传统医疗圈带来挑战，质疑其严肃性、科学性。

春雨医生在第二阶段采用了“私人医生”的方式。如果患者即使到了一家好医院，但5分钟就被打发走了，那么患者同样体验不佳。如果能够让医生和患者之间建立起点对点、长期持续、稳定的信任关系，改变医生的动机和动力体系，则这将提升医学质量，解决医学的科学性问题。同时，春雨医生为解决用户体验的完整性，开设了线下诊所。春雨医生线下诊所的开设，实现了患者在线下拿药、做检查等流程，完善了用户从看病到治病的体验。

春雨医生在看到这种商业模式提升了交易价值，降低了交易成本之时，也意识到其中隐藏的风险，于是除了制订严格的合作医院准入规则之外，还着手构建基于5个数据维度的医生“竞质排名”规则。未来的导医，将以医生指数、LBS（Location Based Services，基于位置的服务）数据、就医指导等方式综合导流。同时，为防止过度医疗和医疗纠纷，春雨医生还在患者端进行全程的数据追踪。

同时，春雨医生开始涉足保险。张锐认为：“今天的私人医生就是保险的雏形，你买我们春雨健康险，我给你配一个私人医生，同时配春雨诊所线下检查和治疗的用药费用，外围还包括体检等服务，这就是一个保险产品的雏形。”通过保险，可以控制用户的诊疗行为，进而控制费用。

2016年8月初，春雨医生宣布开放自己的核心业务：在线问诊。这是目前移动医疗行业里唯一真正成熟、公众接受度高的业务，也是目前多数医疗平台的标配业务。按春雨医生的官方说法，开放在线问诊平台的目的是实现：开放、联结、共赢。“开放”是向所有渠道开放问诊接口；“联结”是借万物互联的东风，连接人与服务；“共赢”是以在线问诊为核心，打造与合作伙伴共赢的平台。

（资料来源：“被倒闭”的春雨医生，到底是怎样一家公司？）

3.2.2 平台模式的构建方法

从整合供应链的思路出发，在上述重构价值链的保留核心资源、去除低效环节、增加新利益主体与资源思路的指导下，考查平台的边界划分，可以导出构建平台的3种方法，以此来改造传统价值链。

（1）直接连接供需双方。通过建立网络平台，直接连接供需双方，去除不必要的中间环节，提升整个价值链的运行效率，为整个平台带来增值。

（2）积聚多方供给资源服务。通过建立网络平台，激发供需双方的参与热情，特别是设立激励机制调动、聚集更多的资源供应方加入，同时降低门槛，让更广泛的群体参与到平台中。更多的供应方可解决需求的痛点，其同边负效应也能进一步提高供应质量，如滴滴出行让更多司机成为服务资源。

（3）协同整合供应链。通过建立网络平台，连接上下游合作伙伴，甚至同业竞争者，大家共建平台的游戏规则，为供应方和需求方带来最大增值，引导供应链上的各利益主体提升价值，形成共赢局面。

3.3 平台运营策略

在平台模式发展的各个阶段，需采取不同的运营策略①。本节根据平台发展的初始、扩展、创新阶段，以及平台的竞争和覆盖问题，主要介绍对应的运营策略：设计、构建平台架构；推进平台双边（或多边）发展，提升和巩固网络效应；多方位创新平台，增强用户参与感；应对平台竞争，提高转换成本；正视平台跨界风险，主动扩大覆盖面。

3.3.1 设计平台架构

平台在其发展的初始阶段，实施设计平台架构，启动引导用户策略。其主要策略包括：定位多边市场、激发网络效应、建立用户保护机制、确定赢利模式。

1. 定位多边市场

定义平台的双边（或多边）使用群体是设计平台商业模式的首要步骤。典型的平台企业一般连接两个不同的群体，如淘宝的“买家”与“卖家”、起点中文网的“作家”与“读者”等。也有平台涉及三个不同的群体，如百度整合互联网上的信息，为网民提供信息搜索服务，让他们能够方便、有效地接触到无数的“内容网站”，借以吸引广告主的投资。除此之外，还有一些更为复杂的平台包含四五个群体，如 Google 不但拥有搜索引擎，还汇聚了软件开发商、手机制造商、手机用户等群体。

实际上，无论一个企业拥有多少边群体，它的平台有多么复杂，其基本架构都是以双边模式搭建而成的。换言之，即使一个平台同时连接了四五个不同的群体，其分析基础也是一样的。“双边”是平台的基本建构单位，复杂的平台是以“双边”为基础构成的，图 3-1 所示为双边模式的平台概念图。在这种平台概念图中，我们用圆圈表示平台，象征交易服务中心，能平等地连接多边客户群；用梯形或三角形分别表示某个特定的“边”，即平台的客户群体，而三角形表示的是客户中付费支撑平台运行的客户群体。

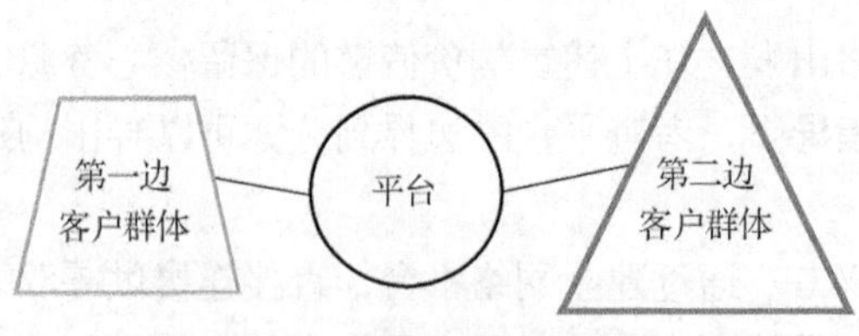

图 3-1 双边模式的平台概念图

例如，在淘宝网上，“买家”属于第一边客户群体，而“卖家”则属于第二边客户群体。在起点中文网上，“读者”属于第一边客户群体，而“作家”则属于第二边客户群体。

建立平台的第一步是关注价值主张，分别确定不同的客户群体是谁及他们的问题、需求有哪些。起点中文网的平台模式是要改变由作家经过出版社、图书经销商等，最后到达读者的传统的图书出版模式，是让作家直接面对读者的平台模式。

① 陈威如，余卓轩著. 平台战略[M]. 北京:中信出版社，2013.

实际上，定位双边客户群体将为平台带来连接供求双方的契机，为后续引发网络效应奠定基础。进一步来看，我们还可以引申出三边模式。虽然三边模式的平台引入了一些新特征，但仍然符合双边模式的基本策略与法则。

三边模式是在双边模式的基础上，引入另一方群体，从而形成拥有三类客户的基本平台模式。这种模式能成为一种基本模式的关键在于少了任何一方模式都不成立。许多通过免费方法吸引客户的平台，常常采用三边模式。

最典型的例子是观众平台，如各类媒体。报纸以时事为内容吸引读者，再以读者吸引广告商；电视台以节目吸引观众，再以观众的收视率吸引广告商；视频网站等媒体，也都是依“内容—用户—广告”的三边模式打造而成的平台。如图 3-2 所示，这三边客户群体之间的跨边网络效应是单向的，即以内容吸引读者大众，再以读者大众吸引广告商。有时三边基本模式中的两个群体之间确实可能会相互吸引，但只是个别现象。例如，对一些时尚杂志而言，少数崇尚时髦的读者受到杂志内广告画面的吸引程度往往不亚于杂志内容本身。一旦这种跨边网络效应改变了吸引单相性，某两边客户群体之间强烈地相互吸引，这第三边就可以退出了，如付费的电视频道、网络视频。因为如果观众愿意付费观看，那么广告商就成为无意义的一方。搜索引擎也是这种典型的三边模式，如百度平台。

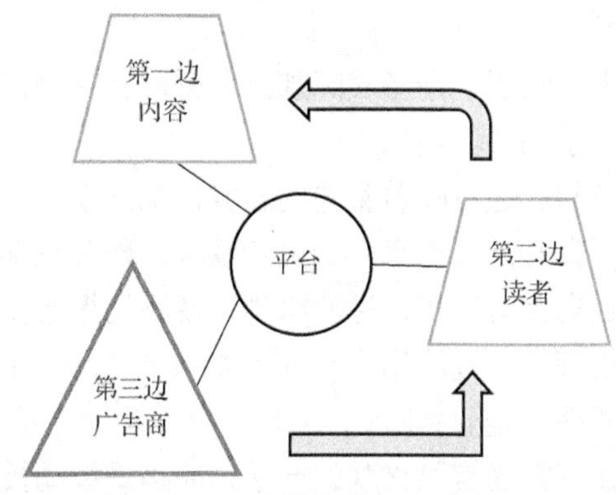

图 3-2　三边模式的平台概念图

2. 激发网络效应

平台生态系统的有效运营机制，应能达到人文关怀的价值主张所要求的有层次、循序渐进的多重目标。在此，设计一套适用于平台服务群体的运作机制就显得特别重要，而其中的关键就是如何运用网络效应。

平台模式中的网络效应包括两类：跨边网络效应和同边网络效应。跨边网络效应是指一边用户的规模增长将影响另一边群体使用该平台所得到的效用；同边网络效应是指某一边市场群体用户规模的增长会影响同一边群体内其他使用者所得到的效用。效用增加则称为“正向网络效应”，效用减少则称为“负向网络效应”。通常平台企业所建立的机制，都是为了激发网络效应的“正向循环”。

我们可以通过微信的功能和运作，了解同边网络效应和跨边网络效应。微信是腾讯公司于 2011 年 1 月 21 日推出的一个为智能终端提供即时通信服务的社交平台。微信支持跨通信运营商、跨操作系统，通过网络快速发送语音短信、视频、图片和文字；同时，也可以使用借助共享流媒体内容的资料和基于位置的社交插件“摇一摇”“朋友圈”等服务插件。

微信通过照片、短文、音频、视频的上传和转发等功能所产生的涟漪式分享，让更多的人参与其中，获得更多的反馈。微信用户看到越多朋友的人生点滴，同一边群体的效用就会随着越多亲朋好友的加入而增加，这就是正向同边网络效应。当你认识的朋友全都加入这个平台，在里面发布日常生活的信息与心情，就会使你产生跟随加入的巨大动力。所以，微信用户很快就达到了爆发点，使微信成为智能手机上最常使用的软件。

我们再来看看微信的跨边网络效应。微信公众号是开发者或商家在微信公众平台上申请的应用账号。该账号与QQ账号互通，商家通过公众号可在微信平台上和特定群体通过文字、图片、语音、视频实现全方位的沟通、互动，从而形成一种主流的线上、线下微信互动营销方式。所以，软件开发者和商家就成为微信平台的一个新群体。这些商家将5亿多活跃用户作为潜在客户，是进行产品宣传、售后服务、意见反馈的最佳途径。这就是正向跨边网络效应，平台上不同群体之间产生的吸引力。

微信平台推出后迅速成为移动互联网时代的宠儿，成为腾讯公司平台群的核心平台，更成为腾讯公司“连接一切”战略的基石，其主要依托的是数亿活跃用户所带来的同边网络效应和跨边网络效应。网络效应大大提高了用户的使用意愿与满足感，进而推动企业盈利。

3. 建立用户保护机制

当用户被平台的价值主张吸引，准备实际加入平台时，平台还面临另外两个问题：如何建立用户过滤机制？如何赋予用户归属感？

网络效应有可能呈现负向，这意味着某些问题客户加入平台会降低其他使用者的效用与意愿。平台企业必须抑制不良客户加入平台，或者及时发现并驱逐问题客户。因此，只要平台企业在建立平台初期即拥有完善的用户过滤机制，便不用担心用户群体规模增长时可能带来的一些不良问题。通过机制体系过滤用户有以下4种方法：①用户身份鉴定；②用户彼此监督；③用户相互评分；④平台企业判断。

互联网时代的用户更愿意接受自己喜欢的产品，而不是被动接受厂商的推荐。这种根据行动参与和自我决策建立起来的归属感，才是根深蒂固的。平台若能建立一套机制，促使用户对平台产生归属心理，会达到非常好的效果。一旦平台企业成功唤起用户的归属感，实际上就已完成了两项重要任务：一是大幅提升用户黏性，这往往比强制性捆绑有效；二是拥有强大归属感的用户很有可能成为所谓的“意见领袖”，自发地影响平台的新用户。归属感的建立与产品特征紧密相连，但它们共同的着眼点应该是通过“赋予用户权限”的机制，潜移默化地增强用户的归属感。

4. 确定赢利模式

平台连接多边用户群体后，必须确定赢利模式，开始主要采取补贴策略。补贴策略作为基本的运作策略，具有战略级的意义，将极大地影响获取和保持客户、激发网络效应的结果。下面以双边模式说明企业的补贴策略。

双边模式赋予平台企业在定价方面的弹性，平台企业可以选择补贴某一边群体以促进其使用者数量的增长，进而吸引另一边群体支付更多的费用。平台企业为一边群体提供费用上的补贴，借以激发该群体中的人们进驻平台的兴趣，此群体称为“被补贴方”；反之，另一边群体若能为平台带来持续的收入并支撑平台的运营，则此群体称为“付费方”。

在淘宝网的平台上，卖家就是“付费方”。卖家可以通过支付额外费用，从平台处得到多项增值服务，包括付费让自己的产品出现在更显眼的地方，获取更高的曝光率。买家则是“被补贴方”，可以免费登录电子商务平台的庞大数据库，浏览上千万种产品，轻松找到自己所需的产品。另一个例子是网上的求职招聘平台。平台上的“招聘者”往往是企业用户，是平台的“付费方”，他们必须支付会员费用，或者在发布招聘信息时缴费给平台企业；反之，“求职者”则是“被补贴方”，可以免费使用网站，并上传自己的履历信息，获得面试机会。

实际上，补贴就是平台企业为某一方群体提供免费（或者普遍低于市场价格）的服务，借以吸引该群体的成员进驻平台，并以此为筹码吸引另一方群体。但在企业的初创期，应该视哪一边群体为“付费方”、哪一边为“被补贴方”则是一种战略考虑，也是影响平台成长的关键要素。

通常来说，我们可根据群体的具体情况，按相关参考原则设定“付费方”和“被补贴方”。表 3-1 列出了补贴策略的 5 项参考原则。

表 3-1　补贴策略设置参考原则

客户群体特征	付费方	被补贴方
增长的边际成本	高	低
同边网络效应	负向	正向
多属行为可行性	低	高
价格弹性	低	高
相对计价成本	低	高

当某一方群体的用户数量增长，平台企业为服务于这些新用户所产生的边际成本仍能够保持较低水平，该群体就可以作为“被补贴方”。显然，平台企业不愿看到随着平台的快速成长，补贴的总成本急剧增加。由“被补贴方”的数量增长而带动起来的高边际成本群体，通常作为“付费方”。这样，平台企业由“付费方”获得的收入就足以支撑“被补贴方”增长的开销。实际上，虽然构建电子商务平台时需要投入大量资源，但后续加入的“买家”用户为平台带来的额外边际成本极低。因而，将这些用户群体设置为“被补贴方”是合理的。

正向同边效应很容易吸引更多属于该群体的消费者加入，而负向同边网络效应则带来该群体内部相互排斥的作用。因此，当某一边群体具备正向同边网络效应时，成为“被补贴方”较为理想。因为平台企业提供了补贴，就会鼓励这群人的加入。反之，若向此群体收费，则只会减缓其增加速度。这样就会降低同边网络效应带来的增值性。以典型的社交网站为例，如果用户间的正向同边网络效应异常强大，则人们会因为朋友的加入而加入；反之，一旦开始收费，用户流量的增长将受到限制，这样不但使新用户难以增加，也会使老用户因为可交流朋友的减少而退出该社交网站。还有另一种现象，当某一边群体是负向同边网络效应时，其用户相斥的特性却可以转换为获利机制。这样平台企业可以让这一群体中有支付能力的使用者出钱购买排他性的地位。例如，百度竞价排名关键词广告，因为搜索结果的显示页面受到篇幅的限制，广告商愿意出高价以争取曝光机会，同时阻碍竞争者的广告曝光。因此，某一边群体若拥有负向同边网络效应肘，则平台应将其视为“付费方”，并以此来拟定定价策略。

若某群体能够轻易地在多个平台间进行切换，也就是该群体转换平台的代价不高，那么平台要向他们收费就会有相当大的难度，这类群体就适合作为“被补贴方”；反之，若某个群体多属行为可能性较小，也就是该群体转换平台的成本较高，这类群体就适合作为“付费方”。

价格弹性是需求量对价格的弹性，指某一产品价格变动时，其需求量相应变动的灵敏度。具体的计算公式是某一产品销量发生变化的百分比与其价格变化百分比之间的比率。价格弹性高，代表消费者对价格改变的敏感度较高。当平台提升其价格（如会员费、服务费等）时，价格敏感度高的群体流失现象会特别严重；反之当降低价格时，价格敏感度高的群体会大量涌入。因此，价格弹性高的群体适合作为“被补贴方”，因为对他们提供折扣或免费策略的效果好。相对地，价格弹性低则代表消费者对价格改变的敏感度较低，平台的价格变动对该客户群体数量的增减难以产生显著的影响。有此特质的群体适合作为“付费方”，因为向他们收取费用不会造成该群体的过度流失。一般认为，个体用户价格弹性高，适合作为“被补贴方”；企业用户的价格敏感度相对低，适合作为“付费方”。在电子商务平台上，普遍现象是向商家收费，补贴给个人消费者。另外，可替代品对价格弹性也有较大影响，因而价格弹性常常与多属行为可行性的方向一致。

从相对计价成本看，平台企业若为某群体提供的服务难以计价且成本较高，则该群体应作为“被补贴方”；反之，对服务的计价成本较低的应作为“付费方”。对具体的电子商务平台而言，广大观众群的需求多种多样，也难以准确计价；对广告商而言，则可按点击数、页面打开数、交易量等方式计价，计价成本并不高。

从以上介绍可看出，在平台的构建初期，采取的补贴策略确实会极大地影响到网络效应的发挥。许多平台企业正是靠着极富创意的补贴策略，建立起平台的竞争优势。通过实施补贴策略和一连串与激发网络效应有关的系统化机制，凝聚各方成员，开始促成用户聚集，同时保持用户群体的高质量、归属感。

这里，还有一个赢利模式的实施问题。当今时代不但商业模式千变万化，而且赢利模式也逐步走向多元化。可以确定，平台的收入来源通常是“付费方”群体，他们不但补贴另一边群体使其不断得到扩充，也为平台赢得维持运营的资金。“付费方”对价格的敏感度相对较低，拥有较弱的价格弹性反应，因此成为平台收入来源的主要渠道，包括进入平台的资格费、增值服务费（可采用计次数、计时长的方法）、交易的消耗费分成等。

平台企业在经营过程中还会逐渐分散其收入来源，以不同的方式向各方群体收费。例如，向“被补贴方”提供更多的个性化服务，将其向“付费方”转变。有些招聘网站开始向提供简历的个人收费，就是单纯补贴策略的转变。因此，平台企业的赢利模式不仅多元化，而且应不断持续衍生、转换。

平台模式成立的基础来自于多边群体的互补需求所激发出来的网络效应，因此赢利模式中的计价收入的时点应该处于双方需求引力之间的关键环节。只有在网络效应达到一定高度时予以阻拦并设立关卡，才能从中获利。

虽然赢利模式比较多元化，但互联网产业已经达成的共识是：平台若要实现盈利，必须达到相当的用户规模。许多人认为，只要将平台做大，好的赢利模式迟早会诞生，这种看法很容易带来一些负面影响，不过，关键还在于能否及时发现流量变现或数据变现的方法。需要注意的是，当今的广告商所看重的已不再只是盲目的曝光，而是更为精准、更为持续的营销模式。因此，平台的用户数据、交易数据、产品数据等都是平台的重要资源。平台企业一开始就必须从大数据的角度进行规划，高效搜集、管理各类数据。作为平台价值的整合者、多边群体的连接者和平台的主导者，平台企业完全可以通过挖掘多方数据来建立多层级的价值主张。

案例 3-3

HomeAway与Airbnb的赢利模式

HomeAway 是一家提供假日房屋租赁在线服务的网站，于 2004 年在美国得克萨斯州成立，于 2005 年开始运营。2011 年 6 月，HomeAway 在纳斯达克上市，市值 32 亿美元，市盈率 180 倍。截至 2014 年年底，HomeAway 在全球 145 个国家有 56 万多个房源可供游客选择。2015 年，HomeAway 预订量大约为 140 亿美元。2015 年 11 月，Expedia 以 39 亿美元收购 HomeAway。

HomeAway 的度假租赁房屋和客户多集中在度假胜地和其他偏远地区。房东注册后，上传房屋资料（如房产证），经过审核，缴纳“房屋信息展示费”后，就可以在网站上展示一年。而租客通过 HomeAway 看好房源后，可以直接与房东通过电邮和电话联系并交易。HomeAway 向租客提供的服务都是免费的，除了信息查询服务外，还向租客提供房源信息审查和租客利益保险、房源信息评级、信用卡、房屋损坏保护、退税等服务。

HomeAway 提供的是一个房屋展示的平台。房屋是固定贡献，因此 HomeAway 获得的是固定收益，即 300 美元一年的“房屋信息展示费”。而房东在缴纳了展示费后，即可和租客协议租金。租金完全归房东，因此房东获得的是剩余收益。根据 2011 年的财报，HomeAway 的“房屋信息展示费”收入占总收入的 91%。此外，HomeAway 使用第三方服务时，如向租客销售旅游保险、房屋损坏保险等服务，获得的是分成收益。

HomeAway 一次性收取 300 美元的展示费，以后就基本不用理会房东与租客的交易，成本非常低，流程也很简单。而同为短租网站的 Airbnb，其交易则复杂得多，且运营模式与 HomeAway 有较大的差别。

Airbnb 与淘宝网类似。房东先在网上免费发布房源信息，租客可以在网上讨价还价。在确定成交后，Airbnb 会以短信的形式公开双方的真实身份与联系信息，同时从租客的账户中扣除租金和佣金，但要在租客入住 24 小时之后才打入房东账户。在这段时间，租客如果找不到钥匙和房东，都可以联系网站暂不转账。房屋租赁交易完成后，Airbnb 向房东收取 3%的佣金，向租客收取 6%～12%的佣金。尽管复杂的交易过程会带来较高的交易成本，但交易价值也高。Airbnb 的估值是 HomeAway 的 5 倍多。

两家网站之所以采用不同的赢利模式，主要是它们的客户和资源能力存在差异。HomeAway 的房东大多是拥有专门用作出租房的房主，而租客也是经济能力较好、愿意长期租赁的租客，可以说彼此都是信用良好者。HomeAway 是作为展示平台，而非第三方监管。

但 Airbnb 的房东许多是出租廉价、短期房产，甚至是家里沙发的房主，租客也多是短期、经济型租客。此时，Airbnb 作为第三方居中交易，可大大降低风险。Airbnb 实际上分担了交易失败的风险，因此其从房东和租客两方面收取佣金，形成分成收益。

（资料来源：案例分析：假日房屋租赁网站 HomeAway.com 档案，2014 年 12 月 8 日）

3.3.2 推进多边发展

在平台开始运营后，平台企业应积极引入平台用户，推进平台双边发展，巩固和提升网络效应。其主要策略包括：积极引入平台用户、满足细分群体需求、平衡双边话语权和利益、保持和提升用户数量和质量，以及实施定价策略。

1. 积极引入平台用户

设计好平台架构之后，如何将目标用户群体接入平台是实现网络效应的关键。那么在依靠网络效应真正为双边客户带来所需价值之前，平台企业应如何为平台引入足够的用户呢？前文已介绍过，免费或补贴策略是平台企业屡屡成功的导客工具。

在平台运营早期，平台企业必须明白为用户塑造良好愿景的重要性。人们在进入一个平台之前，会相互观望，都害怕率先落入陷阱。此时，平台企业必须运用一些手段，明确传达平台的发展前景。一旦人们相信该平台能持续发展壮大，“从众效应”就会产生。这是一种心理预期，否则谁也不愿意拿自己的时间、精力与金钱去冒险。所以，如果平台企业想获得网络效应引发的“从众效应”，有个关键的前提：平台用户必须达到 “临界数量”。在平台模式中，“临界数量”意味着平台吸引用户的规模已达到一个特定的门槛，因而能自行运转与维持。

这个“临界数量”是平台规模的转折点或临界点。此后，已经落户于平台的用户带来的加值效应将会自动吸引新的用户不断进驻平台，促使平台继续发展壮大。一般而言，平台企业只有在用户规模突破临界点之后才可能大幅盈利。

如果我们关注平台用户的加入意愿与实际数量，就可以发现它呈类似 S 形的曲线。图 3-3 所示为平台用户市场成长的生命周期。纵轴代表平台的实际用户数量（实际市场份额），而横轴代表在至少有多少使用者加入平台的情况下，人们才会愿意跟着加入平台，即最低意愿门槛（预期市场份额）。图 3-3 中的 45 度线表示当“实际市场份额”与“预期市场份额”吻合时的分界线。S 形曲线则是平台用户规模的发展进度，它与 45 度线有 X、Y、Z 三个交会点，分别代表 3 个市场份额的均衡状态。

在平台运营初期，S 形曲线在 X 点左边的一段。此时，大多数人都对这一新兴平台持观望态度，不愿贸然投入。只有一小部分“创新者”群体愿意尝试加入平台，他们可能是敢于尝试新技术的冒险者，也可能是了解平台与自己的密切相关性、认为自己能够立即获得回报的人群。

如图 3-3 所示，即使是开始阶段，“创新者”群体也愿意冒险尝试。然而对于平台企业来说，X 点市场占有率较小，那么平台企业面临的挑战就是将用户规模由 X 点提升至转折点或引爆点 Y。这时问题来了，即 X 点至 Y 点这一段曲线位于 45 度线的下方。换言之，实际用户数量将少于达到最低意愿门槛的潜在用户数量。

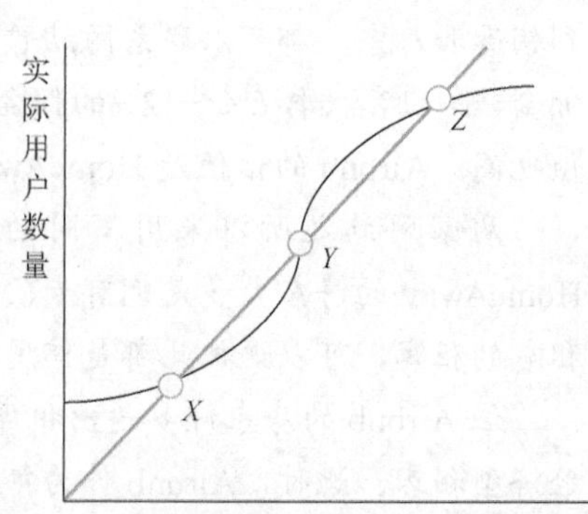

图 3-3 用户市场成长的生命周期

例如，假设某人认为周围至少有 60%的亲朋好友已经加入微信，他才会加入微信；而目前微信的市场占有率只有 50%，他就会觉得不实用便不着急加入。同时，他的朋友们可能也抱有同样的想法。这种预期逐渐会成为事实，而微信的市场占有率将永远无法达到引爆点 Y。

在 X 点与 Y 点之间，实际参与的人数明显低于达到最低意愿门槛的人数，因此极难吸引新用户加入。更严重的是，原先已进驻平台的人们可能因为预期的需求无法得到满足，于是在失望中选择退出。这样会导致平台发展停滞，甚至倒退。可以说，X 点与 Y 点之间正是网络效应的“空档期”。有些平台企业达到这一点可能就再也无法将用户规模推动至 Y 点，市场的实际用户数很可能将倒退至 X 点。

此时，平台企业必须尽快突破网络效应“空档期”，才能够切实挖掘出用户之间关系的增值潜能。这是所有平台企业都必须解决的最大难题。而如何将用户规模推动至引爆点 Y，各类平台、产业则有不同的方法。目前业界的共识是：由于平台初期的网络效应微弱，这段时间的运营策略必须侧重于给潜在用户提供其他的“非网络效应的价值”，主动协助不熟悉平台服务的消费者完成初期体验。这样，平台企业才有可能引诱早期使用者进入。平台企业可以为初次进入平台的消费者提供折扣、赠品甚至奖金，目的是培养用户使用平台服务的习惯。

当平台的用户规模终于超过引爆点 Y 时，实际参与的人数将开始超越达到最低意愿门槛的人数。这表示新用户将源源不断踊跃地进入平台，直至将平台的实际市场占有率推升至 Z 点才缓和下来。Y 点与 Z 点之间是网络效应“爆发期”，也是平台成长最迅速的时期：企业无须花多少费用争取用户，既有用户自行产生的网络效应就足以吸引更多人加入平台。

案例 3-4

打车软件的补贴大战

2014 年年初，随着“嘀嘀打车”和“快的打车”两家软件公司为每单业务提供补贴，打车软件市场开始出现激烈竞争。

2014 年 1 月 10 日，“嘀嘀打车”接入微信，向司机和消费者发起每单可提供 10 元补贴的活动。随后，“快的打车”宣布对乘客每单补贴 10 元、司机每单补贴 15 元。2 月 10 日，“嘀嘀打车”宣布将补贴降至每单 5 元；“快的打车”紧接着宣布将司机补贴下调为 5 元，但对乘客的补贴仍为 10 元。为了避免客户大规模流失，“嘀嘀打车” 在 2 月 17 日恢复对乘客的 10 元补贴。作为对这一市场竞争的回应，“快的打车”迅速宣布将乘客补贴上调至 11 元，并声称“永远比同行高 1 元”。事实上，打车软件竞争已经变成对乘客补贴的竞争，其背后还牵涉到腾讯和阿里巴巴两大投资商的移动支付竞争。

除了补贴之外，我国打车软件运营模式还有一个特点就是消费者可以自主选择加价以提高对出租车司机的“吸引力”。由此在高峰时段，消费者需要加价二三十元钱甚至更多才能叫到出租车。

但是，随着打车软件的“烧钱”补贴之争愈演愈烈，其在社会上引发的负面问题也逐渐显现。2014 年 2 月底，多地政府交管部门开始发布对打车软件的限制措施。随后，两家打车软件公司也分别下调补贴，“烧钱”大战出现降温：3 月 3 日，“快的打车” 将补贴下调至 10 元；3 月 4 日，“嘀嘀打车”将部分城市补贴调整到起步价至 20 元不等，而“快的打车”继续将补贴下调至 5 元；3 月 7 日，“嘀嘀打车”继续下调补贴为 6～15 元不等。此外，加价叫车功能也已被多地政府叫停。

截至 3 月 31 日，“快的打车”第一季度已经实现接近千万元的月度营业收入，而在“快的打车”成立的 1 年零 8 个月里，投入的补贴金额至少达 6 亿元。另外，从 2014 年 1 月至 4

月，“嘀嘀打车”的日均订单从35万元增长至521.83万元，投入的补贴则高达14亿元。由此可见，打车软件目前还没有找到合适的赢利模式，只是依靠投资商的巨额资金支持为用户提供补贴，以期积累稳定的用户群体。

（资料来源：刘思思等，打车软件运营模式的经济学分析，甘肃金融，2014.6）

2. 满足细分群体的需求

构建平台的精髓在于连接多方用户，让他们彼此通过互动来满足各自的需求。即使是相同领域的产品，每位客户的需求细节也会有所不同。因此，建立个性化机制成为满足各方需求的重要环节。

平台在进一步扩展阶段，必须打造出适合其发展的用户细分框架，这样才能有效引导多边市场中的细分用户，以满足他们的个性化需求。这时，平台企业可以采取满足细分群体需求的策略。目前流行的起点中文网、滴滴出行等平台都采用了这种市场细分策略。

起点中文网按文学作品类型进行市场细分，让喜欢不同题材的读者能够与撰写不同题材的作者进行连接，依科幻、奇幻、武侠、言情、历史、军事、灵异等题材类别对数十万部作品进行了分类。这样的分类能让读者在海量的作品中，按自己的喜好迅速找到细分作品。现在的消费者都很重视个性化，因此市场细分机制已变得格外重要。通过这样的体系，跨边网络效应将得到完善的体现，即不仅大众喜欢的项目能得到重视，其他项目也能找到自己的追随者。此外，同边网络效应也将得到提升。因为类似题材的作者会凝聚成一方群体推动彼此成长，而读者也能据此找到志趣相投的伙伴。这样，原本冷门的细分市场很可能变得热门。同样，滴滴出行在用户达到一定规模后，就推出了快车、出租车、顺风车和专车等细分市场，以满足各类用户的需求。打车软件公司应该看到，在前期实施免费或补贴策略的基础上，能够更匹配已经习惯于出行用滴滴的用户的需求，也是提升网络效应的前提。

一个处于扩展期的平台若没有建立起细分群体的配对渠道，则其部分细分市场就很可能会被新进的竞争者侵蚀掉。平台的细分市场策略要取得实效，首先必须达到足够大的规模。在规模还未达到某个水平之前，进行种类划分可能会适得其反。实际上，一个完整而庞大的平台应该由众多的细分市场构成，让质与量相辅相成。设立精细客户群体将为用户提供精确的匹配机制，并构筑起多元而丰富的多边互动市场。

3. 平衡双边话语权和利益

即使建立起让平台双边用户群体都可进入的机制，双边用户群体也可能会处于观望状态。对于应该引导哪一边群体先进来，平台企业要做的是判别哪方用户拥有更高的话语权或议价权。

一个企业在协商、沟通过程中的影响力，取决于其自身的话语权。平台模式中涉及协商、沟通的关系比单边传统产业链更为复杂。平台中的对应关系至少有两种：①各边群体之间的沟通关系；②各边群体与平台企业之间的沟通关系。后者是平台企业与各边群体所进行的博弈，它们之间需要协商或谈判利润分成准则、促销责任归属等。

平台企业自身话语权的提升，通常取决于其能否使一方群体吸引到一定规模的另一方群体，能否为特定用户提供好的赢利机会以鼓励用户参与。

话语权的提升是交叉进行的，一旦提升了某一边群体的话语权，平台企业与另一边群体的交涉将更容易。于是，平台企业与各边群体的交涉就像使用天平，左边提升一些话语权、右边提升一些话语权，再左边、再右边，逐步交叉发展。因此，平台企业应明确所连接的多边市场的相对权限。

话语权的基础是群体规模，只有拥有足够大的规模才能表现出较强的影响力。当某边用户规模足够庞大时，就会对平台产生实质性影响，如提出降低进入门槛费用或其他费用的要求。应该看到，某边群体规模的扩大不仅提升了自己与平台交涉的话语权，同时也提升了平台企业本身的话语权，从而使得平台企业拥有更大的规模筹码去与另一边群体进行交涉。由此可见，平台需要运用三方博弈的方法。平台企业的本质，就是通过操控话语权掌控双边群体的互动，在提升双方权利的同时提高平台自身的价值。平台企业若能准确控制各群体的增长趋势，引发网络效应并推波助澜，则能实现规模发展的正向循环。

4. 提升和保持用户的数量和质量

在此，涉及 3 方面的运营策略：引导用户连接策略、提升用户质量策略和用户绑定策略。

为了引导用户连接平台，可以从消费者对产品的察觉、关注、尝试、行动这四大反应步骤来制订平台的用户连接策略。

（1）察觉，让潜在客户群体意识到平台所提供的价值。在此，广告是一种最直接的方式。除了传统媒体外，社交网站、搜索引擎等能相对精确地定位受众的媒介均可作为平台提高自身知名度的有效渠道。

（2）关注，引起已察觉客户中部分人的兴趣。这部分人正是平台的潜在客户，他们的需求与平台所提供的价值十分吻合。在平台模式中，可利用微博、微信精确地找出这部分人。

（3）尝试，在获得关注后，平台企业还应为用户提供免费尝试的机会。特别是在面临同质性竞争的情况下，以免费体验吸引用户似乎已成为最基本的策略。

（4）行动，以试用体验为诱因引导用户进入平台后，接下来便是让他们采取付费行动。为使消费者顺利地采取付费行动，关键之一就是提高支付方式的便捷度与可靠度。

从上述 4 个步骤的讨论中可看出，每个平台企业都希望建立一连串的机制，以便其在面临消费者的不同反应时可以有效推动消费者交易、付费并使用增值服务。事实上，有些平台本身就已构成这 4 个环节中的某一环节，并以此作为核心价值主张。这种平台的功能，正是协助其他平台或一般企业达到 4 个环节中某一环节的目的。例如，社交网络拥有捕捉用户“察觉”和“关注”的优势；团购平台以极低的价格促使人们“尝试”产品；支付平台则有效推动了人们付费的“行动”。

平台生态系统的繁荣在很大程度上取决于对用户细分群体精耕细作的管理、补贴策略的实施。这样可以激发网络效应、推动平台高速发展。但对某些平台而言，用户群的质量与规模同样重要。盲目地追求用户数量的增长，很可能对平台的商业定位产生负面影响。有些平台模式，其核心就建立在质量的发展之上。例如，购物商城是一种典型的平台模式，往往通过收取入驻商家的铺面租金等费用来补贴逛街的潜在消费者。如将自己定位为高端购物商城的广州太古汇商场，汇集了国内外 180 多家一线品牌、多个国际名牌的旗舰店或概念店。

前文在讲解平台架构的设计时，介绍了用户过滤机制，即借助过滤不良用户的机制，维护平台应有的基本信誉。在平台的扩展中，也应将对用户质量的考虑视为一种战略性手段。

为了提升平台用户的质量，使用“知名用户”是一种有效的策略，而且能有效巩固和增强网络效应。“知名用户”是指在大众意识或口碑中有一定声望的用户或使用频率高的用户，既可以是个人，也可以是企业商家。连接双边市场的平台若能网罗到具有高度相关性的知名用户，其网络效应定能迅速增强。

“饿了么”餐饮平台上汇集了3万多家餐厅，共200多个连锁品牌。2015年11月，“饿了么”与享誉世界的台湾小笼包专卖店鼎泰丰达成战略合作，使得北京、天津等10个城市的消费者都能在网上订购到精致的台湾小笼包以及数十种珍馐美味。这些著名品牌的加入能够让整个平台的价值获得提升，使平台企业的品牌、质量得到认可。这些“知名用户”能够吸引更多的商家和消费者慕名而来，从而大幅度增强同边或跨边网络效应。

用户绑定策略的关键在于提高用户的转换成本。所谓转换成本，是指当用户脱离平台时，用户所需承担的损失。激发网络效应的各种机制，常常也是提升转换成本的最佳工具。因为阻止用户脱离平台的有效方法之一，就是让他们与其他用户之间建立起深厚的关系。当平台企业需要大幅度补贴某方用户时，防止他们流失的转换壁垒就显得更加重要，否则补贴策略产生的成本便付诸东流。

转换成本包括：用户学习与使用平台所需投入的时间与精神成本，以及养成习惯所需投入的精力；在原平台花费的沉没成本及转换到新平台所需支出的金额；转换平台所造成的商机损失。通过增加上述转换成本，能够提高锁定用户的概率，使他们无法轻易离开平台。

由于平台的用户群体和商业模式的差异，平台企业用来增加用户转换成本所采用的策略也存在较大差异。常用的策略有：引导客户购买平台设备、用机制吸引客户投入时间、提供诱因吸引进驻平台等。不过最有效的保持用户的方法，还是让用户在平台上建立起“自我满足的身份”。

5. 实施定价策略

补贴策略是一种常用的平台定价策略，但平台企业的定价策略却不能以传统观念的原料成本加上附加价值为依据来制订。对许多平台企业而言，平台初期的建构成本很高，属于无法立即回收的沉没成本，而增加一名用户的边际成本却相当低，几乎趋近于零。因而，许多平台企业只能以其所提供的服务价值为定价依据。平台企业在制订定价策略时，必须关注以下几点。

（1）多边群体的利益。

传统企业的定价策略，通常是按需求发布多样价格，以赚取更多的盈余。但平台上有多边群体，平台企业不应把分级定价所赚取的盈余全部纳入自己的腰包，而是通常会将一部分收入回馈或者让利给平台的其他群体。采用这种策略，能够使平台连接的多边群体不断受到激励，促进彼此的发展。这种定价策略关键在于平衡和照顾多边群体的利益，平台企业在为某一边群体的服务项目定价时，必须考虑到价格对该群体付费意愿的影响，以及能够让利给其他群体的比例。不同的群体对价格的敏感度也不同，他们之间的交易行为密切相关。

（2）发展的不同阶段。

平台企业的发展进程大致分为两个阶段：达到网络效应引爆点之前的“空档期”、达到网络效应引爆点后用户规模扶摇直上的“爆发期”。

在平台企业初创期，补贴策略对平台的发展格外重要。这时定价策略主要关注的是如何推动用户规模的扩大，有时甚至必须以免费作为诱因。在成功跨过引爆点后，定价策略就必须有所转变，即注重建立多样化的收入来源。若用户未达到一定规模，则多样化、分众化的定价策略就难以实施。

例如，在创办初期，淘宝网采用让买卖双方免费进驻平台的策略，强势集聚网络零售市场的人气，使用户规模迅速达到引爆点。在超过引爆点之后，淘宝网推出的收费机制“招财进宝”（一种让卖家购买关键词竞价排名的收费）却遭到商家的抵制。上千名店家联名反对，甚至出现上万名店家联合“罢市”的情况。最后，“招财进宝”收费机制被迫取消。

淘宝网当时所面临的窘境，不但反映出平台在发展阶段转型的困难度，也说明了电子商务从业者的不成熟。其问题在于，平台企业在通过免费或补贴策略达到引爆点后，该如何引导平台上的群体接受正常的经营方式（付费）。后来经过几年的观察和摸索，淘宝网逐步引入店家可接受的定价策略，成功地分散了收入渠道，以小额、多样的收费方式提供增值服务，如淘宝直通车（广告）、店家上架费、交易佣金等。在多元化收费机制下，平台企业一方面可以根据用户消费行为随时调整定价策略，另一方面也能够抵抗竞争对手前来抢夺收入来源。

（3）产业竞争格局。

显然，产业的竞争状况会影响到平台企业的定价策略。如果竞争对手采用免费方式提供相同的平台服务,那么为了留住相同的用户群体就只能采用对等的免费或补贴方式进行竞争。而支撑这种竞争的关键能力，就是平台企业收入来源的多元化。

另外，平台一边群体是否可实施多属行为，不仅会影响平台企业对它的定价策略，也会影响其对另一边群体的定价策略。例如，只有“被补贴方”的多属行为现象成为常态，竞争者对收入来源的“付费方”展开的价格战才会更加有效。

因而，平台企业定价策略的最终目标应是收入多元化。

3.3.3 创新平台形式

近几年，互联网和通信技术的进步，为商业模式的创新提供了强大的技术支撑。类似二维码、RFID 等技术，大大拓宽了线上线下融合的渠道。O2O 商业模式将日常生活中的许多非标准服务产品搬上了互联网交易平台，从而对许多传统产业造成强烈的冲击。在平台的创新阶段，应推动平台多方位的创新，增强用户参与感。其主要策略包括：与时间相关的平台模式、与地域相关的平台模式、线上线下资源的整合、用户参与感的增强。

1. 与时间相关的平台模式

在平台的运营中，“时间”扮演着关键角色。电视台流行的真人选秀节目，就是按时间推进的观众平台。例如，2009 年湖南卫视的“超级女声”“快乐女声”、2010 年东方卫视的“中国达人秀”均遵循精心设计的时间轴，通过多次展示参与者的才艺表演及淘汰参与者来增强节目效果。可以说，这种模式精确拟定了所有发展进程的时间表。从初步的淘汰赛，到让每场优胜者晋级，以至于最终的冠亚军争夺赛，全部经过了严密策划安排。在既定的时间内，每场竞赛都充满戏剧性。再加上媒体的炒作，一时间电视台收视率暴增，不断刷新着收视纪录。

这种观众平台连接了期望成名并具有天赋的人群和充满好奇心的电视观众,他们都是“被补贴方”，而广告商则是“付费方”。以后当这些比赛优胜者出版唱片或代言产品时，他们的“粉丝”也成为了“付费方”。这就是以时间为主轴、以比赛为核心的观众平台模式，其定价策略是以“未来”付费补贴“现在”。显然，这与传统的明星、歌星发掘和营销方式有很大的区别。

此外，一些团购平台也将时间概念转化为个性化的元素，使商家可自行决定优惠项目延续的时间。不同的产业、不同的产品应该设计适合自己的时间周期，从而在团购平台上达到其营销目的。事实上，拍卖性质的平台企业都将时间元素视为平台经营的重要手段。eBay 设立的拍卖项目，越接近拍卖截止时间，曝光率越高，也越能吸引消费者的目光，从而诱导他们去竞价。总之，若将时间元素融入平台的经营策略，可以更有效地增强网络效应。

2. 与地域相关的平台模式

“地域”元素同样可用于许多平台模式的创新。事实上，许多平台企业将平台与地理区域相联系，从而使平台的触角深入人们的日常生活中。

58 同城网是中国最大的线上本地服务平台，主要针对招聘、租房、二手产品、团购、家政服务、征婚交友等信息发布分类广告。用户可以在 58 同城网上面刊登简短的信息，以便有需求的人直接与其联系。这些信息均拥有高度的地域化特质，因为只有与用户来自同一个地理区域的信息才具有实时、便捷的相关价值。因此，进入 58 同城网的用户，就会看见网站根据 IP 地址定位的信息，从而能够选择指定的城市。58 同城网所服务的城市多达 400 个，并于上海、广州、天津、武汉、哈尔滨等 27 个城市设立了分公司。可以说，58 同城网构筑起一个可复制的生态框架，将每个地理区域打造为本地生活圈，让“同一个城市”的人们能够便捷地刊登与获取各种信息。

另外，前程无忧、智联招聘等招聘平台，世纪佳缘、珍爱网等婚恋交友平台，也都是线上服务平台。它们均根据地理区域进行划分，为用户提供更准确、更便捷的价值主张。随着移动互联网的发展，智能手机与消费者可被看成同一体，因而基于位置定位的服务（LBS）使同城生活服务功能获得大幅提升。基于手机 App 的日常生活平台成为模式创新的主要技术支撑，如滴滴出行、饿了么餐饮都采用了与地域相关的平台模式。

3. 线上线下资源的整合

近几年，移动互联网已成为平台发展的催化剂，正以前所未有的速度引爆商业领域的网络效应，更以空前的规模覆盖多边用户群体。平台模式既可以软件，也可以通过硬件设备呈现。O2O 模式的内容千变万化，带动了形形色色平台的发展，其关键在于线上线下资源的整合。

平台的发展并非仅仅借助于互联网，线下硬件设备同样扮演着平台发展进程中的关键角色。例如，分众传媒铺设的广告屏幕就是一种典型的线下硬件基础设施。首先以商业写字楼为对象，其次覆盖白领受众群体的所有生活轨迹，将广告屏幕推介给商场、机场、娱乐场所等地；最后进入住宅小区，不惜一切代价“跑马圈地”。这种策略为分众传媒带来了两大优势：其一是资源分布范围，终端屏幕分布得越广，其接触到的受众群体就越多，垄断的市场份额也就越大；其二是市场细分，作为广告平台，散布的网络越广，能够拟定的广告配套菜单就越丰富，向广告商推出极具吸引力的个性化选项的可能性也就越大，并借此抬高价格。

拉卡拉线下支付平台将 POS 终端机推广到各区域的便利店里，也是运用了线下硬件设施策略。另外还有微软、索尼公司的游戏机策略，都是通过补贴硬件游戏机的售价，绑定玩家后再从游戏的销售额中赚取更多利润。电子书阅读器则反其道而行之，提供一个进入数字阅读生态的界面，让用户能够以非常便宜的价格下载成百上千种书籍，如苹果的 iPad 和亚马逊的 Kindle 阅读器都将平台服务与终端设备相融合。

4. 用户参与感的增强

当今社会，消费者越来越追求个性、独特的产品和服务，因而逐渐由被动直接接受产品转向主动向企业提出自己的需求。人们不仅期望能够从消费活动中得到基本物质需求的满足，更期望能够在消费的同时获得心理上甚至情感上的满足。为了满足自身的这种高需求，用户常常主动参与其中，向服务提供者及时表达自己的需求并提出改进建议，甚至参与到企业的创新活动中。在参与产品创新的过程中，用户是产品创新的中心，表现出前所未有的创造性。同时，用户还是连接产品创新过程中各个环节的纽带。用户参与到产品创新过程中，能够促使企业更注重倾听用户的心声，从而推动产品创新开发人员摆脱思维定式，形成一种全新的企业创新机制。

小米公司的主业是新一代智能手机软件开发和热点移动互联网业务，拥有米聊、MIUI、小米手机三大核心产品，且每个核心产品都有专属的网上社区，供使用者、爱好者进行沟通交流以改进公司的产品和服务。小米社区在用户参与产品创新方面发挥了以下作用：①分享有关产品的使用经验或体验；②分享收集到的资源或技巧；③提出在使用产品过程中发现的问题或对产品的不满；④提出解决问题的方案和改进建议；⑤提出创新理念，参与新产品的开发。

通常，利用虚拟品牌社区激发用户参与产品创新的策略有以下 3 种。

（1）建立多种连带信任机制。

在网络环境下，信任已成为用户参与不可或缺的因素，而参与产品创新更是如此。虚拟品牌社区有实体公司或产品的支撑，对企业本身的信任及对企业产品的信任起着非常重要的作用，甚至比村社区成员的信任还要重要，因此应建立全面的、相互影响的、相互促进的连带信任机制。

（2）建立完善的用户自我教育机制。

企业应充分利用社区资源来提升用户的专业知识和技能水平，使用户增强自信，进而积极参与到产品创新的过程中。

（3）建立经济与精神利益的双层激励机制。

仅仅依靠用户的乐于助人来推动用户参与产品创新，其效果可能难以持续。企业应制订各种激励措施来吸引更多的用户参与到产品创新活动中，并开发出能够给用户带来实惠的经济性激励，同时在一定程度上为产品营销造势。

3.3.4 应对平台竞争

平台模式的兴起，使商业竞争的格局发生了重大的变化。传统产业间的竞争，是从事相同产业的企业通过不断制造差异与压缩成本来与同业相抗衡。其根本原因，就是从事同一产业的企业往往服务于同一群潜在客户。因而，企业在制订竞争策略时，总是紧盯同质性竞争者。

当今的商业竞争是更全面、更深层的商业模式之间的竞争，是平台之间的战争，甚至已成为跨产业联盟之间的混战。服务于同一客户群体的企业不见得是竞争对手，还可能是合作伙伴。而原来完全服务于不同客户群的企业，却可能是直接的竞争对手。跨界颠覆已成为“互联网+”时代的新常态。

下面将从两种角度区分平台的冲突：竞争与覆盖。竞争是拥有同质性业务的平台之间运用类似的商业模式而产生的对抗，如当当网与亚马逊公司都通过平台模式面向类似的消费者销售书、手机等产品，彼此之间是竞争替代关系。而覆盖则是一个处于邻近，甚至毫不相关的产业平台对既有平台模式产生的威胁。虽然这些平台的核心价值相异，目标客户也有较大差异，但侵犯了彼此的领域，形成了平台模式之间复杂且特殊的冲突关系，如苹果 iPad 的主要目标群体并不是书籍阅读者，却严重破坏了电子书阅读器 Kindle 的生态。

在平台竞争方面，应进一步明确竞争定位，提高网络效应和转换成本，制订并实施“赢家通吃”的竞争策略。应对平台竞争的主要策略包括平台核心定位、赢家利益最大化。

1. 平台核心定位

平台之间的竞争，是针对多边市场的竞争。平台企业要增强网络效应，不能仅仅争夺一边市场群体，还要激发、平衡多边群体。这与传统的企业竞争方式完全不同。传统的企业竞争是直线式、瞄准单一市场的竞争，争夺的往往是下游客户群。现在，市场的某个群体是否选择加入你的平台，最大的决定因素往往是平台拥有多大规模的另一边市场群体。因此，平台之间的竞争态势既复杂又混乱，需要拥有更清晰的核心定位。通常可以遵循以下 3 种定位途径。

（1）遵循市场屏障确定边界。平台企业必须考虑潜在网络效应所能涵盖的范围，形成市场的“天然屏障”，确定目标市场的边界范围。历史、人文、地理、种族等因素可形成这种屏障，代表着疆界分明的潜在市场边界。

（2）根据深度和广度确定平台。平台企业即使拥有相似架构的竞争者，也可以因市场深度与广度的不同定位而形成差异化的竞争优势。

（3）明确优先推动、优先聚焦哪边市场。平台企业应明确先集中力量壮大哪一边群体，以及为该群体的各类细分用户提供哪些服务。

2. 赢家利益最大化

赢家利益最大化是指市场竞争的胜利者获得所有的或大部分市场份额，失败者则往往被淘汰出市场而无法生存的现象。

赢家利益最大化产生的原因是信息产品存在“锁定”效应。由于信息处理与网络传播手段的日新月异，那些占据显著地位的电子商务平台握有的筹码日益增多，留给他人的利益空间越来越小。对各类平台来说，一旦具备高度的跨边网络效应、同边网络效应以及转换成本，垄断现象就可能发生。

平台模式的作用，正是捕捉多边群体之间的网络效应，借以满足不同群体对彼此的需求。平台并非只是一个中介渠道，而更像是拥有强大吸引力的旋涡，开启了多边市场间从未被激发的动能，组织起庞大而复杂的生态系统。特别是借助于互联网的放大作用、无所不在的特点，平台模式将网络效应发挥到了极致。高度的网络效应增强了用户进驻平台的效用，从而推升了该平台的市场占有率，最后形成一家独霸市场的局面。跨边网络效应可以说是任何平台模式得以创建的前提，两边用户群体互相吸引，通过平台进行交易。而同边网络效应则表现为某单边用户的人数越多，给彼此带来的价值就越大。转换成本则是防止用户轻易离开所处平台、转向竞争对手的防护堤。因此，一个产业中这 3 个因素越高，该产业就越有可能被一个平台企业独霸而形成垄断。

当产业自身的特点就是低网络效应和低转换成本时，该行业难以出现一个平台企业垄断的现象。那么，当平台企业处于这样的环境时，首先应该寻求新的战略定位，采用能够获得高价值空间的模式定位策略，将不断提升网络效应和转换成本作为目标，进而比产业中的竞争对手更具优势，享有更多的市场掌控权。

网络电子书刚开始的功能仅是让用户下载想看的书籍来阅读，到后来却演变为用户之间可以互相“借书”来阅读，这便是增强同边网络效应的策略。为了弥补低转换成本的弱点，许多线上商铺开始铺设线下实体店。例如，家政平台从线上商铺到开设实体店，就是为了提高网络效应和转换成本。

前文已经介绍了许多提升网络效应和转换成本的策略，此处不再赘述。

3.3.5 主动抗争覆盖

传统的企业竞争通常会面对高度同质的竞争者，在垂直的价值链条上争抢下游客源。而平台企业可以构建独特的生态系统，从四面八方连接多边用户市场。覆盖表示一个平台企业利用自身的优势攻击处于不同领域的平台企业（如邻近产业或者毫不相关的产业），通过抢夺对方的收入来源来破坏其市场控制，进而抢占其市场客源。平台的覆盖通常来自邻近产业或者毫不相关的产业，因争夺消费者市场对彼此造成威胁。例如，曾经稳居手机产业前列的诺基亚、摩托罗拉、索尼爱立信的“天敌”竟来自毫不相关的产业（如线上搜索产业的谷歌、个人计算机产业的苹果），而且所造成的威胁远不是硬件制造这么简单，而是生态系统的全面围困。

互联网对信息传播的作用大大模糊了人们对熟悉产业的定义，过往的政策拟定、战略方针制订都面临严峻的挑战，以致威胁者从四面八方包围过来。覆盖的概念开始渗透到社会生活的每个角落，全面覆盖的商业战争笼罩着各个行业，企业所面临的竞争威胁已不再单纯。即使是以硬件制造为核心竞争力的企业，也不得不留意软件开发商的动向。例如，安卓系统抢夺了昔日手机王者诺基亚的市场占有率；苹果的 iPad 融合 App Store、iTunes 等生态体系直接抢占了原来笔记本电脑制造商的生存空间。

收入来源是一个企业主要的生命线，也是平台模式的核心。收入来源一旦被抢夺，就等同于直接切断了战场上敌方的后勤补给线。正如前文介绍的，补贴策略是平台运营策略的核心。有效的补贴模式将决定哪方群体可以成为稳定的收入来源，且不易流失。事实证明，以免费策略吸引用户转移是最有效的竞争手段。在抢夺收入来源之争中，免费策略往往是主要的进攻武器。覆盖者采取免费策略，就能将目标平台的“付费方”转化为自己的“被补贴方”，从而轻松夺取其用户群体。平台对用户群体的争夺如图 3-4 所示。

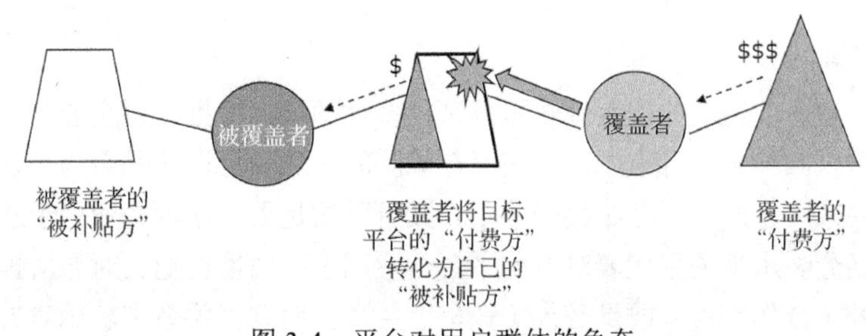

图 3-4　平台对用户群体的争夺

覆盖者通过有效的补贴模式提供免费的产品，同时以此为诱因抢夺用户并进行绑定，攻击其他以这部分用户群体为收入来源的平台，从而击溃被覆盖平台直至吞并整个平台市场。在平台覆盖方面，平台企业应正视平台覆盖风险，积极主动出击，其主要策略包括防止覆盖、反击覆盖。

案例 3-5

网络写手争夺战

从 2013 年开始，盛大文学就面临着激烈的作者争夺战，其标志就是百度多酷网和腾讯创世中文网高调成立，并声称要给网络文学的作者以最高的分成待遇。这对于盛大文学简直就是釜底抽薪。以下分别是百度、腾讯给作者开出的条件。

百度开出的诱人分成条件是：百度允诺给作者高待遇，包括 8∶2 分成（作者拿 8 成），全版权（影视、游戏等的改编）归作者，给予中低层作者的杂项奖金也与起点中文网、腾讯创世开出的水准持平。

腾讯的分成条件是：平台与作者各半分成，无线收入和版权收入也对作者分成，另外还给予中低层作者各类奖金等。腾讯重点宣传将无线端和版权分成。这与起点中文网形成鲜明对比。盛大文学一直强调全版权运营，希望将最有价值的作品版权掌握在自己手中。在挖角“大神”作者方面，腾讯则步步紧逼：此前已成功挖角起点的白金作家苍天白鹤；以每千字 3 000 元的条件成功挖角起点中文网白金作家“猫腻”等。另外，腾讯还挖走了起点的部分编辑团队。

但是面对进攻，起点中文网也试图建起自己的“围墙”，具体体现在以下几点。

（1）长期“包身契”。起点与“大神”作者、高级作者的合同多为长约，比较常见的是 5 年合约，最短的为 3 年，作者要想离开起点，就需要赔付违约金。

（2）分成收入延迟到位。起点给作者的分成并不会立即到位，常常是延期半年甚至 1 年，作者考虑到这笔收入，往往不会轻易跳槽。

（3）跳槽面临读者切换的风险。作者能否写出读者喜爱的作品是决定收入高低的关键因素，而大多数作者要熟悉一个平台的读者需求需要一年以上的时间。这对作者形成了黏性。

（4）起点建立了完善的白金作者培养体系。据了解，起点有百万注册作者，其中能赚到钱的基层作者有数千名，还有 1 300 名中低层作者、460 名中层作者、280 名一流作者以及 30 位白金“大神”。这样的金字塔结构能够不断培养出“大神”作者，起点已培养出业内 90%的“大神”作者。

（资料来源：《百度腾讯干掉起点？》中华网，2013 年 6 月 21 日）

1. 防止覆盖

覆盖者对平台企业造成的覆盖威胁可能来自多个领域。根据平台企业与周边潜在覆盖者的相对关系，可以归纳出几种来源。存在潜在威胁的企业，可以按是否与平台企业密切相关或者完全不相关来区分产业。在相关产业中，又可以按是否与平台企业处于水平关系或垂直关系的企业来区分。水平关系代表对方与平台企业属于同质性企业：对方所提供的产品与平台企业具有互补（合作）关系或是替代（竞争）关系。而垂直关系则表示对方与平台企业的产业环节处于不同维度，可能时常发生既竞争又合作的竞合情况。

（1）来自互补领域的覆盖者。提供互补产品的相邻产业，彼此相互了解而易于进入对方的领域并展开覆盖战争，如机票预订业与旅行社就有高度互补关系，需要其中一项服务的出行游客通常都会对另一项服务有需求。互补产业之间原来是合作关系，最有可能随时进入彼此的领域。

（2）来自替代领域的覆盖者。对消费者而言，某些相关产品有交互使用的替代性，在技术含量、核心优势等方面都存在着一定的重叠，这就给战略覆盖提供了机会。拥有某种可替代关系的产业之间，原本存在着间接的竞争关系。当一方开始通过补贴策略袭击另一方的收入来源，使彼此的覆盖范围变得更广时，这种间接敌对便升级为直接敌对。

（3）来自垂直维度的覆盖者。垂直维度的产业之间存在着既竞争又合作的特殊关系，如导航网站和机票预订。对消费者而言，导航网站和机票预订平台所提供的服务并无多大差异。以导航为初始切入点，不仅能获得众多的产品信息，也没有转换成本。这成为导航网站覆盖机票预订的天然优势，也是它成为覆盖者的核心能力。

（4）来自非相关领域的覆盖者。虽然非相关领域平台看上去不存在关系，但实际上都利用互联网作为信息沟通的工具。因此，只要是与信息沟通有关的平台，都有可能利用新的技术手段而成为覆盖者。

2. 抗争覆盖

平台企业抗争覆盖的最有效的方法，就是分散自己的收入来源，或者对覆盖者的收入来源进行反击，以规避覆盖风险。除了充分利用自身平台的核心能力，还可考虑通过并购或结盟的方式来抗击覆盖者的威胁。针对遭遇的覆盖攻击，平台企业可采取以下几种策略。

（1）分散自己的收入来源。如果平台企业仅仅拥有单一的收入来源，那么在遇到覆盖攻击时将面临极大的风险。分散收入来源既可以在现有平台中采取不同的赢利模式，也可以拓展新业务。若在原平台中难以有效分散收入来源，平台企业还可以通过寻找合适的伙伴共同抗击覆盖者。

（2）与适当的伙伴结盟。正如在第 2 章中介绍的，为了降低风险，平台企业可以引入其他利益相关者作为业务网络中的一员，并通过增加新价值来建立新的收入来源。

（3）采用与对手类似的商业模式。为了反击覆盖者，平台企业可以采取和覆盖者类似的商业模式来吓阻对方的攻势。在被对手抢夺市场的同时，平台企业可反侵对手的市场，直到双方达成某种平衡，或是通过其他战略方式改善僵局。亚马逊的 Kindle Fire 产品就采用了反击苹果 iPad 覆盖攻击的手段。

关键术语

平台模式、平台企业、平台生态系统、纵向平台、横向平台、观众平台、双边市场、网络外部性、网络效应、同边网络效应、跨边网络效应、补贴策略、多属行为、转换成本、平台竞争、平台覆盖

思考题

1. 平台是什么？平台的商业模式有哪些特点？
2. 网络效应是什么？有哪几类网络效应？
3. 如何重构行业价值链？请举例说明。
4. 构建平台模式有哪些方法？它们各自的关注点在哪里？请举例说明。
5. 为什么在平台初始阶段，需要定位双边客户，而在平台扩展阶段，需要细分客户群？
6. 试举例说明平台竞争和覆盖的异同点。
7. 平台创新还可以采取哪些新策略？
8. 试分析平台究竟应该吸引更多的草根客户还是中产客户，为什么？

第 4 章　运营实施策略

【学习目标】

通过对本章的学习，读者应达到以下目标：

- 理解企业战略的落地途径，明确运营模式和管理模式的基本内涵与要素；
- 了解并初步掌握组织结构的基本原理，以及电子商务企业组织结构的典型构造；
- 了解电子商务企业需求预测和能力计划的基本内容；
- 初步掌握综合运营计划的活动、策略和制订方法。

【能力目标】

- 初步具备分析和构建电子商务运营体系的能力；
- 初步具备制订电子商务企业综合运营计划的实施能力。

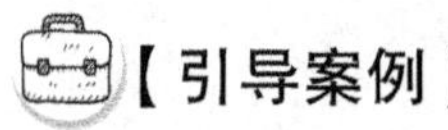

【引导案例】

2013 年 1 月 10 日，阿里巴巴集团为了整合资源，应对京东及无线网带来的挑战，同时让企业能够更加灵活地进行创新和协同，将原集团组织结构中的 7 个事业部扩增至 25 个事业部。事业部总裁负责事业部具体的业务发展。马云称，这是阿里巴巴集团 13 年来最艰难的一次组织、文化变革，是对未来理想的实施。

2015 年 12 月 7 日，阿里巴巴集团宣布再次全面升级组织结构，建设整合阿里产品技术和数据能力的强大中台，进而形成“大中台，小前台”的运营体系，使前线业务更加灵动、敏捷，以更好地迎接未来新商业环境带来的机遇和挑战。

阿里巴巴集团 CEO 张勇表示：“在大数据和云计算正成为新经济时代的‘石油’和引擎的大背景下，阿里巴巴集团必须着眼于未来进行全面变革。这次组织结构的调整，是我们面向未来必须经历的变革，也是年轻一代阿里人全面接过接力棒的开始。”

张勇在当天发出的致阿里巴巴集团全员公开信中表示，阿里巴巴集团将设立中台事业群，任命张建锋担任事业群总裁。中台事业群下辖搜索事业部、共享业务平台、数据技术及产品部，将是未来阿里巴巴集团前端业务灵活发展、快速升级的最强有力的支撑和保障，是阿里巴巴集团布局未来发展的重要战略变革。

张勇在公开信中介绍，张建锋作为集团内为数不多的兼具技术、商业背景和经验的领导者，是担纲落实集团大中台的最佳人选。他将作为阿里巴巴集团和蚂蚁金融服务集团统一中台体系的总架构师，全面负责两大集团中台体系的规划和建设。

在中台事业群的支撑以及张勇的率领下，阿里巴巴集团电商事业群打破树状结构，转变为一批快速决策、敏捷行动的“业务小前台”。其中，天猫、淘宝和手机淘宝三大核心业务，将实施“班委会”集体负责制度；班委由阿里巴巴集团一批年轻的业务骨干担当，其中有 7 位“80 后”管理者。

张勇在员工公开信中还表明，阿里妈妈、阿里云和菜鸟网络三大业务将继续面向市场更为独立地发展，实行总裁负责制。同时，阿里巴巴集团还重组阿里巴巴集团商家事业部，提供以大数据为基础的工具和服务赋能商家；首次组建平台治理部，由集团副 CFO 郑俊芳兼任，负责电商平台的规则、知识产权保护等事宜。

（资料来源：《阿里调整人事架构 80 后管理者被推向前台》搜狐网，2015 年 12 月 7 日）

4.1 运营模式与运营体系

正如前文所指出的，电子商务运营管理是对电子商务服务系统进行设计、运作和改进的过程。运营模式主要关注与运营体系相关的业务流程和组织结构，明确定义资源配置、业务模块组织方式以及绩效考核等。运营模式是由商业模式和管理模式进一步转换、落地的战术，同时也是企业运营战略的体现。运营模式从企业战略到日常运营的实施路径，如图 4-1 所示。

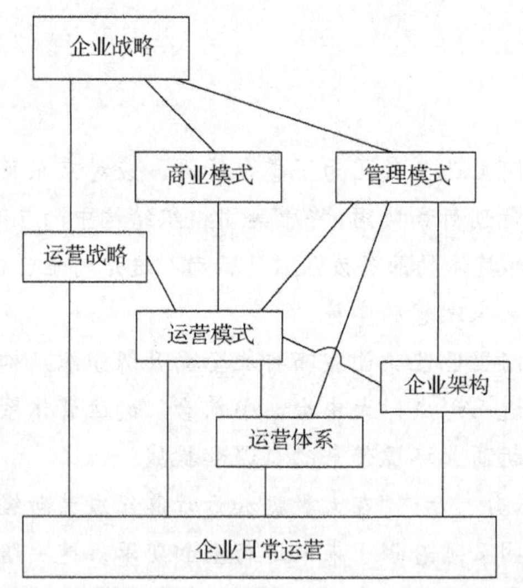

图 4-1　运营模式从企业战略到日常运营的实施路径

4.1.1　运营战略

运营战略必须与企业战略相协调。例如，如果企业的高层战略包括与环境保护相关的目标，那么运营战略就必须考虑到企业运营时在资源利用方面不能破坏生态环境；如果企业的基本战略是低价格，那么运营战略就是低成本，产品产量大、变化少，作业标准、流程稳定。

运营战略主要涉及企业内各方面的运营，与产品、流程、方法、使用的资源、质量、成本、生产准备时间及进度安排密切相关。运营战略是流程规划的一部分，应协调运营目标与更高层的企业目标。企业的运营能力应当适应企业客户不断变化的产品或服务需求。如果企业的战略规划每年制订一次，那么企业可能每3～6个月就要开展一次各业务部门运营规划的协调工作。这些协调工作主要围绕基于需求预测的资源和能力的调整展开。因此，与运营效果相关的战略，如质量保证和主动控制、流程再设计、计划与控制系统及技术投资都能在短期（6～12个月）内看到效果。

运营战略的一个主要内容是运营的效率和效果。效率（Efficiency）指在可能的范围内，以最低的成本完成某项工作。高效率的目标是投入最少的资源而获得相应的产品或服务。效果（Effect）指做正确的事，为企业创造尽可能多的价值。效率和效果的最大化经常会产生矛盾，需要在两者之间进行协调。运营效果与关键业务流程运行时的支持相关。这些关键业务流程通常会跨越多个功能，从接受网络订单、反馈处理、库存出货、产品发送到网站更新管理，业务运作成本会直接反映出效果。

运营的主要职责之一是有效使用该企业的资源。生产率通常用来反映产品和服务产出与生产过程中的投入（劳动、材料、能量及其他资源）之间的关系，可表示成产出与投入之比：

生产率=产出/投入

在电子商务企业中，生产率用于规划人力需求、安排设备、分析财务和完成其他重要的预算任务。在运营管理中，常采用单要素度量法计算劳动、机器、资本生产率。例如：

每人工拍摄的产品图片数=拍摄的产品图片数/人工小时数

每天每台服务器处理的交易数=每天服务器处理的交易总数/服务器台数

生产率能反映资源的有效利用程度，运营管理之所以关注生产率是因为它直接影响着企业的竞争力。如果两家企业有同等的产出，但其中一家由于生产率较高而投入较少，那么该企业就能够按较低的价格销售产品，从而提高其市场份额。

涉及智力活动的服务生产率难以直接确定，而更倾向于采用过程收益的方法。在有产品的情况下，过程收益就是某个过程产出优质品与原料投入量的比率（劣质品不包括在内）。

4.1.2 运营模式

虽然制订了正确的战略，但在具体执行的过程中，还需解决许多具体问题。此时，需要通过运营模式将运营战略贯彻到企业的日常运作中。运营模式是企业运行的基础机制，也是企业相对稳定的核心。企业在运营模式上建立的流程和开展的业务期望可以满足市场、客户不断变化的需求，从而达到差异化竞争的目标。

运营模式描述了企业如何创造价值、企业内外部的协作关系、企业日常运作的组织和流程、IT 系统的高效运转等。如果没有运营模式而直接开展企业的日常运营，就容易出现运营战略与企业战略脱节、各个业务环节缺乏统一协调等问题。事实上，所有企业都有运营模式，只不过有的是有意识、明确设计的运营模式，而有的是由长期经验形成的、管理层无意识运用的运营模式。显然，精心设计的运营模式能提高企业，特别是较大企业的生产效率和竞争能力，并避免许多管理方面的问题。

除了业务、市场和定位等问题，企业战略决策还要求企业的运营模式必须明确以下几个方面的问题。

（1）企业的战略目标对运营平台的能力要求：需要具备什么样的生产或服务能力、硬件设施、技术、合作伙伴等。

（2）企业战略对运营平台的成本和灵活性要求：是否需要低成本运行？是否需要提供客户化的产品？市场反应速度需要有多快？

虽然运营模式涉及企业运营的方方面面，但运营模式的设计毕竟是一种抽象的工作，结果仅提供方向性的指导，而不是具体设计详细的操作手册或业务规则。运营的具体工作需要由各个运营部门在运营模式的指导下落实并细化。作为面向服务系统实现企业战略目标的手段，运营模式主要包括业务流程、组织结构、业务模块、资源配置和绩效考核 5 个方面的要素。

（1）业务流程是指为达到期望的经营目标，在一定的输入资源的约束下，由明确的组织人员执行，产生特定输出结果的一系列管理或业务活动的集合。

（2）组织结构是指根据企业的管理模式，为支持业务流程和业务发展的需要，对企业的部门、岗位、人员设置以及相应考核体系的设计。

（3）业务模块是指对企业的产品研发、采购、服务设施、财务、销售等业务功能按模块方式进行高层次的描述，明确企业需要的业务能力、业务职能和业务单元，并描述它们的边界和联系。

（4）资源配置是指根据企业的运营战略和资源能力的情况，明确业务活动的执行主体、地点，并根据服务接触度和工作量分配相应的资源，按指定方式完成任务。

（5）绩效考核是指在既定的战略目标下，运用特定的标准和指标，对员工的工作行为和取得的工作业绩进行评估，并对他们将来的工作行为进行正面引导的过程和方法。

运营模式可以指导企业的日常运营。以下几个方面对电子商务企业的运营起到了决定性的作用，因而需要全面考量。

（1）服务能力。服务的生产和消费是同时进行的。企业需要提供多少服务产能？如何提供所需要的产能？产能是否需要借助外包？是否需要加班或轮班？是否需要扩大产能和设施？

（2）技术。电商交易业务需要应用最新的技术参与竞争。企业需要哪些自动化处理？企业是自己开发、维护网站还是外包？企业在技术应用上是做领导者还是跟随者？企业计划重点在哪些方面领先？企业在技术研发方面投资多少？

（3）支持设施。除了网站需要的 IT 设施外，与线上交易配合的线下实体还需要提供服务支持，如配送中心、服务门店。那么，这些支持设施是采用集中的大型设施还是分散的小型设施？设施地理分布的依据是什么，是产品、流程环节还是地域，是接近客户还是接近供货商或人力资源？

（4）内外包策略。企业运营不可能自己包揽，那么到底哪些业务应该由自己执行？企业与合作伙伴现在或未来是否有业务重叠，是否想要控制合作伙伴，是成为紧密的合作伙伴还是保持一般的商业关系？

（5）质量体系。服务与消费同步进行。服务质量保障具有其特殊性，那么，企业如何保证产品和服务质量，采用什么质量保障体系？

4.1.3 运营体系

企业的商业模式使运营模式更关注业务流程的逻辑、分布，以及企业内外部的协作关系。管理模式着重企业内部人员的培养、管理控制和激励。管理模式为业务流程配备对应的组织结构，共同形成更有效的运营模式，促使企业高效地运营。

管理模式注重企业长远目标的确定和优秀业绩的达成，强调企业中人的执行力。一般认为，管理模式反映了企业的执行机制，具体分为 6 个要素：企业战略、组织结构、管理控制、企业文化、人力资源管理和业绩。企业战略决定着企业的发展方向，是企业实现其长远目标的方法和途径。组织结构按照战略的要求，确定企业由哪些部门和岗位组成，部门与岗位的目标、职责和职权是什么，它们的相互关系是怎样界定的。管理控制是企业的管理流程以及相应的制度和方法，如战略规划流程、经营计划流程、预算管理流程、新产品开发流程、销售管理流程、风险管理流程等。企业文化是企业内部员工共同的价值观和行为准则。人力资源管理则是那些与人力资源的招聘、培养、选拔、考核和激励等相关的工作。企业战略通过组织结构、管理控制、企业文化和人力资源管理来实现，业绩是企业战略实现的结果。

运营模式和管理模式共同指导并构建企业的运营体系。运营体系是企业的运营资源及其相应规则的总和，是企业存在并延续的根本。运营资源是电子商务运营过程中可以用来实现战略目标的各种资源，主要包括物力资源、财力资源、人力资源、数据资源、无形资产、客户资源等，是与企业电子商务活动相关的所有资源的总称。

运营体系包括企业为完成目标所设定的组织及其相关的外部接口、组织所有的运作规则等。运营体系是一个完整的过程体系，以保证企业的正常运作和发展。电子商务运营体系由产品、供应链、支付、物流、质量控制、客服等环节组成，环环相扣、相互制约，对团队的合作性要求更高。

电子商务企业实际上是为了实现电子商务的目标，而把构成电子商务活动的基本要素、主要活动环节，按有序、高效的方式组合起来而形成的。这种组织首先将各种资源协调整合起来形成生产或服务组织，其次根据分工协作关系相应地配置工作人员、规章制度，形成管理组织。

1. 网上交易运行设施

电子商务企业进行网上交易主要是依靠网站、在线公共平台以及移动设备，如智能手机、平板电脑等。网上商务交易活动所需的运行设施，也称为“运行平台”[①]。若根据运行平台的归属或所有权来分类，电子商务企业主要采用两类运行平台：企业自建运行平台、第三方运行平台。

（1）企业自建运行平台。

企业自建运行平台的所有权通常归企业所有，但其相关的建设和日常运行维护可以由企业自行负责，也可以外包。随着网站建设成本的增加和专业化程度的提高，越来越多的中小企业选择以外包的形式建立网站。

自建网站具有独立的域名，并能够凸显企业的品牌形象。自建网站的企业可以采用 B2C、

① 此处的运行平台是指开展交易活动的支持设施，而第 3 章所说的平台是一种典型的商业模式。

B2B 的商业模式服务众多消费者或与许多企业开展网上交易。自建网站的企业也可以采用平台商业模式，通过自己的网站连接多边市场客户。正如第 3 章介绍的，平台的运营策略较为复杂，所以只适用于具备相应实力的企业。

自建运行平台的企业通过招聘技术、运营等专业人才，投入大量资金，成立专门的电子商务部门或子公司。通过这种方式，尽管网站的所有权和产出盈利都是企业的，但投入大、产出周期长，对网站的技术和运营推广都有较高的要求。

（2）第三方运行平台。

电子商务企业也可以入驻第三方运行平台开展交易活动。这种第三方运行平台通常采用平台模式运营，可以是 B2B、B2C 平台。对个人商家而言，也可以是 C2C 平台。

对于中小企业，特别是工业品生产企业来讲，可以选择第三方 B2B 平台进行网络运营。例如，企业可以根据自身发展的需要，选择比较专业的综合性网络平台并成为其会员，通过缴纳会员费和广告费来进行推广。采用这种方式费用投入小、见效快，可以更方便快捷地获得新的销售渠道。如果入驻阿里巴巴或慧聪网，企业可以在短时间内完成阿里巴巴“旺铺”“慧聪商铺”的建设，通过该平台发布信息，以便客户查找和了解企业，从而拓宽采购与销售渠道。

如果选择 B2C 平台，企业可通过建立自己的网店，将产品、服务及信息传达给消费者。企业不但可以节约大量的网站建设和运营资金，而且可以迅速接触到平台上已有的大量消费者。当然，企业也必须缴纳与入驻、广告、运营等相关的费用。另外，由于企业大量涌入平台，一般产品的信息在平台上曝光的机会越来越少、曝光度越来越低，订单稀释的现象也越来越严重。由于平台企业掌握运营的规则，平台企业会根据市场情况不断调整运营重心，服务体系也会随之发生变化，使得入驻平台的企业在竞争中比较被动，在客户比价中被迫陷入价格竞争。因此，一些有实力的企业会选择自建电子商务网站。

若根据运行平台的支持业务来分类，运行平台可分为支持 5 类业务的运行平台：信息流平台、物流平台、资金流平台、契约平台和认证平台。其中，信息流平台和物流平台是拥有实物的物理运行平台，其他是没有实物的逻辑运行平台。

信息流平台是网站和用户终端最基础性的支撑设施，支持网上信息发布、交易及其他所有数据采集、处理和发送功能；物流平台保证快速的采购、配送，提供相应的物流网络支持，否则即使信息传递再高效，也不可能及时响应企业或消费者实物传递的需求；资金流平台保证资金的信息畅通无阻，同时还得保证安全、可靠、及时；契约平台保证企业之间成功的合作，因为现在已经不可能由单个企业独立承担所有产品和服务，需要多个企业间的合作，通过签订各种协议形成契约关系，以保证网络交易的高效达成；认证平台保证在开展电子商务过程中确定合作伙伴和交易对象身份的真实性，同时保证交易过程的合法性和安全性，以及保证交易结果和后续服务的有效性、不可否认性。

2. 组织要素

组织要素是指形成组织必要的构件。根据传统的组织理论，可以将电子商务企业的组织要素归结为 4 个方面：目标、活动、资源和规章制度。

（1）目标。

电子商务借助于网络技术建立的快速反应系统，可以针对消费者采取即时的行动，完成选择产品、交易和配送的全过程。因此，电子商务企业可以根据当前任务确定目标，使目标更具客观性、有效性。电子商务企业的目标并非分散的，在愿景的导向和核心能力的支持下，阶段性目标或独立性目标可以做到相互一致、相互发展。

（2）活动。

活动要素指企业从事的与电子商务相关的活动。这些活动形成多种业务流程，流经企业组织结构中的多个部门。相比传统的企业商务活动，电子商务活动的特征是：①虚拟化，交易在网络环境中进行；②低成本，网络使交易成本大大降低；③实时性，交易可以在网络上随时进行并完成；④高效率，网络交易的标准化、实时性带来效率的提升；⑤个性化服务，依赖于网络的交互式交易和数据分析功能，企业能提供更多的个性化服务。

（3）资源。

资源要素是企业中最为关键的要素之一，决定着企业活动的存在，并且把不同的企业活动区分开来。一般而言，企业活动中的资源有两大类：物质资源和知识资源。物质资源既是企业活动的最基本资源，也是核心资源。知识资源对传统企业的贡献较少，但对电子商务企业而言，却是资源要素的核心，故人力资源发挥着越来越重要的作用。由于客户作为参与者出现在服务中一起完成电子商务的交易活动，因此客户资源也成为一种重要的资源。另外，随着数据采集能力的大幅增强和普遍应用，数据资源已成为知识资源的基础，受到电子商务企业的高度重视。

（4）规章制度。

大多数电子商务企业都是在远距离条件下协同合作的，即采用虚拟团队的工作方式。在虚拟团队中，团队成员无论是从地域还是组织的角度而言都是分散的。为了进行有效的网络沟通，电子商务企业需要建立线上和线下的行为规范。除了线下工作的行为规范外，电子商务企业制度要素的特点还表现为线上团队的行为规范以及线上与线下的融合。行为规范可以分为两个方面：合作行为规范和社区行为规范。前者是面向任务的，主要是对团队在完成某一具体任务时的合作行为进行规范；后者则是面向整个企业的，目的是建立一个共同遵守的社区行为规范。

3. 管理制度

管理制度是指企业的正式指令，包括长期有效的规定、岗位职责、标准操作程序、工作手册、道德守则等。电子商务企业的管理制度是企业管理部门在运用电子商务管理机制时的正式约定，是企业的基本组成部分。与电子商务运营有关的管理制度有以下几种。

（1）组织管理制度，主要是对管理体制、机构设置、领导关系、部门职责、岗位职责做出的规定。其主要的制度类型有：组织职权管理制度、领导工作职责管理制度、部门工作职责管理制度、人员岗位职责管理制度。

（2）服务与物流管理制度，主要是对企业服务活动进行组织、计划和控制，使企业内部的人、财、物等各种资源达到优化配置和最佳组合。其主要的制度类型有：服务计划管理制度、服务作业管理制度、服务及其支持技术管理制度、服务要素管理制度、质量管理制度和物流管理制度。

（3）人力资源管理制度，体现了企业人本理念和人力资源战略的实现过程。其主要的制度类型有：人员甄选录用制度、人员培训制度、人事调整管理制度、员工激励制度等。

（4）系统安全管理制度，确保在系统内流动的信息准确无误，同时防止（或者至少是最小化）各种类型的欺诈。其安全措施包括：交叉稽核合计数、交易批准核实、职责划分、内审程序等。

4. 企业中的分支体系

电子商务运营体系又可分为若干个分支体系。以 B2C 平台的运营体系为例，可以分为如下几个分支体系。

（1）平台体系：商家与消费者是平台上的两个基本市场群体，平台的功能构件、交易流程及其运作规则、管理制度和管理团队构成了整个平台体系。

（2）品牌体系：平台上商家的品牌为平台的品牌建立发挥了重要作用，平台的支撑功能，如搜索引擎、支付设施、物流支持为平台品牌发挥了辅助作用。

（3）货源体系：是指平台上商家的进货渠道的总和。例如，一手货源的商家代理，大批发商，阿里巴巴，当地科技市场之类的批发点，季节与各大商场的促销等。

（4）物流体系：物流指物品从供应地向接受地的实体流动过程，是运输、存储、装卸、搬运、包装加工、流通、配送、信息处理等功能系统的总和。物流系统网络由点和线两个基本要素组成。物流点主要包括单一功能点、复合功能点和枢纽点。随着物流点在物流网络中辐射范围的不断扩大，物流体系的规划、设计和管理的难度也逐渐加大。连接物流网络中节点的路线就构成物流网络的线，铁路、公路、水路和航空都属于物流网络的线；物流基地、物流中心和物流园区都属于物流网络的节点。

（5）质量管理体系：平台的质量管理体系是指全员参与，并以客户为关注焦点，持续改进网络交易过程、供应链质量的体系。平台质量管理的提升必须有计划、有步骤、按质量文件规定的方式切实推进。

（6）团队体系：一个良性发展的团队是相互沟通、分工明确、按需合作、共同成长进步、明确目标、发挥超强战斗力的综合体。优秀团队还需要不断整合优质的资源来促成利益最大化，如吸纳其他优秀的人才或团队。在企业中，各个团队之间要强调互补性、合作性、共享性，各个团队内部要强调目标性、凝聚力、分工合作、进取精神。

（7）数据支撑体系：电子商务交易前、中、后都是以数据为基础的运营，同时也产生了大量的数据。数据运营需要全部交易数据和经营环境数据的支撑。数据支撑体系包括网站运营指标、经营环境指标、内部经营指标、销售业绩指标、营销活动指标和客户价值指标等 6 个一级指标体系。网站运营指标又包括网站流量指标、产品类目指标以及虚拟供应链指标等若干个二级指标。经营环境指标可细分为外部经营环境指标和内部经营环境指标。内部经营指标可细分为服务效率指标、服务质量指标、支持设备指标等。销售业绩指标根据网站和订单则可细分为二级指标。营销活动指标包括市场营销活动指标、广告投放指标和商务合作指标等二级指标。客户价值指标包括总体客户指标、新客户指标和老客户指标等二级指标。

案例 4-1

中酒网的“双十一”活动

中酒网是中国酒类 O2O 模式的著名网站，主营国产中高档白酒、红酒和进口红酒、洋酒，已经与国内 50 多家知名白酒企业确立了紧密合作关系，并成功运营多个高品质的酒类产品。

中酒网采用网上销售加实体店快捷配送的立体经营模式，提供全国主要城市 30 分钟内“速购”送酒到位的配送服务，使用户可通过手机端选购产品、拨打 400 电话订购产品。

在 2014 年的“双十一”活动中，中酒网的成功运营使其迅速占据酒类前 3 名的位置，并奠定了行业地位。

首先，中酒网运营团队通过市场调研分析受众人群，确定了活动主题为“别操心啦”。这个主题希望所有在中酒网购买酒水的用户都不用操心正品问题、物流问题、价格问题，中酒网可以解决客户所担心的一切问题。活动的目标人群以男士为主，以白酒作为主打产品，并区分为聚会酒、喜庆酒、阖家团圆酒、礼品酒等。60 个白酒爆款优惠活动在“双十一”活动当天的所有国内大 B2C 平台上同步推广，线下 100 多家（中酒连锁）实体店同步开展促销。

其次，运营团队将选品作为这次活动的重中之重。从选品、进货到定价及采购策略制订的进度，都在考验采购部对市场流行趋势的敏锐度和与商家谈判的经验，从而为活动制订了最完美的产品规划。

中酒网筹备了 2 亿元的库存及数百人的物流打包队伍，并且安排了 100 多个客服坐席为“双十一”提供客户服务。客服人员保证当天对所有客户有问必答，降低了客户流失率，全力冲击销量。“双十一”活动过后，所有客户在两天内都收到了订购的酒。

在整个酒水行业处于下行态势、传统渠道面临不利的情况下，本次中酒网“双十一”活动以突破 9 000 万元的销售业绩完美落幕！这组耀眼的数据似乎给整个酒水行业打了一针兴奋剂。

（资料来源：中酒网，2016 年 9 月 16 日）

4.1.4 组织结构

一般认为，组织结构是有意识协调两个或两个以上的人的活动或力量的协作系统，反映了组织成员之间分工协作的关系，体现了一种分工和协作的框架。它纵向展示等级关系及其沟通关系，横向突出分工协作关系及其沟通关系。

1. 企业组织结构

传统的企业组织结构的主要形式有：直线制、职能制、直线-职能制、产品事业部制、矩阵结构等。电子商务企业主要采用直线-职能制、产品事业部制两种形式。

（1）直线-职能制。

直线-职能制，也叫直线参谋制。它是在直线制和职能制的基础上，对这两种形式进行取长补短而建立起来的。目前，我国大多数中小企业都采用这种组织结构。这种组织结构把企业管理机构和人员分为两类：一类是直线领导机构和人员，按命令统一原则对各级组织行使指挥权；另一类是职能机构和人员，按专业化原则从事组织的各项职能管理工作。直线领导机构和人员在自己的职责范围内有一定的决定权和对下属的指挥权，并对自己部门的工作负全部责任。而职能机构和人员则是直线指挥人员的参谋，不能发号施令，只能进行业务指导。直线-职能制组织结构如图 4-2 所示。

直线-职能制的优点是：既可以保证管理体系的集中统一，又可以在各级负责人的领导下充分发挥各专业管理机构的作用。

直线-职能制的缺点是：职能部门之间的协作和配合性较差，职能部门的许多工作要直接向上层领导报告请示后才能处理。为了克服这些缺点，企业应建立各种会议制度，以协调各方面的工作。

（2）产品事业部制。

产品事业部制是许多大企业采用的组织结构。产品事业部制是分级管理、分级核算、自负盈亏的一种组织结构，即一个企业按地区或行业类别分成若干个事业部，从产品的设计、采购物流、成本核算、产品制造一直到产品销售均由事业部及所属部门负责。实行单独核算，独立经营，总部只保留人事决策、预算控制和监督权，并通过利润等指标对事业部进行控制。有的事业部只负责指挥和组织生产，不负责采购和销售，即实行生产和供销分立。

按照产品或产品系列组织业务活动，在经营多种产品的大型企业中显得日益重要。产品事业部制主要是以企业所研发的产品为基础，将生产某一产品有关的活动完全置于同一产品部门内，再在产品部门内细分职能部门，开展生产该产品的工作。这种组织结构在设计中往往将一些共用的职能集中起来，由上级委派以辅导各产品部门，做到资源共享。产品事业部制组织结构如图 4-3 所示。

产品事业部制的优点是：①有利于采用专业化设备，并能使个人的技术和专业化知识得到最大程度的发挥；②每一个产品事业部都是一个利润中心，事业部经理承担利润责任，这有利于总部评价各事业部的业绩；③在同一个产品事业部内职能活动的协调比较容易，比完全采用职能部门管理更有弹性；④容易适应企业扩展与业务多元化的要求。

产品事业部制的缺点是：①需要更多具备管理才能的员工；②每一个产品事业部都有一定的独立权力，高层管理人员有时会难以控制；③产品事业部往往不擅于调动总部的各职能部门，如人事、财务等。

行业事业部的地位和职责实际上与产品事业部大致相同，并且在行业事业部内还可按产品类型再设置部门，产品部门通常不是独立核算单位。行业事业部与产品事业部的优缺点类似，此处不再赘述。

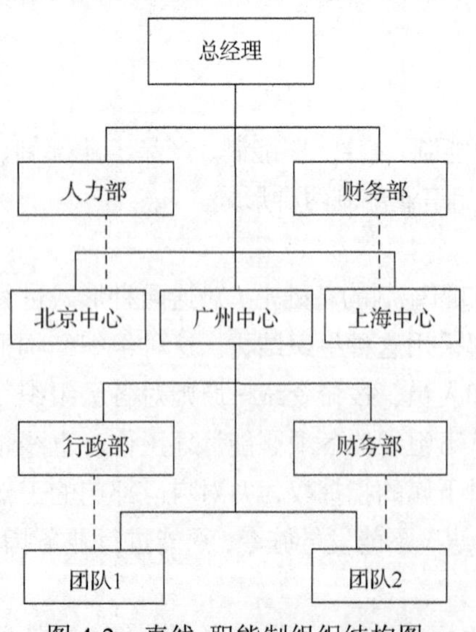

图 4-2　直线-职能制组织结构图

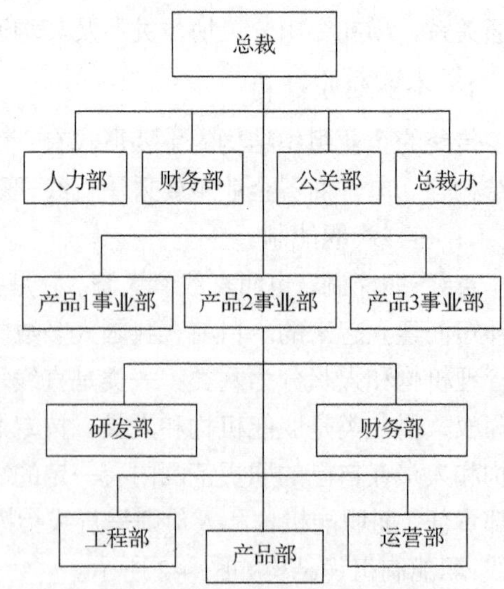

图 4-3　产品事业部制组织结构图

2. 电子商务企业组织结构的特点

电子商务企业的组织结构不同于传统企业的组织结构，它是以计算机技术和网络通信技术为基础发展起来的具备知识时代特征的一类新型企业组织结构，一般具有如下特点。

（1）组织结构的虚拟化。

各种技术手段大大加快了信息传递与商业行为转换的速度，为企业间的网络连接和信息共享提供了强大的支撑。电子商务企业可以只保留具备企业核心能力的部门，而把其他自己不擅长的业务采用外包等形式委托给合作伙伴完成。

（2）组织结构的扁平化。

随着经济全球化进程的加快和市场竞争的加剧，企业经营者只有在管理上进行持续变革才能适应形势的需要。反映在组织结构的设计上，通过解体企业自上而下的垂直金字塔结构，减少中间管理层次、加大管理幅度，建立起精简、高效的扁平化组织结构，从而形成更加灵活、敏捷的企业组织结构。

（3）组织结构的柔性化。

市场竞争的深入，要求企业及时响应客户多元化、个性化的需求。以往企业组织结构中僵化的规则、惯例和结构已不能适应市场竞争的需要。现代企业更多地依赖临时性组织以应对新出现的问题和挑战，促使跨部门、跨地区的项目团队在企业组织中出现并日趋盛行。

3. 组织结构的设计原则

组织结构的整体设计包括 3 个方面的内容：规定的工作活动、报告关系、部门组合方式。企业战略对组织结构的设计具有重大影响。反过来，组织结构的类型也会影响到组织管理控制系统的设计。组织结构设计的原则如下。

（1）支持战略原则：业务板块划分与战略一致；加强培育战略性业务单元；发挥战略管理职能。

（2）市场导向原则：面向市场，迎合并引领市场变化；以客户为中心，能够及时快速响应客户的需求。

（3）组织高效原则：扁平化组织结构；明确分工、规定协调途径，组织流程简洁、清晰、高效；支持组织的扩张步伐。

4. 电子商务企业的部门

电子商务企业通常有以下几种典型的部门。

（1）市场推广部：负责市场营销、推广工作，包括通过各种方式或途径提高网站或网店的声誉、提升网站或网店访问的流量，并确保稳步提升转化率。

（2）产品开发部：负责产品的规划、销售预测、招商，更多地关注产品、产品供应商以及客户需求的满足情况。

（3）运营部：负责由上到下整合企业内部资源，计划、组织、跟进运营事务，掌控全局，综合统筹，把控运营团队的方向。

（4）销售部：负责后台的订单审批、到账确认、订单完结、支付跟踪和积分处理。

（5）物流配送部：管理库存，安排配货、发货等相关事宜。

（6）客户服务部：负责售后服务，包括退货处理、退款处理，以及客户投诉和咨询处理。

（7）IT 技术部：主要负责企业网站或客户端的建立和运营维护，开发新的特色功能；定期调整、优化网站的性能，为其他业务部门的工作提供支撑。

另外，电子商务企业还有人力资源部、行政后勤部等后勤支援部门。

贸易型电子商务企业的组织结构如图 4-4 所示；生产型电子商务企业的组织结构如图 4-5 所示；网店型电子商务企业的组织结构如图 4-6 所示。

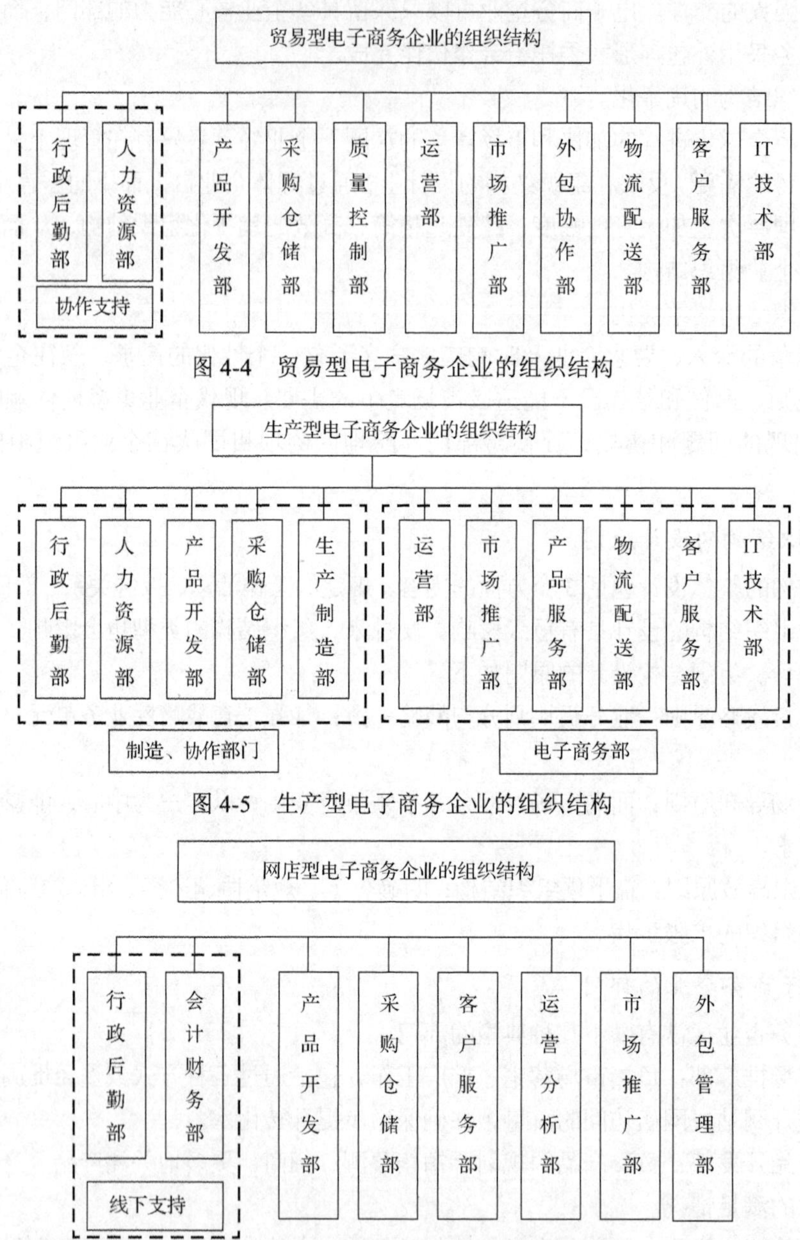

图 4-4　贸易型电子商务企业的组织结构

图 4-5　生产型电子商务企业的组织结构

图 4-6　网店型电子商务企业的组织结构

案例 4-2

2013年阿里巴巴集团组织结构的调整

2013 年 1 月 10 日，阿里巴巴集团宣布对现有业务结构和组织进行调整，将事业部扩增至 25 个，其业务发展将由各事业部总裁（总经理）负责。这是阿里巴巴集团自 2012 年 7 月调整集团业务、划分“七剑”（淘宝、一淘、天猫、聚划算、阿里国际业务、阿里小企业业务和阿里云）后的新调整。

阿里巴巴集团的此次调整使原有的“七剑”事业群更加细分化。“淘宝”字眼消失，出现了物流事业部、无线事业部、商家业务事业部、数字业务事业部、消费者门户事业部、互动业务事业部、共享业务事业部、类目运营事业部、综合业务事业部、天猫、航旅事业部以及本地生活事业部等，未涉及支付宝、阿里金融和阿里巴巴集团的其他业务。

据马云透露，阿里巴巴集团将调整原有业务决策和执行体系，新体系由战略决策委员会（由董事局负责）和战略管理执行委员会（由 CEO 负责）构成。不到半年的时间，马云对阿里巴巴集团进行了两次结构调整，那么频繁的调整背后有何深意？

马云对此的解释是，变革不是一时的，而是时时的。“我们总在追求一种稳定，但在信息时代，变化才是最好的稳定”。“变革是痛苦的，但要是我们不变革，我们未来会连痛苦的机会都没有”！

业内人士认为，马云一直想要打造阿里商业生态系统，此次调整是他实施“小而美”电商战略的一部分。要保持阿里巴巴集团生态系统的健康，就不能只有上层掌权层，还应该壮大中高管理层。拆分出更多的事业部，正是要培养中高管理层。“保持生态链条健康，才能保证阿里大机器正常运转”。

从组织结构的角度看，这次调整较好地实现了阿里巴巴集团的扁平化。其结果是在很大程度上激活了各个事业部的积极性并发挥它们的潜力，同时提高信息传递速度、减少失真率，并提高决策速度。这次调整也是进一步分权，提高决策的灵活度。

（资料来源：《马云变革未来：阿里巴巴集团架构再调整》科技讯，2013 年 1 月 11 日）

4.2 需求与能力管理

服务能力是指在一定的时间内，一个服务系统所能提供给客户服务的最大数量或业务交易数。服务不能贮存在仓库里以待未来消费。如果服务需求相对于服务能力不足或超量，将会导致服务人员和设备闲置或客户排队等待的结果。进一步来看，服务需求一定是变化的，且会随着季节或人类的生活习惯、文化而变化。例如，上班时间可能是 B2B 平台的交易高峰期，休假或休息时间可能是 B2C 平台的繁忙时段。因而，如何使服务系统供给与客户需求相匹配，是电子商务运营中面临的重大挑战。

4.2.1 需求与能力管理策略

服务能力管理通常有两种策略，即平准产能和追逐需求。平准产能是一种为了有效利用产能和减少客户等待而调整产能的策略。这种策略可通过价格诱导的方式，更好地利用固定产能以应对客户需求。追逐需求是一种通过调整生产能力来匹配需求波动的策略。这种策略可通过作业的方式，针对客户需求的变化做出更灵活的反应。

1. 需求管理策略

平准产能策略是通过需求管理来实现的，可采取的具体策略有：细分需求、客户诱因管理、价格激励、促进非高峰期需求和使用预订系统。

（1）细分需求。

通常需要服务的客户不是单一类型的，因而可以按照所销售的产品预测客户的在线交易时间。例如，客户购买教科书的时间主要集中在学期的开始，上班族购买书籍的时间主要集中在晚上。通过对客户进行分类，可以大致估计产能的需求。对于线下服务，可以通过预约、非预约来平衡需求。

（2）客户诱因管理。

电子商务客户的到达流量会受到多种因素的影响，常见的影响因素是客户到达的多变性。如果单纯想使产能与需求相匹配，采用一套制度化的服务模式来服务不同的客户则难度较大。常用的具体方法是：调节适应策略，通过提升操作效率服务客户；减少降低策略，使服务体验简单化。这两种策略结合使用可以保证客户对需求的选择，并在满足客户体验的同时简单地完成服务工作。

（3）价格激励。

可以采用差别定价策略，平衡到达的客户数。

（4）促进非高峰期需求。

寻找、确定不同来源的需求，并采取相应措施，可大大促进客户对非高峰期闲置服务能力的使用。例如，在旅游淡季，酒店的客房会闲置，那么酒店就可以在网上推出一些特色旅游项目。在电商大促销“双十一”活动来临之前，可以鼓励客户把想购买的产品提前放入购物车中，这样既有助于客户快速下单，也有利于企业准确预测产品的销售数量。

（5）使用预订系统。

预订就相当于预先提供了潜在服务。客户在完成预订之后，其额外的服务需求就会转移到同一企业内相同设施的其他适宜服务时间或其他服务设施上。

2. 能力管理策略

追逐需求策略是通过能力管理来实现的，可采取的具体策略有：安排工作进度、提高客户参与度、建立可调节的能力、共享服务能力、交叉培训员工和使用临时员工。

（1）安排工作进度。

通过制订全天的工作班次计划，可以使服务供给水平接近需求。工作班次计划对于许多面临周期性需求的服务组织来说，是一个重要的人员安排问题，如餐饮业的网络订餐服务。在制订工作班次计划时，还需注意有些服务部门应该避免在节假日休息。

（2）提高客户参与度。

通过提供一些高科技工具辅助（如银行自助存取款机），可增加客户参与的积极性，及时满足他们的需求，并节约成本。

（3）建立可调节的能力。

企业的一部分产能可设计成可调节的能力。例如，一些先进的仓储管理设备，可以很方便地调整货架的大小和数量；产品配送员既可以直接送货上门，也可以将产品放入储物柜让客户自己取回，这样就大大提升了配送员的可调节配送能力。

（4）共享服务能力。

服务系统通常要在设备和设施上进行大量投资。因此，在闲置期间，企业要找到这些服务能力的其他用途，以免浪费。例如，云计算就是一种典型的共享服务能力的计算运营模式。

（5）交叉培训员工。

服务系统通常由多种不同的作业构成。当一种作业繁忙时，另一种作业可能会闲置。交叉培训员工能使他们从事多种作业中的工作，从而提高企业的应急能力，以满足业务高峰时期的服务需求。

（6）使用临时员工。

当业务高峰持续且能够预测时，如餐饮业的网络订餐配送，在就餐时间就可以雇用临时工以补充正式员工的不足。

4.2.2 需求预测

预测是企业制订计划的基础，尤其对电子商务企业的管理决策至关重要。运营人员通过预测进行各种涉及供应商选择、服务方式选择、产能计划、支持设备规划等方面的周期性决策，以及采购、生产计划、服务作业计划和库存等方面的连续性决策。

在选择预测的方法时，应首先考虑预测的目的。有些预测需要高层次的需求分析，如生产能力计划、服务流程设计、选址和配送设计以及综合运营计划。这些属于战略预测，需满足全局性的需求。企业也需要预测日常运营中遇到的问题，如产品库存不足时的补货、下周的产能安排，这些属于战术预测，仅需满足数周或数月的短期需求。

预测可以分为 4 种基本类型：定性预测、时间序列分析、因果关系以及仿真模型。定性预测是一种较为主观的判断，它基于估计和评价。时间序列分析是基于一种具有共识的理念，与过去相关的历史数据可以用来预测未来的需求。其中的历史数据，可能包括诸如趋势因素、季节因素、周期因素等。因果关系假定需求与某些内在因素或周围环绕的外部因素有关，可以用线性回归的方法进行预测。仿真模型则允许预测者通过对预测环境的一系列假设来进行预测。

在大多情况下，服务系统的需求可以分解成 6 个部分：一段时期内平均需求、趋势性需求、季节性需求、周期性因素、随机变量以及自相关因素。

周期性因素是难以确定的，因为时间跨度可能是未知的或者未考虑导致周期的因素，这些因素可能是政治、战争、经济条件或者社会压力等。随机变量是由偶发事件引起的。从统计学的角度来看，在所有引起需求的已知原因被从总需求中扣除后，剩下的就是需求中无法解释的随机因素。自相关因素表示事件的持续性，更具体地说，即某一数据的期望值与其自身的历史数值高度相关。当需求是随机的时候，则各周期的需求变化可能非常大；但如果存在高度自相关，则各周期的需求变化就不会很大。趋势性需求通常是开展预测的起点，然后根据季节性因素的作用效果、周期性因素和其他可能影响最终预测结果的事件来调整这些趋势曲线。

4.2.3 能力计划

许多运营问题的解决都应考虑产能的扩大或缩减，主要涉及 3 个重要问题，即系统平衡的维持、产能变动的频率和外部产能的利用。

系统平衡的维持在电商的 O2O 模式中特别引人关注。例如，在网络约车的高峰期中，如何规划最佳的客户分配方式，平衡需求与运力，是运营管理的关键。产能变动的频率可能引起成本增加，如培训费用、支持设备的闲置等。外部产能的利用可能压缩成本，但同样可能导致产能浪费，如果能有效控制需求和能力的平衡，就可以减少外包，从而降低总成本。

与生产制造相比，服务系统的能力计划更依赖于时间和选址，且更容易受到需求变动的影响，其利用率会直接影响到服务质量。

（1）关于时间。

由于服务不能被储存并留作后续使用，所以服务系统必须将时间看作一种供给。当客户提出一项能力需要的时候，服务系统必须有空闲能力提供服务。

（2）关于地址。

服务系统必须靠近客户，提供服务的能力必须与客户匹配，才能提供服务。在网络约车服务中，其他城市的汽车再多，对本地客户都没有任何用处。

（3）关于需求波动性。

引起需求波动的原因可能有 3 个：一是服务不可储存，难以用库存平衡过多的需求；二是服务与客户直接相关，服务的个性化导致服务时间的波动；三是客户行为直接影响到需求。

设定服务能力水平的高低必须考虑到每天服务利用率与服务质量的关系。图 4-7 所示为排队模型下典型的服务情况。到达率是指在给定的一段时间内到达服务区的平均客户数。服务率是指在相同的时间内服务设施最多能服务的平均客户数。两者之间的关系如下：

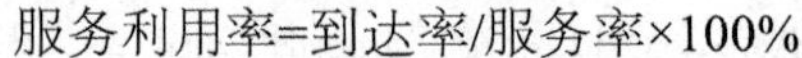

服务利用率=到达率/服务率×100%

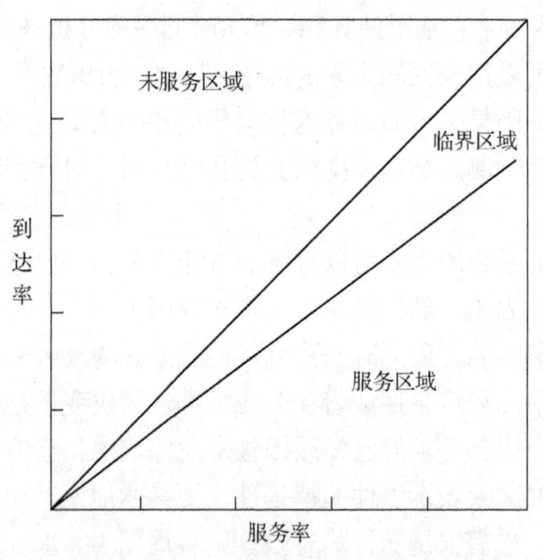

图 4-7　到达率与服务率的关系

根据经验数据，通常服务利用率达到最大能力的 70%时，是服务系统的最佳运行点。这个水平足以使服务设施保持忙碌状态，同时也对客户保有足够的服务时间并保留足够的能力，以免出现太多令人头疼的问题。在临界区域中，服务系统能服务客户，但是服务质量有所下降。在临界区域上方，会出现排队等待服务的队伍，而且可能有部分客户很长时间都得不到服务。

最佳的利用率，一般要视具体情况而定。不确定性高、客户体验要求高的情况适合低利用率。远郊的配送适合高利用率，可以按 100%左右的利用率运行。

由于涉及多方博弈的过程，利用率与服务质量又密切相关，所以平台企业日常的主要工作之一就是探索、确定并达到最佳利用率。特别是在多属行为倾向明显的运营环境下，持续逼近最佳利用率显然是提升网络效应、避免客户流失的基本条件之一。

由于难以预先安排准确的服务能力，所以对服务能力的计划非常难以把握。在此，可能会有直接影响客户满意度的、与时机相关的评价标准。例如，在客户获得线上的承诺，而转入线下服务后，服务人员应提供与客户期望一致的服务能力。此时，客户的到达方式和期望的服务效果，虽然可根据以往的服务情况进行数据分析，但经常还是难以预测。可以说，这种预测的准确度取决于客户行为的可预测性。

4.3 运营计划

通常，综合运营计划是把企业年度和季度的业务计划转化为一般的中期（3～18 个月）劳动力以及产出计划。对于电子商务企业而言，由于市场竞争的需要，综合运营计划持续的时间大大缩短，通常是 3～12 个月的中期业务计划。综合运营计划的目标是明确满足当期需求的相关资源，并使其成本达到最低。

一般在企业的战略计划下有一个中期的销售和运营计划，是用于帮助企业提高客户服务水平、实现低库存、缩短交货时间、稳定生产率以及实现高效管理的流程。这是由营销、运营、财务和产品研发部门通力合作的结果。供给方是产品系列的组合，需求方是消费者的组合。在关注产量和销量的基础上，营销和运营部门通过联合开发计划来满足需求。当市场上的需求随着市场趋势、季节以及其他因素的变化而发生显著变化时，这就成为一项困难的任务。对于具备一定实力的电子商务企业而言，切实可行的运营计划是落实企业战略、商业模式以及日常运营的行动指南。

4.3.1 运营计划活动

企业的长期计划活动主要有两个方面：一方面是企业服务系统的设计，另一方面是将产品送至客户的物流活动的设计。流程规划决定用于服务生产的具体技术和程序。战略能力规划决定服务系统（网站/网店系统）的长期能力。从物流的角度来看，供应链规划确定如何在企业之外将产品配送给客户，并做出仓库选址、运输系统类型选用的决定。在企业内部，供应链规划包括供应商选择、服务外包等相关决策。

企业的中期计划活动包括预测与需求管理、运营计划。预期需求的确定是需求管理的核心，只有做好预期需求的确定，才能相应制订出满足需求的运营计划。运营计划涉及网站/网店的改进升级、物流配送和服务活动计划的确定，以及与这些计划相配合的采购、物流计划。

企业的短期计划的内容主要关注具体的服务调度和配送安排。另外，员工的短期培训计划也是保证服务能力和维持员工工作平衡的重要措施。

4.3.2 综合运营计划

对于制造型电子商务企业而言，综合运营计划应在主生产计划之前制订。对于贸易型电子商务企业而言，综合运营计划则通常在企业财年开始之前制订完成。

综合运营计划的主要目的是详细说明生产率、劳动力水平以及现有存货水平的最优化综合点，从而使计划期的相关成本达到最低。在此，生产率是单位时间内所完成的服务数量。劳动力水平是指完成一项服务所需的工时数（例如，10 工时=10 个人工 1 小时=1 个人工 10 小时）。现有存货是上期所留存下来未发出的货物。

综合运营计划是一种标准化的报告，它包含了计划的目标以及计划的前提假设。对于小企业而言，常常只要估计企业需要多少员工即可。

制订综合运营计划有几种方法，通常可以根据企业的年度计划来安排，通过确定每个服务团队需要多少产出才能满足需求预测，进而确定需要多少资源支持；也可以将所有的服务产出需要多少资源换算成一个统一的单位，以此作为制订运营计划的基础。例如，销售各种家电产品所需的资源是不同的，计划制订者可以将所有家电所需的平均劳动力水平作为运营计划的基础，并根据这个平均值调整在短期计划中反映某种家电产品所需的资源。

另一种制订综合运营计划的方法是将各种服务处理时序安排综合起来，并计算相应的能力需求，进而查看每个工作中心是不是都具有足够的所需员工和支持设备。如果服务能力不足，需要加班、外包订单或者雇用额外的工人，就把它细分到每一个工作团队中，并形成粗略计划。如此经过试算，最终就能形成一个相对成本较低的综合运营计划。

综合运营计划可能涉及 3 种基本的生产/服务计划策略，以试图在劳动力规模、工作时间、存货以及未完成订单之间寻求平衡。这些策略既可以单独使用，也可以混合使用。

（1）追赶策略。根据订单的变化数量来决定是雇用还是解雇服务人员，使生产率和订单数量相匹配。当订单减少时，服务人员的工作积极性可能会大大降低，因为在这种情况下正常完成工作就意味着将被解雇。

（2）稳定劳动力水平—调整劳动时间策略。利用柔性工作时间安排或者加班来改变工作小时数，进而实现生产数量和订单之间的匹配。这种策略可以避免追赶策略所带来的负面问题。

（3）平准策略。保持稳定的劳动力水平以及产出水平，通过改变资源储备或库存水平来消除资源短缺和过剩。这样，企业对客户的服务水平会潜在下降，资源或存货成本会增加，但是员工可以从中获益。

综合运营计划涉及 4 种成本，分别是基本生产/服务成本、与生产率相关的成本（如招聘、培训员工等）、库存成本（待售的产品）和延期交货的成本（好评下降、缺货等）。

为了获得运营资金的支持，运营经理必须每年甚至每季度提出预算申请。综合运营计划是编制预算的主要依据，因为综合运营计划的目的是使计划期内与服务相关的总成本达到最低，这是通过劳动力水平和存货水平的最优结合确定的。当然，请求的预算数量可以对综合运营计划提出修正。一份完善的中期计划，可为申请预算金额提供充分的说明。

应用案例

生产型电子商务企业的综合运营计划

IC 化妆品公司为女性生产化妆品，也在天猫商城开设了旗舰店。为了更好地实施运营管理，IC 化妆品公司需要为 2016 年 1～6 月的“粉盒”产品制订综合运营计划。表 4-1 是可用信息。

表 4-1 制订综合运营计划时所需的信息

需求和工作天数							
	1 月	2 月	3 月	4 月	5 月	6 月	总计
需求预测（元）	500	600	650	700	800	800	4 050
工作天数（元）	22	16	22	21	22	21	124
成本							
库存持有成本	10 元/单位/月						
缺货边际成本	20 元/单位/月						
转包边际成本	100 元/单位						
招聘和培训成本	100 元/人						
解聘成本	200 元/人						
单位产品所需劳动工时	4 小时/单位						
正常劳动力成本（8 小时/天）	20 元/小时						
加班成本（正常成本的 1.5 倍）	30 元/小时						
库存							
期初库存	200 单位						
安全库存	月需求量的 0%						

假设综合计划需求如表 4-2 所示，那么，可计算以下几种生产策略的成本。

（1）完全按需生产，改变劳动力水平（假设初始劳动力水平和第一个月的需求相等）（见表 4-3）。

（2）劳动力水平不变，仅仅改变存货和允许缺货（假设劳动力水平为 10）（见表 4-4）。

（3）劳动力水平不变（为 10 人），使用外包策略（见表 4-5）。

表 4-2 综合运营计划需求

	1 月	2 月	3 月	4 月	5 月	6 月	总计
期初库存	200	0	0	0	0	0	
需求预测	500	600	650	700	800	800	
安全库存（0%×需求预测）	0	0	0	0	0	0	
生产需求量（需求预测+安全库存-期初存货）	300	600	650	700	800	800	
期末库存（期初存货+生产需求量-需求预测）	0	0	0	0	0	0	

表 4-3 生产计划 1：完全按需生产，改变劳动力水平

	1 月	2 月	3 月	4 月	5 月	6 月	总计
生产需求量	300	600	650	700	800	800	
所需生产工时（生产需求量×4 小时/单位）	1 200	2 400	2 600	2 800	3 200	3 200	
每月工作天数	22	16	22	21	22	21	
工人工作小时数（工作天数×8）	176	128	176	168	176	168	
需要工人数（所需生产天数/工人工作小时数）	7	19	15	17	18	19	
新招聘工人数	0	12	0	2	1	1	
招聘/培训成本（新招聘工人数×100）	0	1 200	0	200	100	100	1 600
解聘工人数	0	0	4	0	0	0	
解聘成本（解聘工人数×201）	0	0	800	0	0	0	800
正常生产成本（所需生产工时×20）	24 000	48 000	52 000	56 000	64 000	64 000	308 000
						总成本	310 400

表 4-4 生产计划 2：劳动力水平不变（10 人），仅仅改变存货和允许缺货

	1 月	2 月	3 月	4 月	5 月	6 月	总计
期初库存	200	140	-140	-350	-630	-990	
每月工作天数	22	16	22	21	22	21	

续表

	1月	2月	3月	4月	5月	6月	总计
可用生产工时（每月工作天数×8小时/天×10人）	1 760	1 280	1 760	1 680	1 760	1 680	
实际产量（可用生产工时/4小时/单位）	440	320	440	420	440	420	
需求预测	500	600	650	700	800	800	
期末库存（期初库存+实际产量-需求预测）	140	−140	−350	−630	−990	−1370	
缺货成本（短缺产品单位数×缺货边际成本）	0	2 800	7 000	12 600	19 800	27 400	69 600
超额库存（期末库存-安全库存）	140	0	0	0	0	0	
库存成本（超额库存×库存边际成本）	1 400	0	0	0	0	0	1 400
正常生产成本（可用生产工时×20）	35 200	25 600	35 200	33 600	35 200	33 600	198 400
						总成本	269 400

表4-5　生产计划3：劳动力水平不变（10人），使用外包策略

	1月	2月	3月	4月	5月	6月	总计
期初库存	200	0	0	0	0	0	
生产需求量（预测需求-期初库存）	300	460	650	700	800	800	
每月工作天数	22	16	22	21	22	21	
可用生产工时（每月工作天数×8小时/天×10人）	1 760	1 280	1 760	1 680	1 760	1 680	
实际产量（可用生产工时/4小时/单位）	440	320	440	420	440	420	
转包单位数（生产需求量-实际产量）	0	140	210	280	360	380	
转包成本（转包单位数×转包边际成本）	0	14 000	21 000	28 000	36 000	38 000	137 000
正常生产成本（可用生产工时×20）	35 200	25 600	35 200	33 600	35 200	33 600	198 400
						总成本	335 400

从以上计算结果来看，在允许缺货的情况下，企业的运营总成本最低，但带给客户的体验显然最差。通过外包方式可以满足客户的需求，但企业的运营总成本最高。完全按需求生产能满足客户的需求，在企业运营总成本方面也比较折中，但能否适时地招聘和解聘工人是核心条件之一。

关键术语

运营战略、运营模式、管理模式、运营体系、需求预测、服务能力、生产率、劳动力水平、运营计划、服务计划策略、综合运营计划

思考题

1. 运营模式的要素有哪些？它们与商业模式有哪些区别与联系？
2. 运营体系主要包括哪些内容？电子商务运营资源有哪些？
3. 电子商务企业有哪些组织要素？其组织结构特点是什么？
4. 请画出按行业类别划分事业部的组织结构图，并说明其优缺点。
5. 试说明服务利用率与服务质量的关系。
6. 企业通常有哪些运营计划活动？
7. 企业有哪些基本生产/服务计划策略？4种主要成本分别是什么？
8. 对于服务型企业而言，如何计算综合运营计划中的运营总成本？

第 3 篇

运营方法篇

第5章　企业架构

【学习目标】

通过本章的学习，读者应达到以下目标：

- 理解借助企业架构方法将企业战略落地到信息系统的思路，明确企业架构的基本内涵和作用；
- 了解并初步掌握企业架构的4种基本组成，能够说明它们的关系和相互作用；
- 了解世界主流的企业架构框架，理解它们的目标、作用和适用范围；
- 初步掌握构建企业架构的方法。

【能力目标】

- 初步具备说明企业架构对数据化运营支持作用的能力；
- 初步具备分析和构建企业架构的能力。

【引导案例】

2011年2月14日，蘑菇街网站华丽上线，梦想为所有女性消费者提供更多更好的购物决策。蘑菇街早期定位为女性导购平台，以期为各大电商平台带去精准流量。但随着电商平台流量入口的关闭和移动终端的发展，蘑菇街以全新的“社交+购物”方式转型为女性垂直电商，定位于年轻女性的时尚媒体与消费类App。虽然蘑菇街网站页面清丽、内容时尚前卫，但骨子里仍然是一家科技型公司。

在早先的导购时期，蘑菇街主营女性服饰。由于业务简单，网站页面除了导购信息外，就是用户分享的图片、文字等互动信息。因而，其技术架构主要以搜索、数据库的开源软件为主。

从2013年年底，蘑菇街开始从导购平台转型为电商平台。电商平台涉及交易、支付等功能，对业务数据的及时性要求和系统的稳定性要求很高，原来的开源软件已经难以支撑业务需求。于是，蘑菇街开始自主研发系统，甚至自建存储系统。

由于电商和社交的特性对图片规格有众多要求，需要更大的存储空间和运维量。特别是移动端设备带来的访问量和并发数，导致带宽占用过高，对存储的空间要求也更高。随着用户量的不断增长，数据的存储和处理问题也越发凸显。因而，蘑菇街技术团队开始考虑采用第三方存储服务来解决上述问题。

经过综合对比实现功能、成立时间、技术积累和口碑等多方面因素，最终七牛云存储以稳定可靠的性能、图片处理应用程序接口全面及快速的文件上传下载而赢得了蘑菇街技术团队的青睐。很快地，蘑菇街的存储系统与七牛云存储平台实现了对接。

这一解决方案还能使整个技术架构得到平衡扩展，从而轻松应对流量爆发或者其他的突发性事件。对于蘑菇街来讲，各种促销活动以及“双十一”是必须面对技术硬仗。“双十一”当天，蘑菇街承担的压力和流量是平时的几十倍甚至几百倍，如果仅仅为此采购大量的设备，等到活动结束后又会造成设备的闲置。使用第三方云存储服务不仅能保证其弹性伸缩和按需付费，以从容应对突发业务所需流量爆增的问题，同时还能避免技术及成本上的资源浪费。

至今，蘑菇街使用七牛云已四年。在这段时间里，七牛云存储提供的图片存储、CDN回源等功能，大大降低了蘑菇街的运营成本。

（资料来源：访蘑菇街：自建存储系统后为何还要选用第三方云存储，齐鲁晚报，2016年2月29日）

5.1 企业架构及其组成

由引导案例可知，电子商务企业的运营应具备相应的运行基础，且必须依托强大、灵活的信息技术（Information Technology，IT）基础设施。作为一个企业，其日常运营涉及客户订单处理、产成品库存、发货、寄送发票、收款以及大量交易数据处理。这些数据出现任何差错都会牵涉到企业业绩、员工满意度，以及与客户或供应商的关系。而优秀的企业，往往具备更好的业务流程处理和数字化能力。

正如前面章节所介绍的，为了支持企业战略，企业应该借助于商业模式和管理模式导出企业的运营模式。运营模式通过提供一套易于操作的企业业务视图，说明一个企业是如何经营和获利的，从而驱动企业运行基础设施的设计。那么，如何利用运营模式来规划、设计电子商务企业的运行基础设施？如何利用企业架构方法将运营模式落实到信息技术基础设施，以达到与企业战略的协调？

5.1.1 企业架构

在企业信息化建设中，业务与信息技术的关联越来越紧密。但与此同时，信息系统也面临着越来越多的问题，如业务与信息技术之间存在鸿沟、适应变革的灵活性差、技术体系混乱而复杂、技术标准不兼容、技术系统互操作性差、系统安全脆弱，以及信息系统管理不规范等。业务部门提出不同的需求，信息技术部门往往会以不同的服务器、软件平台和数据库予以满足。结果多年后，企业得到的是一个个模块化的企业信息技术架构。这种企业信息技术架构显得混乱而复杂，很容易偏离企业战略的轨迹。

于是，业界提出运用信息技术来解决企业信息技术架构的混乱问题。但是，人们很快发现企业仍然存在以下问题。

（1）信息系统对提升业务与管理的支撑点不明确。

（2）业务战略与信息系统之间缺乏清晰的联系框架，信息系统缺乏细化的支撑框架。

（3）在整个企业层面缺少数据的统一定义、统一标准，导致数据冗余和冲突。

（4）信息系统覆盖的业务范围和系统之间的边界划分模糊，没有给出明确的系统间集成与接口的定义，导致应用系统之间难以集成。

回顾信息化的建设过程，我们发现产生这些问题的一个重要原因就是缺乏从组织角度出发的企业总体架构的规划和设计。

企业架构（Enterprise Architecture，EA）是用于理解构成企业的所有主要组件，以及这些组件如何相互关联的理论。企业架构关注的是企业总体架构的规划，一般会从企业信息化的现状、原则、模型、标准等方面来思考。它描述了企业信息化的基础设施、数据、应用和人力资源等方面的内容，为企业未来的愿景清晰地勾画出信息化的发展目标和途径。

企业架构是建设企业信息化的蓝图，是沟通业务与信息技术间的桥梁，是适应企业业务变革的方向盘，是实现业务、信息、应用和技术协同的指南针。企业架构的任务是建设企业的整体信息化蓝图。需要强调的是，企业架构中的"企业"是指一个有着共同目标的组织集合。所以，它不仅包含了营利企业，还涵盖了所有存在信息化建设问题的组织机构，包括企业、政府、科研院所等。"架构"一词最初来源于建筑，其核心含义是通过组合一系列构件来承载上层传递的压力。后来经过引申，架构指系统的组成部件及其相互之间的关系，明确这种关系能够使架构之间的联系更加科学合理、系统更加稳定持久。

从管理与变革的视角来看，企业需要制订整体的业务发展战略。这是一个相对长期的战略。为了实现这个战略，企业必须有一系列的支撑架构。人们意识到，尽管管理变革和信息化建设难以预测环境的变化，但总有一些全局性的原则可以得到固化。这些原则着眼于企业的整体性和长期性，而企业架构的理念和实践就是这种原则。

对于企业架构，至今还没有一个公认的权威定义。国际上不少专家和组织从不同的角度表达了对 EA 的认识，具体如下。

（1）Zachman 的定义：EA 是构成组织的所有关键元素和关系的综合说明。

（2）OPEN GROUP 的定义：EA 是关于理解所有构成企业的不同元素，以及这些元素怎样相互关联的。

（3）麻省理工学院斯隆管理学院的定义：EA 是业务流程和信息技术基础设施能力的构成逻辑，它反映了企业运营模式的集成和标准化需求。

（4）IBM 的定义：EA 是记录企业内的所有信息系统、它们之间的相互关系以及它们是如何完成企业使命蓝图的。

（5）美国 Clinger-Cohen 法案的定义：EA 是一个集成的框架，用于演进或维护存在的信息技术和引入新的信息技术，从而实现组织的战略目标和信息资源管理目标。

上述定义说明，EA 描述的是组织的业务和信息技术方面的结构及其连接，既涉及运营模式，如产品、流程和组织，也涉及信息技术应用景象，如技术实现、运行基础设施，并采用了多层次、动态发展的方式。

企业架构的设计必须适应企业业务的变革。首先，企业架构本身要能够支持企业现在及未来的可能性业务；其次，企业架构也要能够在业务变革方面迅速调整并与其保持一致。企业架构是业务与信息技术之间的桥梁，是业务、信息、应用和技术之间的协同。如果仅仅从企业架构的视角来看，其出发点是业务和战略，作为它们的描述和总结的业务架构则可以导出企业的信息技术架构体系。同时，业务和战略的变化还应该反映在业务架构体系之中，并由此导致信息技术架构的变化；反之，信息技术的变化同样也会体现在业务架构体系之中。

如果从商业模式、运营模式等更广阔的视角来看，首先，商业模式将企业战略落地到运营模式，并同管理模式一起确定企业的运营模式和业务架构，转而导出企业的信息技术架构，如图 5-1 所示。其次，企业架构转而指导解决一个复杂的需求，成为多个应用组合解决方案的控制协调者。最后，让某个具体的应用系统架构也能与企业的整体架构吻合。

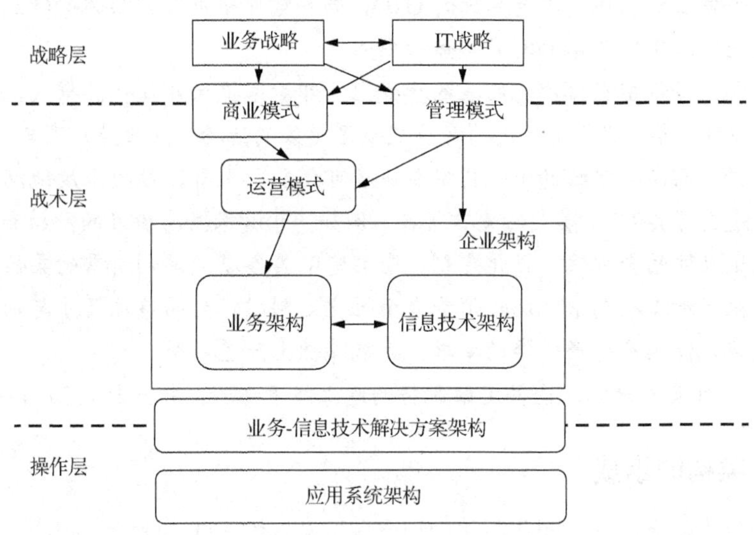

图 5-1　企业战略、战术与架构的落地

因此，只有仔细梳理企业架构才能确定信息技术的应用组合，进而确定一个项目群或者多个项目应用组合解决方案的总体架构。如果没有企业架构，就会导致解决方案架构或者应用系统软件架构的设计不具备全局观，从而不可避免地走上“烟囱”式的发展道路，最终陷入难以集成的困境。从这个模型可以看出，企业架构规划、指导了商业模式具体实现为企业的各个 IT 应用系统。

案例 5-1

尚品宅配的O2O体验

2004 年，李连柱和周淑毅创立了尚品宅配品牌，将受众群体定位于年龄在 25～35 岁、喜欢简约风格的年轻人。在对家居行业与服装行业、医药行业进行类比分析之后，尚品宅配找到了业主在家居产品消费中的痛点，并寻求到一个答案：家居行业传统导购式的销售应该向设计式和顾问式的销售转变，产品组合应该是未来生活空间的解决方案，而不是单纯的一个家居。

尚品宅配从解决体验式、情景式缺失这两个痛点切入，围绕客户设计了十几个环节。从推广到在线导购、客服，再到直销设计师上门量空间、进店看方案，然后到工厂生产、上门安装等，全部用互联网的思维方式加以解决。这不但降低了售前服务的成本，还提高了十几个环节的协同效率和质量，让尚品宅配品牌走出了一条“C2B+O2O”相结合的运营转型之路。

传统家居运营的程序是：逛店体验产品→交定金→上门量尺寸→确定方案签合同→生产

安装。尚品宅配对这一传统程序做了创新，解决了 O2O 中的“2”。首先，“2” 就是上门免费。在设计师上门提供如同医生一样专业性很强的服务后，就已经把尚品宅配品牌的信息传递出去并促进了交易。数据显示，享受尚品宅配量尺服务的客户中大约 95%都会前往尚品宅配的体验店，而进店后大约 60%的人会定制尚品宅配的家居。

O2O 中线上需要创意，强调的是新意；线下需要流量变现，强调的是执行力；把两者相融合，构建整个供应链闭环，才是真正的 O2O。尚品宅配根据客户群体的特点，开设了两种形式的体验商店：城市综合体和写字楼体验中心。

传统的定制大多停留在模块化组装的模式上，即卖家提供几款产品样式，消费者在选择颜色、款式后即可下单，实际上只是为客户提供了更多的选择，依旧是厂商单方面提供产品，消费者从中选择。而尚品宅配的个性化定制深度可谓前所未有，最大限度地满足了消费者的个性化需求，是支撑其 C2B 模式的关键所在。例如，可以根据消费者的身材和喜好，实施从款式设计到构造尺寸的全方位个性化定制。尚品宅配具备深度定制所需的柔性生产能力，借助于智能化的生产加工控制系统满足消费者个性化定制所产生的特殊尺寸与构造板材的切削加工需求。这样既能满足生产效率的要求，也能降低生产差错率。

（资料来源：尚品宅配独特的线上线下体验，推一把，2015 年 1 月 26 日）

5.1.2 企业架构的组成

企业架构分为两大部分，即业务架构和信息技术架构（IT 架构）。实际上，IT 架构可进一步细分为数据架构、应用架构和技术架构 3 部分。所以说，企业架构由业务架构、数据架构、应用架构和技术架构 4 个部分组成，如图 5-2 所示。

1. 业务架构是企业架构的基础

业务架构是企业架构的基础，是对企业如何创造价值、获取价值的总体设计和客观描述，也是落实体现业务流程、组织结构、业务模块、资源配置和绩效考核运营模式的要素。简单地说，业务架构是对运营模式的具体表达。对企业运营来说，业务架构是将商业模式转化为日常运营的必由之路。对于信息化建设来说，业务架构是确定 IT 架构的源泉和入口，通过对业务架构的定义能够推导出应用架构、数据架构和技术架构。

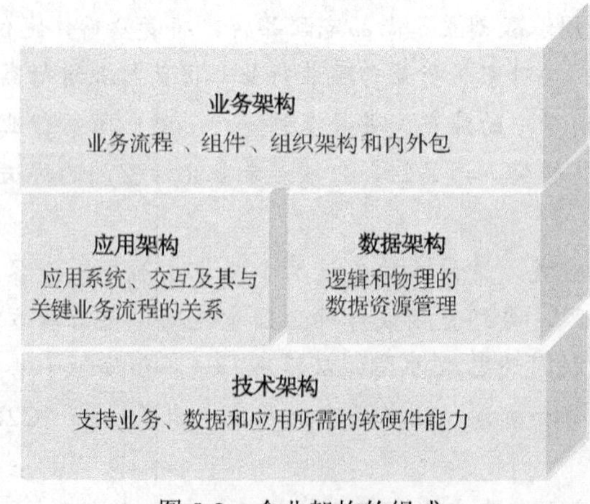

图 5-2 企业架构的组成

业务流程是业务架构的核心。近年来，业务流程重组、业务流程管理等管理理念已经深入人心。业务流程的梳理通常按照“业务域—业务流程—业务活动”的层级划分，并针对不同的层次采取不同的分析和描述方法，使其适合该层次的特定需要。这个过程及相关的交付物是业务架构的重点。

组织结构是企业的管控体系。当企业战略和运营模式发生变化时，要对企业能力做相应调整、对组织结构做相应变革。组织结构设计是通过对组织资源（如人力资源）的整合和优化，确立企业某一阶段最合理的管控模式，从而实现组织资源价值最大化和组织绩效最大化。通俗地说，就是在人员有限的情况下，通过组织结构设计提高组织的执行力和战斗力。组织结构设计通常包括：框架设计、职能设计、协调设计、管理规范设计和人员设计。

此外，在业务架构设计中引入组件化方法，将会把企业的产品、采购、销售、财务等业务模块转变为业务组件；同时，把资源配置具体化为组件分布模型、内外包模型等。

2. 数据架构是企业架构的核心

数据架构是企业数据采集、处理、存储和管理的总体架构。相比于应用架构，数据架构主要侧重于业务处理所需的数据和数据流。数据架构是全局性、基础性的数据规划构想，其重要作用是统一企业核心业务的概念，规范所有系统的数据模型设计，在数据层面统一认识与标准，为系统真正能够支持业务需求、跨系统数据共享和数据整合打下基础。

数据架构是企业架构的核心，任何业务需求都可以被理解为实际需要哪些数据项以及数据之间的关联规则和流转过程。通常，这些细粒度的数据不会因业务流程的改变而发生实质性的变化，也就是说，业务是多变的，而数据是相对稳定的。要实现信息系统的集成，关键就在于实现不同应用之间数据的互联互通，确保数据的一致、准确和完整。而要达到这个标准，系统间的数据交换和共享无疑至关重要。数据架构研究制订的数据标准和规范，将实现系统之间的无缝衔接。

数据架构规划的实施目的是：分析业务运作的交易结构，为核心应用系统和其他应用系统之间的集成提供依据；分析核心数据与业务之间的应用关系，规划应用系统间的集成关系；明确企业的核心业务数据，满足数据管理的需要，并保证这些数据在整个企业层面的准确性、一致性和完整性。

大数据时代要充分利用数据资源，就必须在数据抽取与准备、数据存储与管理、数据计算与处理、数据分析与利用、数据可视化与展现等多个环节进行创新。特别是大数据强调的多维度、多层次的数据价值关联，将给现有的数据管理技术带来新的挑战。

3. 应用架构是企业架构的集成规范

应用架构是为业务部门提供整体的应用系统及其功能。应用架构着力于描述应用系统的功能分布及其与核心业务流程之间的作用和关系，以便各个应用系统能高度集成、高效运行。应用架构受业务架构的驱动，是从业务功能结合技术因素推导出来的，以支撑业务目的和性能目的为目标。从系统实现的角度来看，系统是由一系列围绕某一主题的服务构件组成的，而整体的应用架构则是通过一个个应用系统的实施来实现的，所以应用架构也被看作总体系统架构。

应用架构不仅要满足当前业务的需求，也要满足未来业务战略变革的需求。应用架构的核心内容是系统边界的划分。企业应明确应用系统功能划分的标准。应用架构是由一系列服务组件构成的。这些组件之间应具备明确的集成和交互方式。另外，应用架构应规定与数据架构的关联关系。应用架构还应反映组织与地域的关系，明确应用的部署方式。

在“互联网+”时代，应用架构的设计应支持平台生态系统的构建和整合。这就要求提供更多的应用开放接口与调用方式，支持社区与客户的直接交互以及企业在线的直接交易。这些要求体现了应用架构的新特征：一是轻核心、重外围，即核心应用所占的比重逐步降低，外围应用所占的比重逐步提高；二是轻内部、重外部，即内部处理功能越来越简化，外部服务功能越来越复杂。

4. 技术架构是企业架构的支撑设施

技术架构是支撑应用与数据信息技术的基础结构，是一系列信息技术和组件以及相应标准的集合。技术架构的重点在于整体和高层次技术体系架构的规划，确定整体的技术框架布局、选型和发展方向，确保技术体系有足够强的能力来支撑企业的整体发展战略，同时支持应用和数据架构的技术实现。

技术架构通常使用专业的信息技术语言描述其所选择的具体的技术实现方法。技术架构主要解决 3 个方面的问题：一是确定总体的技术目标、原则和策略，以及全局性的技术框架、标准和路线等的方案；二是支撑应用架构和数据架构的技术实现，包括设计应用实现的参考架构、对重点非功能性需求进行设计验证以及界定技术性需求；三是确定信息技术基础设施的投资需求，技术架构规划了运行业务、数据和应用架构所需要的信息技术基础设施，包括硬件、网络和中间件等，为信息技术基础设施投资和建设提供科学依据。

如前文所述，企业架构通过业务架构与信息技术架构的紧密耦合、业务发展与信息技术建设的密切配合，描绘了企业现在与未来的运营蓝图。企业架构是一种规划和理念，需要后续的执行，否则就只是一张空洞的图纸。

5.2 企业架构框架

企业架构框架（EAF）是一套用于开发 EA 多元化架构的工具或方法论，包含一系列的工具和标准统一的定义，以及用于实施系统模块的标准产品。如果把企业架构看成反映现实世界中企业运行设施的数据模型（元数据），那么 EAF 就是数据模型之上的元模型。

EAF 理论的 3 个要素是：架构、方法论和工具。架构就是一套蓝图，即分层次的蓝图集合；方法论就是导出这些蓝图的方法和计划；工具就是实现蓝图相关的支撑方法或软件。EAF 被应用于企业实体时，可看成划分和组织企业实体描述性展示的一个逻辑结构。

EAF 帮助企业思考有关架构层次的问题，对构成架构的各个组件进行刻画和描述，保障企业中的每一个人用同一种机制的方法来描述和展示企业架构的有关内容。目前国际上比较通用的主流企业架构框架有 Zachman 框架、TOGAF 等。它们各具特点和长处，适用范围也有所差别。

5.2.1 Zachman 框架

Zachman 框架是一个 6 行 6 列的矩阵模型，如表 5-1 所示。Zachman 框架以简单明了的形式刻画了构成所有内在关系的框架元素以及这些元素在架构中的功能和作用，形成了一套完整的理论和模型。这个框架将观察分析企业的视角按行划分为规划者（Planner）、拥有者（Owner）、设计者（Designer）、建造者（Builder）、开发者（Implementer）和用户（User）。将每个视角又按列划分为数据（What）、功能（How）、网络（Where）、人员（Who）、时间（When）、动机（Why）6 个方面，从而建立起相应的范围情境、业务模型、系统模型、技术模型、细节展示、运行实体层次。在该框架下，不同类型的人会从不同的视角出发，针对同样的问题产生不同层次的观点，最终反映为不同的模型。企业架构纵向一组模型表示企业运营的一类实体从概念到实例的变换过程，这个过程反映了企业体系结构各个方面的特征。

表 5-1　Zachman 框架

元素	What（数据）	How（功能）	Where（网络）	Who（人员）	When（时间）	Why（动机）
范围情境（规划者）	对业务重要的事物列表	业务执行过程列表	业务操作地点列表	对业务重要的组织列表	业务关键事件周期列表	业务目标策略列表
业务模型（拥有者）	语义模型	业务过程模型	业务逻辑系统	工作流程模型	总进度表	业务计划
系统模型（设计者）	逻辑数据模型	应用程序架构	分布式系统架构	人机界面架构	处理结构	业务规则模型
技术模型（建造者）	物理数据模型	系统设计	技术架构	表示层架构	控制结构	规则模型
详细规范/定义（开发者）	数据定义	软件程序	网络架构	安全性架构	定时定义	规则规约
运行实体（用户）	具体数据	业务活动	运营分布地点和联系	运营角色工作产品	运营时间	运营需求

Zachman 框架表达了一个企业完整的概念体系，所以在业界也称为企业本体。以下介绍其 6 个方面的具体内容。每一行代表不同元素类型的看法和观点，并明确了企业架构工作的流程和承担者。

第一行是企业高层管理人员和规划者范畴，定义企业的方向和目的以及架构工作的边界，明确系统所支持的业务范围，规划系统在功能、性能和成本等方面的整体要求。

第二行是企业管理人员和系统拥有者（或称为所有者）范畴，用业务术语来定义企业的本质，包括其结构、过程和组织。同时明确业务实体和他们之间的关系，以及业务流程与规则。

第三行是架构师和系统设计者范畴，需要用比第二行更加严格的术语来决定和定义系统提供的功能和数据模型，也就是要把这个模型的细节上升到一个更高的程度。在 Zachman 框架的最初版本中，这一行被称为信息系统设计师的观点。

第四行是工程师和系统建造者范畴，定义应该采用怎样的技术和手段来满足上述各行所定义的需求。在这个方面，需要考虑系统开发的工具、技术方案和平台等。

第五行是技术员和系统开发者范畴，定义详细设计，考虑实现语言、数据库存储和中间件的使用，包括定义具体的数据库、系统模块、业务规则等，能够给开发者分配工作使其具体执行。

第六行是企业和用户范畴，定义运营实体的具体实现方式，考虑运营实体和关系的具体数据、运营的业务转换活动、运营的分布地点和联系以及已经运营的角色、时间和需求。

在 Zachman 框架的每一层中都有 6 列，即所谓的“5W1H”方法。前 3 列是抽象产品，即有什么内容，着重点是企业之内重要的实体、对象、组件，以及它们之间的关系；流程是如何工作的，着重点是如何来支持企业和它的客户；组件在何处，着重点是企业活动的地理分布。从系统的角度来看，就是数据、功能和网络。在最初的 Zachman 框架中，只有这 3 列抽象的产品，随着架构理论的不断发展和成熟，企业架构的实施和 IT 治理不可避免地被包括在企业架构框架之中。

Zachman 框架中的后 3 列——“人员、时间、动机”。人员描述谁做什么，着重点是谁参与了组织的业务；时间描述事件何时发生，重点是事件发生的时间及其对企业有多大作用和影响；动机描述选择该事件的原因，重点是把业务目标、战略和限制转化为具体的实现方法。

相对于前 3 列的抽象产品，后 3 列更抽象且更不易于建模和仿真。关于 Zachman 框架理论，应注意它所强调的 3 个方面。

（1）在每一列中，模型被演化或者转变以反映每行中的观点。

（2）在每一行中，模型彼此之间应当是相互一致的。

（3）框架定义了架构应该包含的观点，并不是定义一个过程。

Zachman 框架是一个模板，其空缺部分必须由每个企业根据自身所需要的具体过程来填充。如果企业中不存在某个模型或过程，框架将有助于识别这些空白并予以填充。

Zachman 框架的主要优势是明确地展示企业架构需要呈现的视角和观点，不管企业是否决定采用这种框架，它都可以提醒所需要考虑的问题；明确地指出架构除了有架构师和开发者外，还有其他的利益主体，因而应让所有的利益主体都参与到架构的设计中，以确保满足他们的需求。

尽管 Zachman 框架受到学术界和产业界的广泛接受，但也存在以下几个问题。

（1）框架可能会导致产生大量繁杂的文档。在这 36 个单元格中，每一个单元格都需要一个或多个人工制品作为支持，这意味着文档的编写和管理将非常繁杂。

（2）框架偏向于方法学。可以使用该框架来改善现有方法，但应该根据当前企业文化、业务环境、技术和工具环境，以及参与人员的技能，有选择地开发所需要的人工制品。

（3）框架需要制订一套严谨的流程来支持它的实施。为了维护表格中 36 个元素的可跟踪性，需要开发一套详细的轨迹矩阵或者元数据库，这会增加企业的开销并影响项目进度。

（4）框架提倡的是自顶向下的开发方法。这就要求人们从第一行开始，依次往下，然而实际规划情形并非如此。有些时候自顶向下的开发方法会比较好，而有些时候自底向上的开发方法可能会更好，有些时候从中间向外的开发方法则更合适。

总的来看，Zachman 框架从 6 个层次和 6 个方面定义了企业架构和需求。它主要解决对系统的认识和建设规划问题，而不涉及具体业务和流程的设计。

5.2.2 TOGAF

TOGAF（The Open Group Architecture Framework）是由 The Open Group 组织开发的一个企业架构框架。由 300 多个世界领先企业组成的架构论坛成员共同开发的 TOGAF，反映了利益相关者的需求，采用最佳实践，并适当考虑当前业务的需求和感知未来业务的需求，可供任何希望在其内部开发企业架构的组织免费使用。同时，它还提供增值的最佳实践框架，使组织建立可行的、经济的解决方案。

作为一个通用框架，TOGAF 可用于开发满足不同业务需要的各种架构，主要包括 7 个部分的内容：术语定义、ADM（Architecture Development Method，架构开发方法）、ADM 指引和技术、架构内容框架、企业连续系列、参考模型和架构能力框架，如图 5-3 所示。TOGAF 基于一个迭代的过程模型，支持最佳实践和一套可重用的现有架构资产，为促进企业架构的接受、生产、使用和维护提供了方法和工具。TOGAF 将企业架构明确区分为业务架构、数据（信息）架构、应用架构和技术架构，这 4 种相互关联的架构已在 5.1.2 节说明，此处不再赘述。

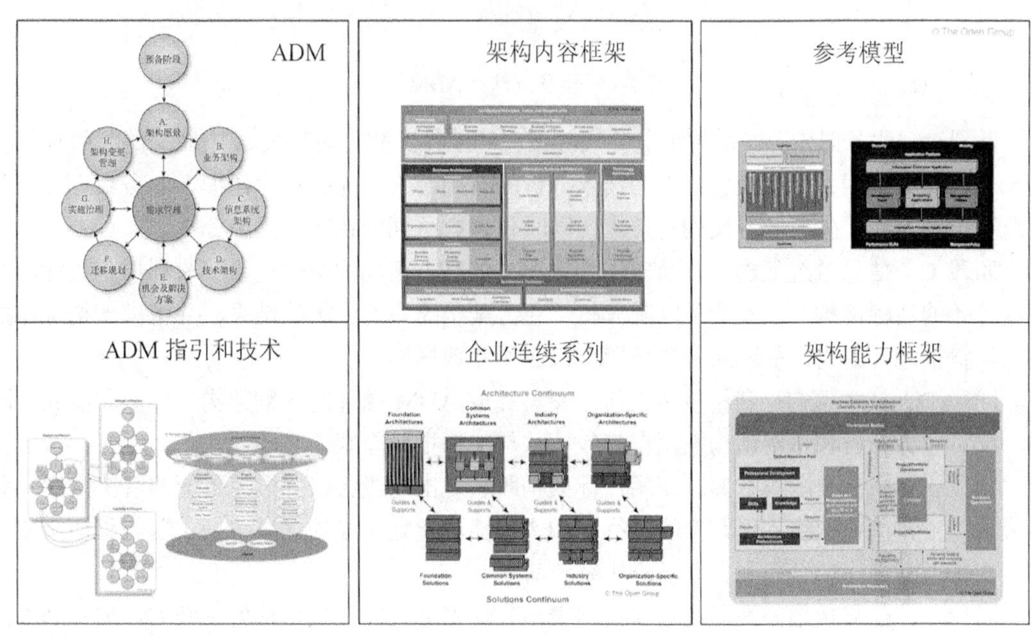

图 5-3　TOGAF 的主要内容[①]

TOGAF 最著名的开发方法是拥有一个 ADM，主要用于定义业务需求并开发满足需求的企业架构。ADM 的具体内容如图 5-4 所示。

预备阶段：确定实现过程的利益主体，并且向他们说明企业架构工作的内容。该阶段交付基于组织业务法则的架构指导方针，并且描述用于监控 EA 进展的过程和标准。

阶段 A：架构愿景。利用业务推动者明确企业架构工作的目的，并且创建基线和目标环境的粗略描述。如果业务目标不清楚，那么该阶段中的一部分工作就是帮助业务人员确定其关键的目标和相应的过程，对于这些企业架构都必须支持。该阶段生成的架构工作描述（Statement of Architectural Work），勾勒出 EA 的范围及约束，并说明架构工作的计划。

① The Open Group. TOGAF Version 9.1. 2011.

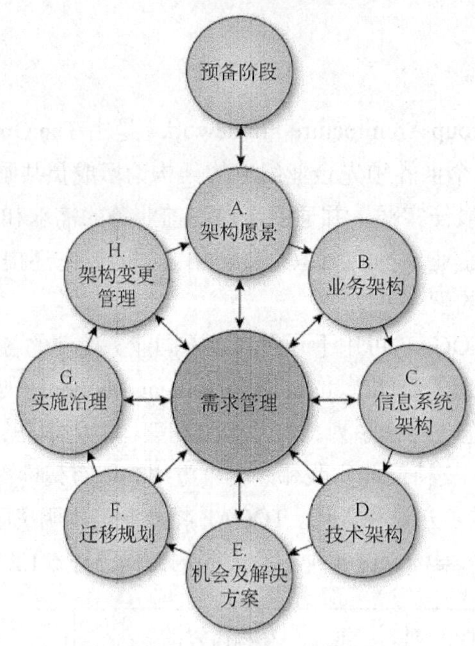

图 5-4　开发方法（ADM）①

阶段 B：业务架构。详述关于业务领域架构的工作。此处对阶段 A 中概括的基线和目标架构进行详细说明，从而使它们作为技术分析的有用输入。业务过程建模、业务目标建模和用例建模都是用于生成业务架构的技术，同时也包含所期望状态的间隙分析。

阶段 C：信息系统架构。涉及应用和数据（信息）架构的交付。该阶段利用基线和阶段 A 中开始的目标架构，以及业务间隙分析（业务架构的一部分）的结果，并根据架构工作描述中所概括的计划为目前和未来的环境交付应用和数据架构。

阶段 D：技术架构。利用技术架构的交付完成 ADM 循环的详细架构工作。和前面的阶段一样，业务分析和草案架构被用作基线，并与架构指导原则达成一致。

阶段 E：机会及解决方案。阐明目标架构所表现出的机会，并概述可能的解决方案。此阶段中的工作主要围绕实现方案的可行性和实用性。此处生成的结果包括实现与移植策略、高层次实现计划、项目列表，以及应用系统蓝图。

阶段 F：迁移规划。为提议的项目列表划分优先级，并且执行移植过程的详细计划和间隙分析。该工作包括评估项目之间的依赖性，并且最小化它们对整个企业运作的影响。此阶段更新了项目列表，详述了实现计划，并且将蓝图传递给了实现团队。

阶段 G：实施治理。建立起治理架构和开发组织之间的关系，并且在正式的架构治理下完成所选项目。阶段的交付内容是开发组织所接受的架构契约。该阶段最终输出的是符合架构的解决方案。

阶段 H：架构变更管理。重点转移到实现解决方案的交付所达到的架构基线的变更管理。该阶段可能会生成为企业架构工作的后继循环设置目标的架构工作请求。

需求管理：处理所有类型的需求，包括显著的业务推动者、关系，以及新的功能和变更请求。

① The Open Group. TOGAF Version 9.1. 2011.

ADM 的过程并不是必须全部按顺序实施，企业可以根据自身的资源和需求选择实施部分过程，或者对部分过程进行多次迭代。

由上述内容可知，TOGAF 建立了遵循科学的架构开发方法论：横向，从业务战略导入，实现业务架构、信息架构、应用架构和技术架构的渐进演化；纵向，每个架构的建立，按照“计划—评价—执行”的循环方法逐步完善。这一过程对专业性的要求很高，需要具备企业业务、管理、信息、技术等方面经验的专门人才的参与，IT 管理咨询企业所提供的咨询服务对建立企业架构具有重要作用。

TOGAF 的运转也需要一定的机制作为保障，其基本思想是按照“运行—监督—反馈”的过程，建立配套的组织、资源、方法和工具。评价 TOGAF 架构开发方法论的基本准则是：建立起的企业架构在运行中是否能够真正满足业务战略发展的需要。

5.3 企业的架构方法

了解了企业架构的基本概念和主流架构框架之后，应该如何构造一个企业的架构呢？

首先，企业架构是为了创造业务价值，将商业模式的价值创造逻辑落地到企业的 IT 运行基础中，而不是为了架构本身。既然架构服务于价值创造，那么关注点就更多地落在利益主体的交易结构、业务流程和核心能力上，从而使企业架构成为业务和信息技术的桥梁。

其次，企业架构的核心内容集中于尝试通过抽象和分离关注点来降低复杂性。在这里，抽象是定义系统或对象的特征而不是展示构造的细节，并在不同的领域寻找基本要素的关注点，进而将其分离出来归入最终结果。

最后，应区分企业架构与设计的差异。从产生人工制品的角度来看，架构定义了信息系统、信息技术解决方案等最基本的特征。在此，架构有很强的规范性，并有自己的一套规则来支持其所关注的企业基本要素。所以，架构仅涉及基本属性和结构性约束条件，使决策标准关注特定问题解决方案的适用性和完整性。如果选择不同的架构，可能就是要解决不同的问题。事实上，架构问题首先是“是否合适”，而设计问题则更关注“是否有效”。大多数设计方法都是从需求入手，然后开发出针对其特殊领域的规范和模型。例如，从对系统整合的需求入手，构造服务器、存储、网络安全等模型。而架构是从业务驱动因素和战略入手，依据预定义的利益主体视图充实架构原则，指导随后详细的架构决策。从流程的角度来看，设计活动往往更偏向于科学而不是艺术，设计寻求的是清晰的问题解决方案，主要处理可测量的系统属性。架构则相反，更偏向于归纳性工作，必须采取启发式的方法，主要使用非量化工具和基于实践经验的指导原则来处理不可测量的问题。

5.3.1 业务架构

业务架构的规划，就如同建筑群中区块的划分。设计一个建筑群，首先要考虑其用途，其次要考虑其周边的环境等。企业架构的道理与此相通。架构师必须首先了解企业的业务情况，包括企业的现有业务和将来可能从事的业务（即战略发展目标和方向）。企业的业务往往由不同的职能部门来完成，同时相应的管理部门也在业务过程中发挥着作用。为了有效合理地规划信息系统的建设，对业务和部门组织结构的了解就成为规划企业架构的架构师的基础性工作。与此同时，架构师还必须掌握企业架构的周围环境。业务架构是对企业业务需求和战略发展的高度总结。

业务架构的成果主要有：战略方向图、组织结构图、职能分解图、业务流程图和业务轨迹图等。

要构建一个完整的业务架构，企业主管人员首先应充分理解企业的愿景、商业模式和运营模式，其次应明确自己的期望，即清楚自己近期和未来想要什么。构建业务架构的主要流程如下。

（1）审核业务架构的驱动力、定义范围和领域。

（2）开发业务架构的框架结构。

（3）确定业务架构的目标、元素和建模业务对象。

（4）协调和沟通相关利益者或组织。

（5）集成业务变化、新的竞争焦点、行业的变化、新的市场要求、企业的变化等所有信息。

（6）建立基础业务架构框架蓝图。

（7）鉴别业务功能交叉领域和信息共享领域。

（8）建立业务架构的仿真模型。

（9）发现和报告业务模型和仿真结果架构的完整性。

（10）调整汇集所有的新增信息和架构结果，发现问题返回（4）。

业务架构的内容源于运营模式和管理模式，主要包括业务组件、业务流程、组织架构、组件分布模型、外包模型、绩效考核和架构治理这 7 个方面的内容①。

组件是设计其他要素和模型的基础，而业务组件就像企业建设的部件。以下介绍的是基于组件化的业务架构方法，注重使用业务组件进行流程、组织架构、分布模式等方面的系统化构建，并使这些组件能够相互协调和配合。

1. 业务组件

每个业务组件都有其业务目标，以及一系列紧密关联的业务活动。业务组件能够独立运作，既可以由企业内部完成，也可以外包。根据业务复杂程度的不同，一般的企业通常有 100～200 个业务组件，涵盖了企业所有的业务活动。企业所有的业务活动必须而且只能归属于某一个组件，如果其他组件也需要相似的服务，则只能通过标准的调用方式来实现。在运营层面，多个组件协同完成具体的某项运营工作。企业需要明确支持战略重点的业务组件，集中精力和资源把它们做成核心竞争力。

业务组件的功能是由其活动体现的，所以活动是业务组件最主要的组成部分。企业级组件也称为一级组件，一级组件是由多个二级活动组成的，二级活动又可以分解为更详细的三级活动。如果把企业比作一台计算机，一级组件就是主板、CPU、显示器、键盘、鼠标等部件；二级活动就好比组成主板上的各种标准插槽、供电线路、集成声卡等；而三级活动则是集成声卡上更细小的零部件。活动通过组件的标准界面与外部交互，组件的三级活动就会与流程设计中的活动吻合。

① 本节以下内容参考：于海澜．企业架构:价值网络时代企业成功的运营模式[M]．北京:东方出版社，2009.

所谓流程，就是为了完成一个特定的业务目标而把多个活动组合起来。活动就是设计流程时所需的零件，把这些零件组装起来就可以形成各式各样的业务流程。低层级的活动是连接流程的共同点，这些活动经过组装可以成为完成不同业务目标的流程。

组件化就是把企业的产品、销售、采购、生产、财务等业务功能转变为业务组件。业务组件建模（Component Base Modeling，CBM）是通过企业功能组件化的方式对企业进行重新定义和组合的过程，并在一张图上就可以直观地显示出企业的业务蓝图。CBM 不仅可以对企业进行高层次的描述，也是一个强大的业务模型设计工具。

图 5-5 所示为 CBM 结果导出的总图，纵向是职能层次，分为战略规划、管理控制、执行操作 3 个层次；横向是企业的业务能力，即企业创造价值的能力。管理、设计、采购、制造、销售等是一般企业都需要的能力。业务能力的划分能够帮助企业明确不同业务单元的功能，划分它们的边界，明确关联关系。由于不同行业的企业业务能力和活动有很大差别，所以每个企业都拥有自己的 CBM 图。

层次	业务和资源管理	财务与风险管理	业务拓展	网点与渠道	产品与服务	客服与销售	客户关系管理
战略规划	业务单位规划 资源规划与预算	财务政策与规划 风险管理策略	市场细分与规划 销售规划	渠道与分销规划	运营规划 产品规划	客户服务与销售计划	信用管理 客户组成与分析
管理控制	业务架构 业务单位追踪 审计与合规	财务控制 账户调节 风险与敞口管理	业务伙伴管理 产品与服务组合 市场营销管理 机会管理	网点管理	例外处理 产品跟踪 组合投资管理	服务管理 服务/销售活动管理	客户行为分析 客户账户策略
执行操作	业务单位管理 员工管理 设备管理 系统开发与运行管理 培训	财务操作 资金 风险合规 固定资产	产品评估与开发 市场研究 客户获取与销售 营销活动 产品与服务推广 产品目录	单证管理 客户账户 账单 现金管理 市场信息 柜员服务 文档管理	存款 贷款 抵押品管理 支付 结算 证券 组合投资	自助渠道 申请信息 服务窗口 客户联系 呼叫中心	客户信用管理 客户关系管理 客户信息 客户往来 接触历史

图 5-5　CBM 结果导出的总图

2. 业务流程

业务流程是企业运营的基础，流程管理的质量直接影响着企业的绩效，从而决定企业的竞争能力。企业目标依赖于为客户创造价值，而能为客户创造价值的是业务流程。成功的企业必然有卓越的流程，卓越的流程又需要有效的流程管理。以流程为中心的运营方式已被企业广为接受，流程管理也已成为企业信息化的基础工作。

流程管理是根据业务活动与其所服务的经营目标之间的关系，对企业内部的流程、职责等进行设计和安排，以保证所完成的任何一项活动都能最大限度地支持企业最终的价值目标。流程管理的主要内容是流程规范和流程优化，生命周期主要包括流程设计、模拟、执行、监控、优化等 5 个阶段。流程是企业自动化的起点，信息系统的许多需求都来自流程的设计。定义好流程之后，还需要花费更多的时间和精力通过信息系统来应用纸面流程，使整个企业都采用新的流程来开展业务活动。

开放管理组（OMG）发布的 BPMN（Business Process Model and Notation）规范是流程设计的标准，可以将企业各方面流程的设计和管理统一起来。BPMN 支持业务人员设计流程、技术人员实施流程、管理人员管理和监控流程，成为连接业务和信息系统的桥梁。

传统的流程分析和设计方法以优化和自动化单个流程为目标，没有考虑如何在企业层面优化和共享相同环节的问题。在多变的市场和激烈的竞争中，这种设计思路会使各个流程变得越来越复杂，从而难以共享。不同的业务部门很容易只从自己的角度考虑需求，以致产生更多的重复环节。这种情况极大地浪费了企业资源，降低了企业整体效率。组件化的流程设计理念是以企业级的业务活动为中心，通过业务活动灵活的组合方式，支持各业务部门的流程运转。

组件化方法与传统的流程设计方法并不是相互排斥的，需要结合使用。例如，企业现有 150～300 个流程和数千个环节，通过组件化可以转化为 100 个左右组件和几百个业务活动。企业的业务能力组件化之后，组件内部的业务活动就成为流程设计的零件；再结合传统的流程设计方法，就能够达到组件化和企业级优化的目的。

3. 组织架构

组织架构的设计是根据企业的发展战略，对部门、岗位、人员设置以及相应的考核体系进行设计，使它们能够满足业务流程和发展的需要。设计组织架构时，首先要根据企业的发展方向制订明确的组织架构设计原则。

组织架构设计原则与业务流程、业务组件、组件分布等的设计密切相关，设计结果则可以作为组织架构设计的输入规划出包括企业总部、分支机构、共享作业中心等在内的企业组织架构。使用业务组件来设计组织架构的好处在于能够清晰地划分责权范围，不会出现工作中缺少负责人、责任发生重叠的情况。

确定了每个部门负责的业务组件之后，再根据每个组件内部的业务活动安排适当的岗位来负责特定的业务活动。这就需要与流程设计结果相结合，完成关键岗位定义、角色及职责、部门负责人和关键岗位人员的设计。

4. 组件分布模型

组件分布模型是企业业务架构中决定业务活动开展的模型。通过客户接触程度和作业量两个维度，对企业的业务组件进行评估，就可以发现哪些组件可以集中、哪些组件需要分散处理。根据这两个维度，可以获得组件分布方案或改进措施。

（1）高接触度、高作业量：分散处理和自动化，如销售。

（2）高接触度、低作业量：分散处理和专业化，如客户谈判、催收。

（3）低接触度、高作业量：集中和自动化，如交易处理。

（4）低接触度、低作业量：集中和专业化，如品牌管理。

要对集中或分散的组件进行调整，还需考虑约束条件：运营成本、风险控制、监管要求和接受程度。现在，许多先进的运营模式都在向集中和共享的方向发展，目的就是最大限度地发挥规模效益并控制业务风险，保证将企业战略贯彻到具体的业务运营之中。

5. 外包模型

外包模型是业务架构中决定企业采用何种内外包方式，即是由企业内部完成某个组件的功能，还是由外部合作伙伴来提供该功能。通过差异性和同质化特性，以及企业特色和行业通用两个维度对业务组件的评估，能够发现究竟哪些组件会影响企业的核心竞争力。对于在行业内没有差异性的组件，则可以外包。对于满足外包条件的组件，还需要考察市场成熟度、政府监管要求、员工对外包的接受度，以及外部对企业的接受度，最终确定哪些组件适合外包。

6. 绩效考核

绩效考核是将企业的战略、资源、业务和行动有机结合起来而构成的一个完整的管理体系。绩效考核的目标是为企业管理层提供及时、准确的绩效表现情况，以保证和推动企业中每一位成员都能朝着企业的战略目标努力工作。绩效考核分为企业级、部门级和员工级等不同的层次。企业战略性的指标具有原则性和方向性，高级领导层可以了解和评价各部门的业绩情况，以便董事会了解企业整体的业绩情况。员工业绩管理体系的目标在于，通过考核员工的业绩指标和评估员工的业务能力来支持企业业务目标的实现和企业整体能力的提高。

目前，比较通用的绩效考核方法是平衡计分卡。平衡计分卡从财务绩效、客户满意度、流程和员工等 4 个基本运营维度提供了将战略转变为行动方案的方法。

7. 架构治理

尽管业务架构具有一定的稳定性，但是随着市场和客户的变化，它也需要做出相应的改进。设计一个出色的业务架构只是成功的一半，而要管理和实施好业务架构还需要不断地进化优化。

在创新企业模式的过程中,通常由运营部或者战略发展部来控制和推动业务架构的实施。业务架构治理的目的是使业务的运营与企业的要求相符合，管理多个部门的日常运营指标，发现业务运转的趋势并及时做出调整；通过分析研究，解决问题或改进业务指标；测试新的运营模式和流程，设计架构的发展路线图，根据业务的重要性来决定其实施的优先级。

业务架构治理是企业治理体系中的一部分。业务架构治理能够确保企业的目标在日常运营中得以实现，通过规定相关的职责、管理流程和方法等来保证设计先进的业务架构并加以实施。架构治理使运营与企业战略目标相适应，通过提升运营效率实现业务增长、成本降低、反应灵活等企业战略目标。具体来说，架构治理由指导原则、方法、治理流程、角色与责任等几部分组成。

5.3.2 数据架构

数据架构是将企业的业务实体抽象为信息对象，将企业的业务运作模式抽象为信息对象的属性和方法，建立面向对象的企业信息模型。数据架构实现了从业务架构向信息模型的转变以及基础数据向企业信息的抽象。数据架构包括一个统一、共享、分布、准确和持续的数据资源环境。

企业的数据架构描述了企业所拥有的数据和数据管理资源，通过业务架构抽取企业的数据标准、数据元素、数据模型，构成数据库、数据仓库等企业数据运行环境，从而为企业应用架构提供了统一的数据平台。

数据架构也称为概念数据模型、企业数据模型、信息模型等。数据架构的范围应根据实际情况来决定，可以包括概念数据模型，也可以包括逻辑数据模型，但通常不涉及物理数据模型。数据架构起着规划和指导作用，能帮助企业消除信息孤岛，建立共享、通用、一致和广泛的企业数据基础平台，而不必涉及过多的细节。因而，数据架构通常只包括数据项、数据属性和数据关系。

数据架构的成果主要有：实体-关系图、实体-业务功能矩阵、实体-应用系统矩阵等。

数据架构的设计来源于业务架构中的组件模型和流程模型定义的业务功能及输入、输出信息。其设计步骤如下。

（1）参考业务流程、运营管理的数据需求、行业标准等，列出所有潜在的数据项。

（2）定义数据类型和数据项的属性及关系。

（3）建立数据项和业务功能之间的联系。

（4）发布、使用和管理数据架构的成果。

概念模型是对现实世界高层次的抽象，是信息系统数据建模的一种方法，也是数据设计人员和开发人员之间沟通的工具。实体联系图是数据概念建模最常见的方式，也是数据架构常用的数据表达方式。

5.3.3 应用架构

应用架构又称为应用系统架构，其目的是建立业务架构、数据架构与具体的信息应用系统之间的关联。应用架构不是对某个系统的设计或者需求的分析，而是定义企业向业务部门提供整体的应用系统和功能。应用系统的功能就是对企业数据的管理和使用，包括数据的录入、编辑、排序、汇总、分析等操作。应用系统的目的是提供随时随地的、方便的和低成本的数据存储及使用方法，并且随着业务的发展提供更多的功能并提升处理能力。

应用架构是全企业的单一应用视图，规划定义信息系统和它们之间的接口以及集成方式，可以避免各个部门从自己的角度出发，建立很多重复的、难以共享的应用系统。应用架构在信息系统架构中发挥着核心作用。它不仅连接业务架构中的流程、组件、功能、人员，也连接数据架构中数据的管理和使用，还能够向技术架构和信息技术基础设施提出要求。因而，企业必须制订一个完整全面的应用架构。

应用架构的成果主要有：应用-业务功能矩阵、应用-组织矩阵、应用通信图和应用位置图等。

在设计应用架构时，应首先考虑企业内部通用的需求，使架构具有广泛适用性。建立跨部门通用的系统，有利于最大限度地降低开发、运营成本，也有利于实现数据共享。同时，也应该考虑不同业务线条之间差异化的需要，开发出特殊的功能，或者对数据独立存储。

设计应用架构需要考虑的输入包括：企业应用原则、业务用例、非功能性需求、行业最佳实践、系统范围、现有系统情况等。

系统架构图是描述企业现有或未来概念应用架构的单一视图，展示企业应用系统的组成部分和它们之间的关系，比如子系统、组件、中间件、数据库、外部系统等。当系统现有架构和未来架构差距较大、改造所需周期较长时，还应该设计不同阶段的过渡应用架构图。

应用架构是企业信息系统的蓝图，可以指导具体解决方案的制订、系统的开发和部署。应用架构样式（Architectural Pattern）是一种事先设计好的、成熟的、已经过验证的架构样式。每个架构样式都规定了信息系统的构建方式，以及如何建立子系统和它们的关联关系。一个被证明可行的架构样式，可以在多个系统中重复使用，并且保证可靠的效果。架构样式是一种快捷和稳定的应用架构设计方法，其本身并不是一个架构。同一种架构样式使用共同的原则，常见的架构样式有：面向对象的架构、三层架构（表现层、逻辑层和数据层）、SOA（Service Oriented Architecture）和 MVC（Model View Controller）架构。企业应根据自己的需要选择合适的架构样式，而不是盲目追从最新的架构样式。

企业针对一个问题，可遵循一个应用架构样式，利用组件构成一个解决方案。一个应用系统，可以被视为一个集合了很多组件、使用同一个架构的系统。

案例 5-2

尚品宅配的云计算和大数据

尚品宅配商业模式的创新，以及在体验店运营方面所取得的成功，为其品牌塑造了良好的形象。在企业运营过程中，尚品宅配借助于圆方软件的技术积累将云计算和大数据的应用提高到一个新水平。传统电子商务是基于流量变现的，但移动终端屏幕小，单纯靠购买流量的模式已经不可持续。尚品宅配更多的是通过客户关系管理、云计算和大数据，提升整个流量的变现能力，支撑并支持 C2B 和 O2O 的模式。

尚品宅配主要有两个数据采集来源：第一是平时对各个渠道客户信息的积累，第二是分析并采集网站点击过的轨迹。通过客户点击网站浏览的轨迹，尚品宅配就能获知大多数客户喜欢哪些类型的产品，从而在定向研发的时候就能做到有针对性。例如，尚品宅配原本是没有多功能房产品的。通过数据采集发现，人们对 50～150 平方米的多功能房需求很多。于是，尚品宅配定向研发了一款榻榻米的产品，有做睡眠的，有做娱乐的，有做阅读的，有做休闲的等。仅 2013 年一年，这款产品在全国就销售了一万套以上，销售额达 1 亿多元。

通过大数据的相关性，尚品宅配还发现有榻榻米需求的业主对飘窗利用要求较高。于是，尚品宅配又研发了各种各样与飘窗相关的产品。如设计师在飘窗处设计一个书柜加一个书台，既可以作为一个收纳空间，也可以作为一个阅读地，还可以作为一个休闲场所。无论是哪种设计方案，其实都是把飘窗利用起来，设计成多功能空间。

在大数据的指导下，尚品宅配总会优先在登录尚品宅配官网客户最多的城市开店。即使在同一个城市的尚品宅配店，其陈列的产品都是不一样的，依据就是这个城市的房价和房子的结构。如果体验店位于老居民区，因为房子结构相对不合理，就要体现更多的定制性，设计家居时就要考虑壁梁、壁柱；如果体验店周围是价格较低的楼盘，就要考虑在设计家居时价格不能太贵。大数据甚至可以根据业主的习惯推荐家居设计，比如夜生活比较多的业主需要比较多的挂礼服的衣柜等。

目前，尚品宅配拥有全国重点城市约 2 000 家楼盘的 10 万个房型以及相关的居住空间解决方案，基于虚拟设计，设计信息库中不同款式、结构、材质的系列产品过万种，每款家居的尺寸和材料还可以按需进行变化和组合。现在，每年大约有 60 万的成交客户数据被传到尚品宅配的服务器端。

（资料来源：尚品宅配独特的线上线下体验，推一把网站，2015 年 1 月 26 日）

5.3.4 技术架构

技术架构定义企业信息技术的科技管理和技术标准，从最高层次的政策、原则、指导纲要到技术领域的技术标准化、技术选择和技术组件，是整个系统的技术实现平台，也是系统的部署、分布和技术环境。

技术架构是 IT 架构中的底层架构，定义如何建立一个 IT 运行环境来支持数据、应用架构，以保证业务能够正常开展。在建立技术架构时，企业需要考虑业务架构、数据和应用架构、现有的软硬件和网络技术、未来技术发展的方向等因素，通常是前面几个架构设计完成之后，才开始设计技术架构，保证设计结果能够为业务、应用系统提供支持并保持一致。技术架构涉及技术采用、设计开发、基础设施、产品选择、系统管理等方面的原则。

技术架构的成果主要有平台分解图、环境位置图和网络计算图等。

企业架构设计一般只涉及概念技术架构，而对技术的逻辑设计和物理设计通常要等到项目实施时才展开。架构设计采用概念系统架构图展示了企业信息系统的软硬件和网络平台、支持的应用系统等信息。站在网络架构设计的角度，也可以设计出企业网络概念图。

技术架构包括企业采用的技术标准。在具体应用系统开发的过程中，技术标准范围内的技术应用和方案可供项目组选择使用，或者在一定的条件下将其组合成新的方案。技术标准的存在提高了系统开发的规范程度，同时也减小了架构管理的工作量。

在每一个技术专项领域（如数据、网络、安全），技术架构都要求具备技术政策/原则、领域、产品组件和执行等要素的说明。

案例 5-3

双引擎驱动华为IT 2.0

在 2015 年 IT 价值峰会上，华为技术有限公司（简称“华为”）CIO 邓飙介绍了华为 IT 2.0 的规划。以云计算和大数据驱动华为 IT 2.0 的落地，使华为未来可以支撑千亿美元的收入规模，从而更快速地响应客户的需求。

华为现有 17 万名员工，在全球有 500 多个办公地点、16 个研发中心，在海外有 5 个全球性的制造中心。公司高层现在关心的问题是：5 年之后，当收入达到 1 000 亿美元时，华为的制造模式、开发模式、销售模式、服务模式将会是什么样的?

华为的应对规划是实施 IT 2.0 架构。这是一个开放的架构，提供一个开放的平台，支撑以人为中心的作战系统。华为的目标是实现现金流、物流和信息流的透明可视管理，做到华为、客户及合作伙伴的数据共享及高效协同。

IT 2.0 主要包括 3 个部分的内容。

第一，构建一个全球化的数据中心，对于最终用户来讲全球就一个云数据中心。华为在东莞、南京实现了两地三中心，下一步将在贵州规划计算平面的数据中心。

第二，构建一个强大的 PaaS（Platform as a Service，平台即服务）云平台，这个 PaaS 平台主要包括 3 个部分：①H.A.E 云平台，华为大量的应用都可通过这个平台承载，支持弹性扩展；②软件包平台；③大数据平台。

第三，基于华为的应用云，构建以人为中心的作战系统，把以支撑功能部门为主导转换成以支撑流程角色和人为中心的 IT 作战系统。

为了实现这个规划，华为开始实施云计算引擎和大数据引擎计划。

（资料来源：双引擎驱动华为 IT 2.0，钛媒体，2015 年 8 月 10 日）

关键术语

企业架构、企业架构框架、架构、业务架构、数据架构、应用架构、技术架构、Zachman框架、TOGAF、业务组件、基于组件的建模、概念数据模型、企业数据模型、应用架构样式

思考题

1. 什么是企业架构？企业架构有哪些作用？
2. 企业架构的基本目标是什么？
3. Zachman 框架具有哪些特征？
4. TOGAF 的架构开发方法有哪些步骤？它们可以按什么方式迭代循环？
5. 试比较 Zachman 框架与 TOGAF 的优缺点。
6. 为什么说业务架构是企业架构的基础、数据架构是企业架构的核心？
7. 应用架构与信息应用系统规划有什么区别？
8. 请论述企业架构是如何把企业战略落实到信息应用系统的。

第 6 章 业务流程优化方法

【学习目标】

通过本章的学习，读者应达到以下目标：

- 理解业务流程的概念内涵、相关理论和实施方法，了解商业模式与业务流程的关系；
- 初步掌握服务流程的设计方法，以及服务支持设施；
- 理解业务流程再造的概念内涵，初步掌握业务流程再造的基本方法。

【能力目标】

- 初步具备说明商业模式向业务流程转换的能力；
- 初步具备说明如何运用互联网思维进行业务流程再造的能力。

【引导案例】

在海尔商城的网页上，除了琳琅满目的家电产品之外，用户还能看到“我要定制”的栏目。这一栏目中包含多种可以为客户提供定制的产品，如智能变频空调、Wi-Fi 电视等，其目的是满足客户的个性化需求。

这是海尔流程再造的表现之一。青岛海尔股份有限公司（简称“海尔”）CEO 张瑞敏曾总结说：“近几年来，海尔主要做了一件事：流程再造。归结起来就是两个转型：一是商业模式的转型，就是从原来传统商业模式转型到人单合一双赢模式；二是企业的转型，就是从单纯的制造业向服务业转型，从卖产品向卖服务转型。”海尔商城所提供的定制化服务即是海尔向服务型企业转型的具体体现。

海尔集团的转型可追溯到 1998 年。当时，海尔主营家电产品，首先认识到产品质量问题，并展开全面质量监管，提出 OEC 管理模式：日事日毕，日清日高。接着，在车间流水线上分解工序，减少不必要的生产环节，从根本上减少人力、物力的浪费，提高工作效率。

然后，海尔又以公司为单位进行市场链的业务流程再造，强调以整合性的流程代替按职能切分的流程，使每一个流程都能更加流畅且面向客户，成为“以客户为中心”理念的具体实现。同时，海尔依照流程思想，重组组织结构，将组织中不同岗位间的上下级关系转变为客户订单的关系。传统的职能型结构中没有向客户负责的人，而流程型结构的每一个环节都向客户负责。

在互联网时代，用户再一次“倒逼”海尔进行流程再造。用张瑞敏的话说：“现在信息不对称的主动权在用户手里，用户选择权非常大，他们可以在互联网上看到所有产品、所有价格，然后从中选择。”

海尔提出的“人单合一双赢”模式是一种先市场后产品的模式。在此，“人”是指企业的员工，“单”表面上是订单，但本质上是用户，包括用户的需求、用户的价值，也就是把员工的价值与用户的需求联系在一起。“双赢”指员工工资不是由完成上级任务的多少和好坏决定，而是由员工为用户所创造的价值决定。有评论认为，海尔利用互联网进行“人单合一双赢”的创新，颠覆了传统的管理方式，让用户决定生产，打造了真正意义上的企业竞争力。

（资料来源：钱存：业务流程再造——海尔集团案例研究，现代商贸工业，2016 年 33 期；
豆瑞星：海尔流程再造——互联网时代的转型之路，互联网周刊，2012 年 4 月 20 日）

从这个引导案例可以看出，商业模式的具体实现是最终落地到业务流程管理和优化。电子商务运营管理的核心是将对价值链的改善落实到业务流程再造和优化，因而企业应针对相应的服务系统实施一体化的设计和优化。在企业战略落地的过程中，商业模式的业务网络要素体现了交易结构是如何满足客户需求的。本章介绍的业务流程将在运营模式的战术层面上，进一步细化价值创造的各种关键业务交易活动的形式。

我们认为，电子商务企业的服务系统与一般服务系统既有许多共同之处，也有其独特之处。那么，一般服务系统的运营分类、流程、服务设计和支持设施具有哪些特点？需把控哪些关键因素？相应地，电子商务企业应如何管理这些关键因素？在互联网时代应如何实施业务流程再造和优化？

6.1 业务流程与支持设施

6.1.1 业务流程

经典的管理理论认为，企业管理的核心在于分工，即只要保证企业内部的每一项职能都有相应的部门和岗位承担即可。但现实的状况往往是，企业内部的分工只是解决了每个部门、每个岗位“做什么”的问题，而没有解决“如何做”的问题。虽然大家都明白自己要做哪些事情、承担哪些职能，但仍然不清楚这些事情的先后顺序和相互之间的关系以及所承担职能的意义。因而解决“如何做”的问题，正是业务流程所关注的。

通常，企业内部的分工有两种：横向分工和纵向分工。横向分工是企业根据价值链流向将所有工作按照专业化分工的原则进行分解，最终形成企业的一级部门；纵向分工则是将每个部门所承担的职能按照组织和运营管理要求进行分解，最终形成部门内部的岗位体系。企业在进行分工时，应把握两个原则：横向到边和纵向到底。

企业内部的协作也有两种：跨部门的协作和跨岗位的协作。企业协作同样也要把握两个原则：目标导向和结果导向。

在企业中有许多流程，可以根据价值和作用大致分为业务流程和管理流程。业务流程是为达到期望的经营目标，在一定输入资源的约束下，通过明确的组织人员执行，产生特定输出结果的一系列管理或业务活动的集合。

业务流程的价值在于打通客户开发、产品研发、采购供应、市场推广、营销管理等全业务，旨在为客户直接创造价值，最终保证企业经营目标的实现。主要业务流程有：客户开发流程、客户需求分析流程、产品规划流程、新产品研发流程、销售订单管理流程、产品采购流程、产品储运管理流程、发货运输流程和货款回笼管理流程等。

管理流程不是直接为企业经营目标负责，而是通过管理活动对企业业务的开展进行监督、控制、协调、服务，也就是间接为企业创造价值。主要管理流程有：战略管理流程、人力资源管理流程、财务分析流程、财务核算流程、项目管理流程、客户满意度管理流程、客户投诉受理流程、销售信用管理流程、车辆服务流程、设备保修流程，以及客户服务流程等。

本章主要介绍业务流程，若不特别说明，以下流程都是指业务流程。而服务系统中的业务流程也简称服务流程或流程。

一个完整的业务流程中包含了多项活动。一般而言，活动有着严格的前后顺序和逻辑关系，上一个活动的成果就是下一个活动的输入。这些活动对应着不同的职能部门和岗位。因此，在进行流程优化时，必须明确相关部门和岗位在流程活动中所要扮演的角色和承担的责任。同时，根据流程划分层次的不同，过程活动也呈现出层级化的趋势。通常，高一级流程的某一个过程活动，可以细化为一个完整的低一级流程段。

业务流程管理的目的就是通过业务流程的高效运作，不断提升企业的产品和服务价值。这种增值有可能是提升效率、降低成本、增加销售额和利润，也有可能是提升客户满意度。总之，它与每个流程的目的（绩效目标）及客户需求相关。

企业通常会指定专人负责流程的设计、管理和监控。流程的管理就是设计和执行流程，旨在使流程能够以良好的时间效率和成本效率实现其目标和价值，其具体任务如下。

- 明确流程的目标和衡量指标。
- 明确流程的输入资源和约束条件。
- 定义流程的输出结果。
- 设计流程中各子流程、活动及活动间的逻辑关系。
- 提供手段和条件（技术、组织等）以支持流程的执行。

在影响和控制流程方面，商业模式从 3 个方面发挥着决定性作用。

（1）商业模式决定企业的流程。

商业模式明确了企业的客户是谁。通过对商业模式的分析研究，明确企业自身发展的目标，进而明确企业流程的运作目标。只有这样才能确定流程管理的重点和方向。

（2）商业模式决定流程的价值增值方式。

波特的战略理论指出一般企业的 3 种基本战略：低成本战略、差异化战略和专门化战略。这 3 种基本战略决定了企业的交易结构和赢利模式，从而决定了企业的相关价值增值策略，以及流程的价值增值方式。因而，流程是企业价值创造动态的具体表现形式。

（3）商业模式决定流程的期望输出效果。

即使是同一个业务流程，在不同的商业模式下，也会有不同的期望效果。因此，首要任务不是提升流程本身的运作质量，而是确保满足流程的相关业务侧重点。通过控制、调整交易结构和赢利模式的实施策略，确定流程的期望输出效果。

从以上介绍可知，流程是为商业模式的具体实现提供服务的。进一步看，企业流程要顺利实现需要相应的组织结构提供支持。从这个意义上讲，流程决定着企业的组织结构。因此，经营同样产品的企业，内部运作流程不同，组织结构就可能有很大差异。

战略和商业模式是企业经营运作的根本和方向，影响着企业的相关流程运作、组织设计。组织是商业模式实施和流程运作的基本平台，只有构建相应的组织机构后，才有落脚点进行相关策略和流程优化的贯彻和落实。流程则是商业模式实施和组织运作的具体载体和方式，它是按照商业模式策略运作的要求，在不同的组织平台之间进行交叉运行，从而实现企业价值增值的过程。

6.1.2 服务和服务设计

1. 服务与服务包

服务也是企业的一种产品，电子商务运营管理是对企业电子商务的服务系统进行设计、运作以及改进。人们早已对服务系统达成共识：客户是服务系统所有决策和行动的出发点。这一点可以通过“服务三角”明确地体现出来，如图 6-1 所示。

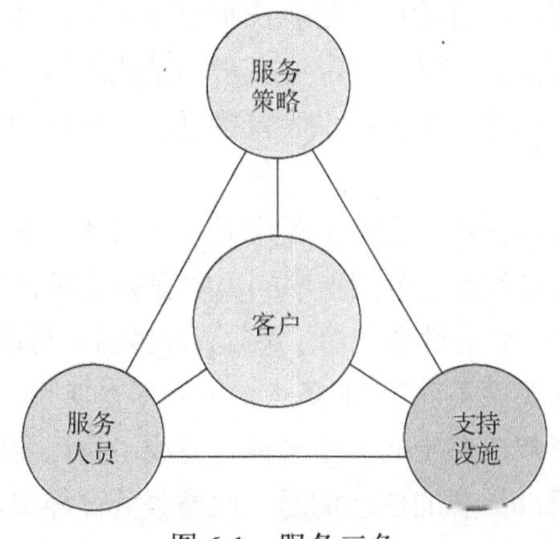

图 6-1 服务三角

在这里，客户是服务策略、服务人员和支持设施三者的中心。因此，组织服务于全体员工，员工转而为客户提供服务并决定客户如何享受服务，服务人员和支持设施则是为实现服务流程而存在的。也就是说，客户得到高质量的服务就是服务管理应得的回报。

运营人员负责管理服务人员和支持设施。显然，运营人员对“服务三角”的作用非常重要。每一种服务都对应一个服务包。服务包是在某种环境下提供的一系列产品和服务的组合，具有以下 5 个特点。

（1）辅助物品：客户购买和消费的物品，或者是客户自备的物品。例如，食物、滑雪板、备用的汽车零件、法律文件及医疗设备。

（2）支持性设施：在提供服务前必须到位的物质资源。例如，电影院、汽车和医院。

（3）客户信息：由享受服务和按其具体要求定制服务的客户提供的运营数据或信息。例如，医疗记录、客户座位偏好、游览经历偏好，以及按客户的定位信息派遣车辆等。

（4）显性服务：可以即时感知到的受益，是服务的核心、内在的特征。例如，补牙后疼痛感消失、救护车反应时间、修理后的汽车可以平稳行驶等。

（5）隐性服务：客户只能模糊感知的精神收获，或者服务的外在特性。例如，酒吧的音乐、名牌高校的学位、无忧汽车维修等。

客户将经历上述所有特点，并形成对服务的感知。重要的是，服务人员要为客户提供与他们所期望的服务包相一致的整体服务。但服务性质千变万化，很难对服务管理进行一般性的描述。我们可以按辅助物品的重要性划分服务包，从而形成一个服务连续谱，从“纯”服务到各种程度的混合型服务。例如，没有任何辅助物品的心理咨询可被视为一种“纯”服务，而汽车维修则需要更多的辅助物品。

2. 服务设计的因素

在服务系统中，客户参与过程会影响服务的需求时间、服务的具体性质，以及他们感受到的服务质量。在服务流程中，服务可按客户参与程度、服务差异化程度、服务活动客体等因素进行分类。这些因素将直接影响产品设计、服务设施位置和布局、服务流程、服务人员技能、质量控制、服务能力计划等的设计或决策。

客户参与程度分为无参与、间接参与直接参与（可进一步分为客户自助服务和服务提供人际交互）3 类。首先，无参与的服务可以在完全没有客户参与的条件下完成，如客户在网上购买电子书后，后台可将产品直接推送给客户指定接收器；其次，客户可以在家中或办公室通过电子媒介间接参与服务，如网购产品中客户与销售人员的交互选购过程；最后，在服务的过程中，客户可实际参与并与服务提供者直接互动。在这种情况下，客户应彻底了解服务环境。

按服务差异化程度，可将服务大致分为低度差异性服务（如标准化服务）和高度差异性服务（如定制服务）。标准化服务通过范围狭窄的集中服务获得高销售量。这是一项日常工作，对工作人员的技能要求较低，服务性质简单、重复，许多活动可由计算机代替人力自动完成。网购产品服务大多数属于这类服务。减少服务人员的判断是实现稳定的服务质量的一种方法，但也可能会产生一些负面影响。对定制服务来说，完成工作需要较强的灵活性和判断力。在客户和服务人员之间，需要有更多的信息沟通。此类服务过程常常无固定模式可循，也未被严格界定，因此需要高水平的技巧和分析技能，如 O2O 服务中的打车服务。为了使客户满意，服务人员应被赋予具有一定自主性和决断力的决策权。

在服务流程中，客体可以是货物、信息和人。当处理产品时，一定要分清楚它是属于客户的还是由服务公司提供的（如辅助产品）。例如，网络洗涤服务作用的客体是属于客户的，因此工作人员一定要注意不能让被洗涤物有任何损坏。在其他一些服务中，服务企业（如餐饮公司）提供辅助产品，并将其作为服务包的重要组成部分。因此，必须考虑辅助产品适当的库存和质量，如食品调料。

服务系统都可进行信息处理（接收和处理数据）。信息处理既可以在后台，也可以在与客户的交互中进行。在一些服务中，信息沟通是通过间接的电子方式进行的。在这些情况下，服务人员可能会在计算机屏幕前花费若干小时来执行例行工作。有的服务，如网络咨询，客户与工作人员之间通过媒体交流信息。人员处理过程涉及实体形态的变化（如网购新鲜水果）或地理位置的变化（如网约车服务）。由于这类服务具有“高接触”性，服务人员不但要掌握技术方面的技巧，还要掌握人际沟通的技巧。

3. 服务设计的方法

我们在前文中将服务包定义为客户所感知服务的一系列特性，包括以下 5 个方面。在设计良好的服务系统中，这些特点将由整个服务过程中的各个事项完美有机地结合、展现出来。因此，定义服务包是企业设计服务系统的关键步骤。

服务过程可以采用生产线方式进行传递。为保证稳定的质量和高效的运转，例行服务活动应在一种受控的环境下完成。还可以采用鼓励客户积极参与服务的方式，允许客户在服务过程中扮演主动的角色，这对企业和客户都有许多好处。一种折中的方法是将服务分为两类：客户高参与和客户低参与。在客户低参与的情况下，服务过程的设计可以以技术为核心，分开考虑客户行为。通常，网购产品可归类为客户低参与的服务。客户在网上下单后，就可以等待送货员送货上门，而签收后，基本服务即完成。

（1）生产线方式。

一般认为，服务是一种个体行为，即一个服务人员直接为客户服务。这种理解在多数网购情境中不适用。利用高技术的服务传递系统，电子商务企业提供的网上交易方式、仓储自动化完全可以参照制造系统的生产线方式设计。采用这类生产线方式的电子商务企业可以获得成本领先的竞争优势。

在这种系统的整体设计中，每一个细节都进行了细致的策划与设计。服务系统设计的生产线方式试图将成功的制造业观念引用到服务业。这种方法的关键特征如下。

- 标准化服务。
- 劳动分工。
- 个人有限的自主权。
- 用技术代替人力。

（2）客户是合作生产者。

有一些特殊服务系统，当客户出现时，服务才能开始，即客户并不是被动的旁观者，在需要的时候也可以成为积极的劳动力，如自助餐服务。这样，就有可能通过将某些服务活动转移给客户而提高生产率（即将客户变成合作生产者）。此外，客户参与也可以提高服务定制的程度。在互联网时代，许多 O2O 交易让客户成为合作生产者，如旅游 App、短期租房、打车租车等服务。特别是自媒体点评内容的出现使客户成为网站信息的合作生产者，更是为客户的直接参与服务提供了多种便捷的方式。如果一个企业把目标集中在那些愿意进行自我服务的群体，那么让客户参与到服务过程中便能以某种程度的定制来支持成本领先的竞争战略。

同样，对这种服务也需要进行详细的分工评估，且每一个细节都要进行需求分析与设计。客户可以对服务做出以下几个方面的贡献。

- 自助服务。
- 客户生产内容。
- 理顺服务需求。

6.1.3 服务支持设施

近两年，当传统实体店被电商碾压式淘汰进入倒闭潮时，大型电商企业却开始反向操作：频频开设实体店。开设实体店可帮助电子商务企业树立良好的形象，同时也可以弥补电商先天的短板：①网络购物无法给用户带来更好的产品体验；②一直致力于解决“最后一公里”的问题。更为重要的是，当传统的零售商“触电”之后，电商不仅失去了优势，反而因线下体验存在短板而压力骤增。因此，积极布局线下，成为许多电子商务企业发展的重要一环。其中，建立体验中心、解决“最后一公里”问题、树立品牌形象成为电子商务企业的关键诉求。

当然，电子商务企业开设的实体店并不是传统意义上的实体店。以当当网为例，其开设的第一家实体书店于 2016 年 9 月在长沙梅溪湖亮相，而在其规划中，未来还要开 1 000 家实体书店。当当网开设的实体书店，更像是一个文化体验综合体，包含咖啡、文创、亲子、社交、讲座、布展等衍生服务。店内阅读、网上下单、快递到家，当当网消费者提供了除阅读和购书之外更多的体验。

1. 服务设施的位置

在零售行业，市场范围的界限通常被定义为客户去该场所愿意行进的路程数。然而在电子商务的世界里，虽然不存在身体的移动，但位置依旧是电商零售商家销售产品所必须关注的问题。电子距离是由内部和外部导航所产生，它可使客户产生是否到网站上购买的决策。如果一个电商网站总是难以被发现，则它与客户之间的距离就非常遥远。网站导航是一个缩短这种距离的工具，电商行业通常使用二次点击原则，即客户从网站主页开始不超过两次点击便能到达目的网站。搜索和获取网址是消除距离的另一种方式，如果客户要利用搜索引擎，就需要通过阅读、比较分析来选择一个链接到达目的网址。

“竞争集群”是对消费者在众多竞争对手之间进行选择时所表现出来的消费行为。当消费者购物时，往往喜欢进行比较。为了便利，他们更乐意在众多竞争者集中的地区（所谓的站区内）进行搜寻。

例如，一个城市的多个城区分布着多家酒店，由于彼此分散，所以这些酒店难以获取潜在客户。而一个共享的网站可以让潜在客户任意浏览每一家酒店的位置和设施情况，并且预订入住和选择房间。共享的网站使客户从搜寻若干家独立的酒店网站转变为只需搜索一个公共网站，这就缩短了他们的电子距离。最终，这个竞争集群战略的虚拟应用使所有酒店的客户吸引力都得到了提升。

在选择服务设施的位置时，我们要综合考虑许多因素。这些因素大致可分为地理位置、设施数量和优化标准三大类。

（1）地理位置可以在平面或者网络上表述其选择和距离。平面上的位置相当于在一个具有无限扩展性的空间里，设施可以位于平面上的任一区域，并且可以通过一个二维笛卡儿坐标来鉴别，从而求得相应的直线距离。网络上的所有位置都用网络节点来表示。例如，一个公路系统可视为一个网络，公路交叉点可看作网络节点，而网络节点之间的弧表示行进距离，然后按最短路径计算出两个地点的距离。

（2）设施数量的选择影响着服务容量、服务水平和服务区域。当选择单一设施时，很容易通过计算得到这些指标数值，而多个设施的情况就要复杂得多。如果给每个位置指定节点，然后寻找最优的位置组合，将导致问题复杂化（如定义每个位置的服务区域）。而且每个位置的服务能力又各不相同，问题就会更加复杂。此外，大多数服务还存在等级差别，如医院、酒店、餐馆等。

（3）优化标准可按公共设施和私人企业的不同标准进行选择。虽然两者在追求某种利益最大化的目标方面基本一致，但“所有权”的不同导致可供选择的优化标准也不同。按一般规则来看，私人企业位置的选择主要受成本最小化（如分销中心）或利润最大化（如零售客户数量）的影响；而公共设施的决策理论上由社会的整体需求决定，但社会效益的最大化很难量化。

2. 服务支持设施

支持服务设施的实物环境或服务场景对服务中客户和员工的行为、感知都会产生影响，因而设计服务场景时必须结合与服务概念一致的情境。

对于服务人员不在现场，即为客户提供自助服务的场景，通常使用标志（如标志指出哪里是西餐食品区）和界面的直观设计（如网站上有明显标记），引导客户的具体行为。在远程服务中，由于客户实际并未到达现场，所以员工满意度、激励和运作效率应是物理设计的主要目标。但是，在提供专业咨询的交互服务中（如网络医疗），服务人员面临的挑战最大，所以企业应该为服务人员提供支持，如展示服务人员的资历、以往优秀业绩等。

企业的服务设施反映了服务的价值，是实现服务战略的工具。例如，银行大楼不能说话，却同样在向客户和员工传递其历史、实力和抗风险能力。显然，服务设施的设计应该支持服务战略目标且必须深思熟虑，因为这正是服务体现价值的地方。

通常使用环境维度、周围环境条件、空间、功能以及符号/产品的组合来描述服务场景，这被客户和员工看作整体环境。客户和员工对服务场景的个人倾向，可以通过其接近或逃避某种场景来反映。如寻求刺激音乐表明喜好高级别的刺激（喧闹的迪斯科），而逃避刺激音则表明喜好低级别的刺激（安静的博物馆）。既然物理环境会引发情绪响应，影响行为，那么服务设施的设计就应该有意塑造参与者的行为以支持服务目标。服务场景应发挥调动客户与员工之间交互的作用，所以设计时要避免不愉快的环境，以寻求与服务相适应的刺激度。一个构思巧妙的服务场景可以同时吸引员工（愿意承担责任并留在企业工作）与客户（探索、消费并成为回头客）。

服务运营会直接受到服务设施设计的影响。在同等服务价格下，细心周到的设施显然会吸引更多的客户。另外，企业还要注意设计和布局代表服务包的支持设施要素。这些要素共同影响着服务设施的使用。

良好的设计和布局可以吸引客户，并让他们感到舒适、安全（充足的光线、防火安全出口、危险器材的合理放置）。设施的设计还影响服务包的隐性服务要素，特别是隐私、安全、气氛等方面的条件和宁静的感觉。影响设施设计的主要因素有：服务组织的性质和目标、地面的有效性和空间的需要、柔性、安全性、美学因素、社会和环境。

（1）服务组织的核心服务决定其设计的参数。例如，银行必须设计能容纳相当货币或有价证券的保管库；医生办公室的设计应该能在某种程度上保护病人的隐私。近年来，在需要客户等候的服务场所普遍设置了免费无线上网服务，以减轻客户等候服务的不快；许多购物商店、超市提供免费无线上网服务，以便客户快速下订单。设施的设计能对定义服务进一步做出贡献，从而形成直接的服务质量认同。其中外部设计也可以为服务的内在性质提供暗示，就像普通餐馆的干净、整洁能吸引食客那样。

（2）用于服务设施的土地资源通常受到成本、规划要求和实际面积的多方限制。良好的设计必须考虑上述所有限制。为了有效利用相对较小的空间，企业必须在设计中表现出巨大的创造性和灵活性。例如，在市中心，麦当劳餐厅一般会布局两层楼以增加就餐面积。而郊区和乡村通常能提供更廉价的土地，空间也很少受到限制，所以吸引了许多商家前往开置餐厅。同时，这里的服务设施还配置了大面积的停车场，供客户开车前来消费。

（3）成功的服务组织可以适应动态场景在数量和性质方面的变化。服务对需求的适应能力，在很大程度上取决于服务最初设计时赋予它的柔性。在设计之初应考虑如下问题：怎样设计设施才能满足当前服务未来的扩展？怎样设计设施才能适用于未来的新业务？例如，为本地市民设置的公交客运站，当需要为中远程旅游客户服务时，如何才能扩展相应的支持设施。另外，面对未来的设计最初可能需要一些额外的花费，但它会在长期运作中节约财务资源。

（4）为了增强支持设施的安全性，可能会给服务增加一些麻烦或者引起客户的不快。但只要做好充分的说明，尽量减轻客户的负担，就可以获得客户的谅解，并给服务加分。安全性可以通过安装监视摄像来提高。例如，在银行和超市里，可以通过安装监视摄像来威慑打劫者和盗贼，或者分辨出客户的不轨行为；通过安装"保姆监视器"可以帮助父母们监视保姆在家中对婴儿的照料情况。

（5）设计的美学因素对消费者的感觉和行为有着显著的影响。同时，它们也影响着员工及其提供的服务。在设计阶段对美学因素的忽视，带来的是冷漠服务而不是"微笑服务"。显然，美学因素与服务性质和目标相关。一个提供廉价产品的商店，不必提供宽敞、舒适的体验环境。

（6）服务设施对社会和环境的影响必须得到重视。大型餐厅的设计必须符合环境保护的法规；歌厅的设计必须考虑到是否会影响到附近居民的生活及休息。这些关注点表明设施设计对一项服务在取得社会接受时的重要性。

6.1.4 流程分析

在进行流程分析之前，应明确有哪些流程类型。在生产制造领域，流程可以有加工车间、批量生产、流水线和不间断生产等类型。与这些类型对应的服务业大致也可划分为医院、航空业、咖啡店和电力公司等。对电子商务企业而言，客户下单成功后，仓库配货的过程就是一种流水线的流程类型。

明确各流程的类型后，流程分析工作人员就可以制作流程了。画出流程图、识别瓶颈运作以及确定系统能力是管理和提高服务质量的基本技能。一般而言，如果不能画出流程图，那么就无法真正理解它。图 6-2 所示是一个采购订单的泳道流程。

泳道流程图用图展示出所关注的在泳道间切换的跨职能（如泳道）型组织活动。在画流程图的过程中，所有参与者应就流程的处理过程达成共识。

在图 6-2 中，采购员填写采购订单后，应判断是否属于特殊产品，然后走不同的分支流程。利用流程图可以加强员工之间的沟通，有利于大家达成共识，同时，也可以为流程的改善打下良好的基础。

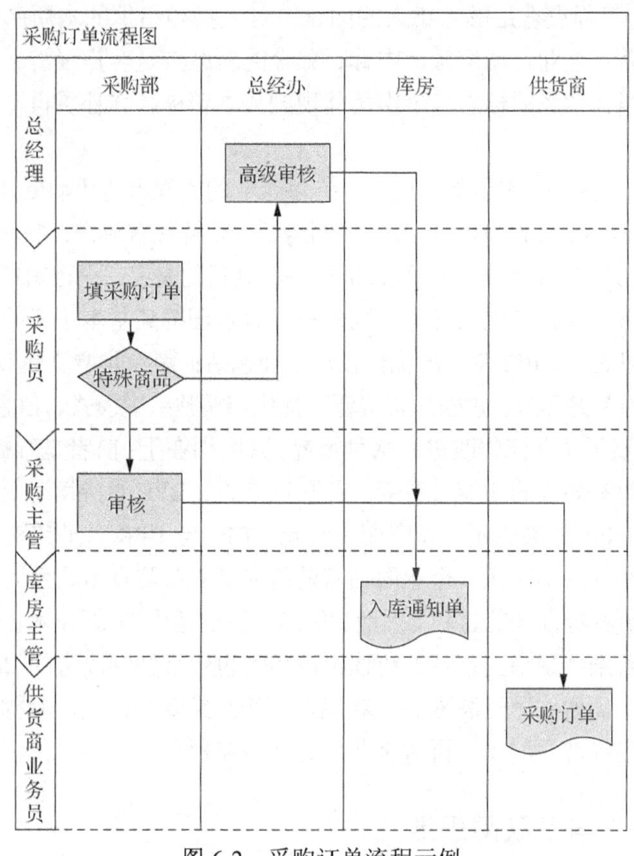

图 6-2　采购订单流程示例

6.2　业务流程再造与优化

1990 年，哈默在《哈佛商业评论》杂志上发表了一篇题为《再造：不是自动化，而是重新开始》的文章，率先提出企业再造的思想。1993 年，他在与钱皮合著的《再造企业：经营革命宣言》一书中指出：为了取得经营业绩的戏剧性提高，企业应该再造经营——运用现代信息技术的力量重新设计每项业务的核心流程。这种流程再造是对企业脱胎换骨式的改造，目标是使企业获得重生。

6.2.1　业务流程再造理论

所谓“企业再造”，就是企业以流程为中心，重新设计经营和运作方式。在新的企业运行空间下，改造原来的工作流程，从而使企业更适应未来的生存发展空间。哈默认为，业务流程再造（BPR）的关键是对企业的业务流程做根本性的思考和彻底的再设计，从而使企业在成本、质量、服务和速度等方面获得巨大的改善，并能最大限度地适应以客户、竞争、变化为特征的现代企业环境。其核心步骤包括：战略愿景、标杆确定、流程诊断、新流程设计、新流程实施、流程评估和持续改善。这个理论给企业的发展带来了新思路，但是企业再造也有很高的风险。哈默和钱皮承认，“50%～70%从事再造的企业都没有达到预期的效果，或者说是失败了”。再造工程没有足够考虑人的因素，对人员和组织的本质产生了副作用。2001年，哈默在他的新著《企业行动纲领》中称，如今的新经济是客户经济，市场已变成买方市场，客户稀有成为当代市场的标志。书中所体现的人本精神，弥补了再造工程对人性关怀的不足。

在总结了 BPR 大量失败案例的基础上，许多企业的流程再造活动更倾向于业务流程优化（Business Process Improvement，BPI）。BPI 强调辨析、理解现有流程，并通过优化改良现有流程导出新流程。BPI 是一种连续性的流程改造方法，其目的是在一个已有的管理架构中实现工作流程合理化和业务活动自动化的任务，同时在现有管理框架基本不变的前提下引进信息技术，得到集成的管理信息。BPI 常见的优化技巧主要包括：剔除非增值环节、优化流程顺序、压缩影响流程实现的关键环节、重新配置资源、优化与调整组织模式、信息化与自动化。

BPI 和 BPR 代表了企业流程改进的两种境界，其区别在于：前者是维持现有框架的量变、渐变；后者是打破原有规则的质变、突变。从长远来看，BPI 的持续渐变和量变，最终将改善企业流程，收获 BPR 效果的质变和突变。因此，BPI 与 BPR 并非绝对对立，而是所适用的管理情境不同。在互联网时代，企业面临着前所未有的激烈竞争，而跨界融合带来的颠覆性创新常常不容许流程有渐变的过程。因而，我们更注重运用 IT 新技术让业务流程得到快速进化、突变。后文若未特别指出，业务流程再造活动也包括持续改进的 BPI 活动。

在互联网时代，需要按照互联网的游戏规则重新定义商业模式，重构企业价值链、识别利益相关者、定义目标客户群体，再造企业核心业务流程。

6.2.2 “互联网+”与互联网思维

1. “互联网+”特征

2014 年的国务院发布的政府工作报告首次提到“互联网金融”的概念，2015 年的政府工作报告又提到“互联网+”的概念，并要求制订“互联网+”行动计划。中国政府认为，“互联网+”代表一种新的经济形态，即充分发挥互联网在生产要素配置中的优化和集成作用，将互联网的创新成果深度融入经济社会各领域，提升实体经济的创新力和生产力，形成更广泛的以互联网为基础设施和实现工具的经济发展新形态。

按照深圳市腾讯计算机系统有限公司（简称“腾讯”）的观点①，“互联网+”时代的商业活动具备以下 6 个特征。

（1）跨界融合。“+”就是变革、开放、跨界，即融合。只有敢于跨界，创新的基础才会坚实；只有融合协同，群体智能才会实现，并发力于从研发到产业化的垂直路径。融合让适者得以生存，融合为企业增添新能量。跨界考验的是系统的重组能力，这也是跨界成功的关键能力。与多元化有本质的不同，跨界不是领地的跨界或者行业的延伸，而是系统的重组。它考验着企业能否在整合内外部资源的同时，又打破自己的组织边界和系统结构。

（2）创新驱动。把增长动力从要素驱动转换为创新驱动，就不会过分依赖投入、规模扩张的老路子。充分激发各类主体参与创新活动的积极性，建立以企业为主体、产学研协同创新的机制，让科技创新在市场上不断得到验证，直至开花结果。企业在创新过程中，将面临

① 马化腾等.《互联网+：国家战略行动路线》[M]. 北京：中信出版社，2015.

如何发现、激发、激活、放大甚至聚变驱动要素，如何将能动性与创造性相关联，如何评估创意、创新本身的价值等难题。

（3）重塑结构。互联网、全球化、信息技术革命已打破原有的社会结构、经济结构、关系结构、地缘结构、文化结构。重塑结构会带来包括权力、关系、连接、规则和对话方式等在内诸多要素的转变。互联网打破了原有的边界，减弱了信息的不对称性。原有的固定身份，如用户、伙伴、股东、服务者等在一定条件下都可以自由切换。互联网降低了整个社会的交易成本，提升了整个社会的运营效率。接触点设计、卷进方式设计成为企业管理者的必修课，注意力、引爆点成为商业运营和品牌传播中需重点关注的要素。

（4）尊重人性。人性的光辉是推动科技进步、经济增长、社会发展、文化繁荣最根本的力量，因此尊重人性是互联网最本质的文化。人的本性，集中于对胜利的渴望、对尊重的重视、对与人相处的要求、对新鲜的好奇。毋庸讳言，懒惰、追求惬意随性也是人性的一部分。人性化是连接的归宿，是融合的起点，是存在的理由。每一次互动，每一个平台，都要基于人性进行思考、开发、设计、运营、创新和改进。

（5）开放生态。未来的商业是无边界的世界。在这个重要的前提下，衡量企业跨界能力的一个关键因素就是开放性、生态性指标。也就是说，颠覆性创新不可能在一个自我封闭的系统中进行。不能以开放的心态深刻洞察自己所做的跨界战略，自然无法思考并设计出新的商业模式。构建生态既需要精心设计，又需要发挥要素的连接性和能动性；生态内外必须形成有机的信息交换，而不是自我封闭的空间；要素间既要交互、分享、融合、协作，又要保持独立、个性与尊重。

（6）连接一切。跨界需要连接，融合需要连接，创新也需要连接。连接是一种对话方式，也是一种存在形态，没有连接就难以成就“互联网+”。连接的方式、效果、质量、机制决定了连接的广度、深度与持续性。连接的层次性，体现于连接、交互和关系的 3 种连接方式。它导致连接内容和连接质量的不同。连接一切的基本要素包括：技术（如互联网技术及云计算、物联网、大数据技术等）、场景、参与者（人、物、机构、平台、行业、系统）、协议、交互、信任等。

2. 互联网思维

在互联网时代，为了更快、更好地满足用户的需求，就要利用互联网技术和思维重构传统的企业价值链。我们不难发现，互联网环境下的商业模式都具备如下特点。

- 互联网带来“开放、平等、协作、共享”的人文精神。
- 打破企业边界，与价值网络体系内的合作伙伴整合流程，构筑满足客户需求的新方式。
- 技术快速进步，促使产品得以持续完善、商业模式得以不断创新。

互联网思维就是运用互联网的人文精神，持续改善产品和服务、重新审视和构建商业模式及其产业价值网络的一种思考方法。当互联网成为社会生活中的“水、电和空气”时，互联网思维就会成为最基本的商业思维。

众所周知，互联网正逐步成为商业社会的基础设施。不管是传统企业还是互联网企业，只要能够充分理解商务本质，并且利用好互联网思维和技术去优化企业的价值链，就能够赢得商业竞争。“以用户为中心”的信息经济注定要取代“以厂商为中心”的工业经济，所有的传统商业都要完成转型升级，进化为一种新的商业物种。这是两种商业物种的竞争。无论是传统企业还是互联网企业，只要不及时转型，就会面临淘汰。所以说，不是互联网企业淘汰传统企业，而是新商业淘汰旧商业。

互联网思维还可以具体表现为6种思维方式：用户思维、跨界思维、平台思维、极致思维、互动思维和大数据思维。这些思维与商业模式的五大要素优化密切相关。

（1）用户思维。用户思维就是"以用户为中心"的思维。它是互联网思维的核心，是客户价值主张的出发点。也就是说，其他各种思维都是围绕用户思维在不同层面、不同要素中展开的。用户思维不仅体现在市场定位、品牌规划方面，也体现在产品研发、采购进货、生产销售、售后服务、组织设计等各个环节。

（2）跨界思维。跨界思维就是寻找产业链条上的低效点进行高效整合，打破利益分配格局，重构价值链。寻找低效点就是寻找专业与人文、理性与感性、传统与创新的交叉点，甚至重新审视自我，完成自我颠覆和重塑。

（3）平台思维。平台思维的精髓是建立精密的运作规则，引导各用户群体积极互动和交易，形成多方共赢的生态系统。平台经营策略就是平台思维最好的体现。

（4）极致思维。极致思维就是追求将产品或服务做到完美。极致思维体现了匠人精神，对产品的持久专注和极致追求就是对用户极大的负责。互联网时代是一个过剩的时代，是一个消费者主权的时代。只有将用户体验做到极致，才能够真正赢得消费者，最终实现赢利。互联网使得用户的转移成本很低，因此只有提供极致的体验才能真正黏住用户。当然，黏住用户的前提是准确把握用户的需求。

（5）互动思维。互动思维是充分利用社交媒体与客户互动，加强企业与客户之间的沟通关系，重塑企业的管理模式和运营模式。社会化媒体是互动式的在线媒体，体现了用户参与和用户创造内容的特征。用户与企业、用户与用户之间的直接互动，给企业运作带来了新的挑战。用户的话语权、实时性和交互性，让用户从被动转向主动，从单向接受信息转向双向交流信息。用户与企业、品牌间平等互动，需要企业更多地聆听和采纳用户的建议。

（6）大数据思维。大数据思维是充分理解数据的价值，通过数据的分析和运用创造商业价值。可以说，涉及互联网的企业大多是典型的"数据驱动"型企业。例如，百度拥有用户搜索表征的需求数据、由爬虫获取的公共Web网页数据；阿里巴巴拥有网购交易数据和信用数据；腾讯拥有用户关系数据和网上社交数据。互联网的信息分享虽然打破了一般意义上的信息不对称，但带来的大数据又使得互联网巨头企业获得更高层次的信息不对称。

在大数据时代，企业战略将从"业务驱动"转向"数据驱动"。电子商务企业在从事零售、金融、媒体等各个行业的时候，首先需要掌握的就是用户及其行为数据，以便帮自己做出更好的决策。企业通过收集、挖掘大量内部和外部数据，可以预测市场需求，进行智能化决策分析，从而制订出更加行之有效的战略。在这样的环境下，传统的经营管理模式都将改变为数据管理模式。

6.2.3 业务流程再造方法

在互联网时代，传统的业务流程再造方法面临的主要挑战包括：在企业转型、商业模式创新的过程中，许多传统企业的价值链和业务蓝图发生了根本性的变化；商业模式强调共享、共赢，各类利益相关主体甚至竞争对手都可以进行合作以应对市场竞争；如果内部业务流程不能跟外部资源和客户实现无缝链接，就很难适应跨界融合的价值创造需求。因此，“互联网+”的出现，促进了跨界融合、开放生态和连接一切等新的竞争环境的形成。

信息系统生命周期模型有5个阶段，即规划、分析、设计、实现、运行和维护。类似地，业务流程再造方法可分成6个步骤：业务蓝图与流程规划、业务流程现状分析、业务流程再造、业务流程配套设计、业务流程实现与系统集成、业务流程运行和改进。下面，我们从价值层面的价值链优化、背景重构出发，介绍业务流程再造方法。

（1）业务蓝图与流程规划。在业务流程再造方法中，首先是分析企业价值链，识别企业的核心业务和辅助业务，然后是根据价值链分析结果绘制企业的业务蓝图，最后是根据业务蓝图规划流程体系（包括核心业务流程、核心管理流程）。

从价值链或价值网络中，首先归纳提取出企业的核心业务和辅助业务，然后着手绘制企业的业务蓝图。业务蓝图应结合对企业业务的调研分析，梳理出业务未来的信息流、物流和业务流的处理模型。在此，为明确流程自动化环节和质量控制点，业务蓝图应区分与客户高度接触的环节（客户所能看到的部分流程）和不为客户所见的环节。在业务蓝图中，应用“可见线”将客户可见流程明确标示出来。

业务蓝图以前多用于企业的信息化规划，在企业规划业务流程之前，也必须按照各种价值链绘制业务蓝图，并根据业务蓝图对目前企业各项业务的运营状况进行对照分析。

业务流程规划是在分析业务蓝图和业务逻辑的基础上，对未来企业核心业务运作需要的业务流程和管理流程进行识别，同时对企业级流程、部门级流程和岗位级流程进行规划。

（2）业务流程现状分析。明确了业务流程的规划之后，企业还需要利用多种工具和方法，如采用流程现场调查作业、调查文档、开展研讨会等方式，对流程主持方及其相关方进行访谈、问卷调查、现有解决方案跟踪与调查、典型案例调查与分析、测试等，最后对业务流程的现状进行客观描述。

在掌握流程现状的基础上，需要进一步分析现有业务流程，发现其中的问题，探索业务流程优化方向和具体环节。

（3）业务流程再造。在实施业务流程再造前，必须用未来业务蓝图和流程规划对照现有业务蓝图，找出流程活动的差距。然后，企业根据自身能力和市场竞争状况，确定应采取的流程再造策略。

对那些涉及企业内部人员重大变化、非直接对外竞争的业务，可以通过不断发展、完善、优化业务流程来取得最佳效果，从而保持企业的竞争优势。对那些引入新利益主体、直接面对竞争的业务，应该按市场规则，实现根本性变革的再造。

（4）业务流程配套设计。企业的业务流程不是孤立的，既与其他管理活动相关，也与它们的支持密不可分。因而，业务流程配套设计是业务流程得以顺利实施的基础和保障。企业高层需要决策实施哪些业务流程配套设计，如基于业务流程的管理流程优化、基于业务流程的流程型组织建设、基于业务流程的关键绩效指标（KPI）评价体系建设、基于业务流程的制度和表单体系建设、基于业务流程的知识管理体系建设等。

（5）业务流程实现与系统集成。业务流程再造和配套设计完成后，企业就可以开始具体的业务流程。对于完全新设的业务流程，应该先行实施试验性运作，并理顺上下游衔接的关系。只有反复确认论证可行后，才能加入价值链或价值网络正式运行。原有的流程经过改进后也应进行相应的试验性运作，以保证流程在新背景下的流畅、可靠。

当企业内部存在多个信息系统时，就很容易面临数据难以共享、数据统计接口不统一等问题。这时，企业必须进行应用系统集成。企业可通过系统集成建立数据中心、报表分析中心，实现企业与外部资源（供应商、经销商、终端用户、其他利益相关者）的无缝链接。

（6）业务流程的运行和改进。业务流程经过试运行后，在 IT 系统的支撑下，进入正式运行阶段。在业务流程的日常运行中，各方面还会提出改进意见，企业应予以维护及改进。这种流程改进都是在现有流程的基础上进行局部的调整和优化，属于 BPI 的范畴。

6.2.4 业务流程规划

业务流程规划是业务流程再造工作的重要一步，其重点是核心业务的逻辑分析。分析从价值链或价值网络开始，然后绘制业务蓝图，并在此基础上根据企业实际运营的需要，定义和识别现有业务流程运作体系。

价值源于主体的需求，而能满足主体的价值活动则可称为价值链活动。1985 年，波特教授指出："每一个企业都是在设计、生产、销售、发送和辅助其产品的过程中进行种种活动的集合体。所有这些活动可以用一个价值链来表明。"价值理论将企业的内外价值增加活动分为基本活动和支持性活动，基本活动涉及企业生产、销售、进料后勤、发货后勤、售后服务，支持性活动涉及人事、财务、计划、研究与开发、采购等。基本活动和支持性活动构成了企业的价值链。后来，有学者认为，随着产品链、供应链和需求链逐渐呈现数字化和虚拟化，产业间表现出越来越明显的协调行为，即界限越来越模糊。价值转移不再是线性的。单纯的价值链分析手段难以适用，取而代之的应是价值网络理论。

价值网络是由客户、供应商、合作企业及它们之间的信息流构成的动态网络，是由真实的客户需求所触发的能够快速可靠地对客户偏好做出反应的一个网状架构。价值网络的概念突破了原有价值链的范畴，从更大的范围根据客户需求组成一个相互协作的虚拟价值网。在产业关联网中，众多产业的价值链条关联在一起，就自然形成了企业的价值网络。因而，企业在分析价值网络时，首先应区分出价值网络中交织的价值链，然后综合考虑多个价值链的交互集成效果。

商业模式创新实质上涉及多个价值链的重构，因而企业应先明确各种价值链自身的优化策略，再综合进行多链条交互的价值网络优化。在分析中，企业应关注以下因素：价值分工和柔性服务、竞争与合作、资源共享和资源配置、知识流动与技术进步、利益主体战略和利益。这些因素实际上反映了价值网络竞争优势的来源，也是商业模式成功的关键点。

由于商业模式不同，价值链的选择也会存在差异，企业可以选择产供销一体化战略，也可以选择其中的一两项做强、做精。商业模式追求企业价值的最大化，在选择核心价值链时，需要根据模式的核心能力抓住最有价值的关键点展开分析。

施振荣先生在价值链的基础上提出了产业的"微笑曲线"，如图 6-3 所示。它展示了产业链中附加值更多地体现在研发和营销两端，而制造这一中间环节的附加值最低。当前全球制造已供过于求，因而制造产生的利润低，研发与营销的附加价值高。由此，产业未来应朝“微笑曲线”的两端发展，也就是在左边加强研究型开发，创造更多的知识财产；在右边运用用户思维，加强营销与服务。

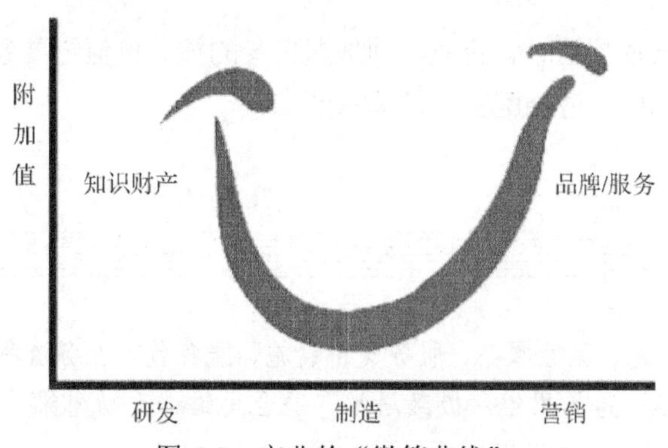

图 6-3　产业的“微笑曲线”

电子商务企业应运用互联网思维，以用户需求为导向，重构多重价值链。

分析完价值链或价值网络之后，企业还需要结合价值链包含的基本活动绘制业务蓝图。业务蓝图可以帮助企业全面看清现有的业务布局，同时还可以帮助企业进行有效的业务逻辑分析，找出现有业务中存在的问题，以便识别哪些业务活动对客户价值主张最大化满足是有利的、哪些是不利的。

在分析业务蓝图的基础上，核心业务逻辑分析对蓝图中所涉及的每一项活动进行细化分析。这种分析应辨明每项活动对企业的价值贡献，以便帮助企业识别增值与非增值业务单元，进而为企业流程体系重新规划以及流程体系优化与再造提供依据。通常，核心业务逻辑分析主要涉及 3 个环节，即核心业务识别、业务活动分析、业务逻辑关系分析与优化。

（1）核心业务识别。企业核心业务逻辑分析的第一步，便是对现有业务全面进行盘点和梳理。企业每天都在同时运作许多业务，有些业务是增值的，有些业务是非增值的。

（2）业务活动分析。明确区分线上和线下活动，结合每项业务活动的绩效表现，利用访谈、问卷调查、现场考察等手段对每项活动进行分析，明确关键活动及其增值活动，并识别需要加强、削弱、增加或删除的业务活动。

（3）业务逻辑关系分析与优化。有了核心业务活动表现，企业还需要对这些核心业务活动的逻辑关系进行分析，以便确定它们存在的必要性及先后顺序。

在优化业务逻辑关系时，企业应点明核心业务活动及其分布情况。

为了把控细致的活动效果，企业需要在管理和业务环节增加很多控制点。这样一来，业务活动会越来越复杂，工作量也会越来越大，一个部门会分解成若干个部门，甚至会裂变出若干个岗位，如此企业组织将越来越庞大，流程也会越来越复杂。相应地，企业的运作效率也就会越来越低。

企业应根据业务的需要，建立对应的内部管理和业务活动，恰到好处地设计其先后顺序和并行可行性。现在，企业在分析和布局业务的时候，通常会做减法：固定资产投入做减法，让尽可能多的钱流动起来；产品做减法，专心打造让客户尖叫的产品；渠道做减法，建设扁平化的渠道模式；工厂做减法，将大规模生产调整为柔性化生产；管理层做减法，删除多余的中层。做减法需要企业简化内部流程，提升工作效率，以客户需求为导向，最大化地满足客户核心价值主张。

在进行核心业务流程规划时，企业必须把握自身的核心价值链要素、满足自身的经营管理需要、关注客户需求以及遵循配套管理体系要求。

关键术语

业务流程、服务设施、显性服务、服务支持设施、服务包、业务流程再造、业务流程优化、互联网思维、用户思维、跨界思维、极致思维、平台思维、互动思维、大数据思维、价值链、价值网络、业务蓝图、业务流程规划

思考题

1. 什么是业务流程？什么是管理流程？
2. 什么是服务包？服务包有哪些特点？
3. 服务设计应考虑哪些因素？请说明不同服务设计方法的异同。
4. 什么是业务流程再造？请简述流程再造的基本理论、发展过程。
5. 什么是互联网思维？请简述其 6 种思维方式。
6. 试说明流程优化与流程再造的区别，论述业务流程再造方法的具体步骤。
7. 试比较价值链与价值网络的异同。
8. 简述业务流程规划的主要环节。

第7章 商务智能与商务分析方法

【学习目标】

通过本章的学习，读者应达到以下目标：

- 理解商务智能的概念内涵、相关理论和实施方法，初步掌握商务智能所需要的数据环境、数据仓库架构以及数据管理技术和方法，初步掌握3种数据分析方法论，理解其基本的运用方法；
- 掌握参数估计和假设检验的基本原理和基本方法，了解多变量模型和多元统计合理性模型的基本概念；
- 掌握数据挖掘的实施过程，理解每个阶段的目标、任务和结果，并初步掌握数据挖掘的典型任务及其可能性结果；
- 理解大数据的基本概念，理解大数据分析的流程、方法和工具，了解分析沙箱和企业分析数据集的概念和作用；
- 理解运营分析自动的基本概念、方法和技术。

【能力目标】

- 具备说明商务智能对电子商务企业运营作用的能力；
- 具备运用商务智能和商务分析方法辅助运营决策的能力；
- 初步具备说明大数据分析的能力；
- 初步具备说明如何构建实时运营分析的能力。

【引导案例】

商务智能已经有20多年的历史了。在这20多年间，“啤酒与尿布”的故事在企业营销、运营管理中广为流传，像童话一样描绘着数据挖掘能做什么、能为我们带来哪些惊喜。

世界零售巨头沃尔玛公司拥有世界屈指可数的大型数据仓库系统。为了了解客户在其门店的购买习惯，沃尔玛对其客户的购物行为进行了关联分析。经过对数据仓库中所有门店详细的原始交易数据进行分析，沃尔玛发现了一个令人惊奇的结果：“跟尿布一起购买最多的产品竟是啤酒！”这是数据挖掘技术对历史数据进行分析的结果，反映了客户购买行为的内在规律。那么为什么会有这种现象呢？

沃尔玛派出市场调查人员对这一现象进行调查分析。经过大量调查和分析，他们揭示了隐藏在该现象下的消费者行为模式：在美国，到超市去买婴儿尿布是一些年轻父亲下班后常做的事，而他们中有30%～40%的人也会为自己买几瓶啤酒。既然尿布与啤酒一起被购买的机会很多，那么如果在门店内将尿布与啤酒相邻摆放，它们的销量就会双双增加。

（资料来源：故事里的大数据——从求因果到重相关，金月牙，2013 年 4 月）

7.1 商务智能与分析体系

当今的商业环境不断发生变化并且日益复杂。企业决策者面临着巨大的压力，于是不得不对急剧变化的环境做出快速反应，并创新经营方式。这就要求企业组织反应灵活，并且能频繁、快速地在战略层、战术层、操作层做出相应的决策。这些决策是相关人员基于大量的相关数据做出的。数据必须实时快速地被处理成管理层需要的信息和知识，这通常需要商务智能的支持。

由本章的引导案例可知，电子商务企业的运营决策需要更多地理解并把握客户的消费习惯、意愿和行为，因而，电商要建立起收集、处理数据的 IT 基础设施。在这些基础设施中，商务智能和数据仓库是支持从大量数据中发现信息和知识的主要方法和工具。那么，商务智能涉及哪些技术方法和工具？如何利用数据仓库建立数据和信息的有效环境，从而支持管理决策？数据分析和数据挖掘是如何进行具体运用和实施的？

7.1.1 商务智能的概念和方法

商务智能（BI）通常被理解为将企业中现有的数据转化为知识的过程，是帮助企业做出明智经营决策的方法或工具。BI 的概念涉及架构、应用方法、分析工具、数据库及其应用环境，是一个与内容无关的表述。因而，不同的人对 BI 会有不同的理解。技术的进步和应用环境的拓展，以及各个 BI 工具厂商的市场推广活动，造成众多术语、缩略语和流行语之间的混淆。

商务智能的主要目标就是实现数据的实时交互，以及对数据的高效操作，使管理人员和分析人员能够进行合理的分析。通过对历史和现有数据、情景、性能的分析，决策者得到有价值的洞察力，从而能够做出更优的决策。BI 过程获得信息和知识，并以此为基础做出决策，最终付诸实施。

20 世纪 90 年代中期，Gartner Group 提出了商务智能的概念。事实上，这个概念可以追溯到 20 世纪 70 年代管理信息系统中的报表系统。进入 21 世纪后，BI 产品开始融入强大的数据挖掘技术和人工智能技术。图 7-1 展示了 BI 系统架构，其中包含了 BI 的各种工具和技术，也大致表述了 BI 系统的信息供应链。

在进一步说明 BI 系统之前，有必要先明确事务处理和分析处理之间的差异。

相对而言，我们熟悉支持日常事务处理的信息系统，如银行的 ATM、超市的收银系统、铁路的购票系统等。这些事务处理系统持续处理用户交易，并对（操作型）数据库进行更新。例如，在一次 ATM 取款交易中，银行的信息系统需要准确无误地减少银行的存款余额；铁路购票系统会按照购票者的要求，为乘车人分配座位、接受支付款项等。这些联机事务处理（Online Transaction Processing，OLTP）系统的职能就是处理企业的日常实时业务。

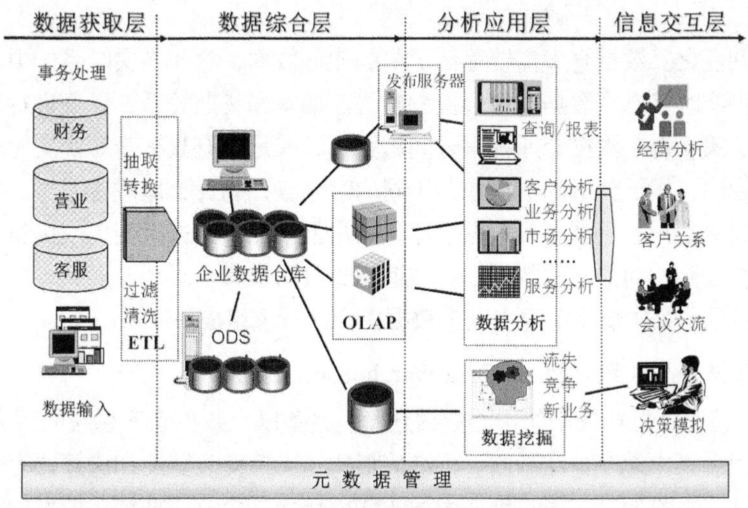

图 7-1　商务智能系统架构

与此不同的是，商务智能系统主要涉及存储、分析数据仓库中保存的数据，其目的是为管理者提供搜索数据以获得商业信息的能力，用于提供战术或操作决策支持。例如，企业部门经理在了解到某产品在某区域热销时，就可以迅速做出产品调度的决策。通常，部门经理会使用联机分析处理（Online Analytical Processing，OLAP）系统获得需要的辅助决策信息。BI 系统就是使用这种典型的技术支持其系统运作的。

大多数企业资源计划（ERP）系统、供应链管理（SCM）系统中的业务数据都存储在 OLTP 系统中，计算机会快速响应成千上万个用户的并行处理请求，并将每个请求看作一个事务，以便实施数据的若干更新。OLTP 要求所有更新必须全部无误地执行或者全部都不执行。而 OLAP 技术面向的是企业内部由几个管理人员发出的查询、分析任务处理请求。这些处理请求通常会涉及遍历成千上万信息记录，瞬间消耗掉计算机系统的大量存储、计算资源，但只是读取数据而并不发生更新。OLAP 系统的数据通常保存于数据仓库中，并专门为大量的查询和分析设计了特殊的存储结构。显然，OLAP 系统不能与 OLTP 系统共存于一台计算机系统中，否则 OLTP 系统很可能对用户的交易请求难以迅速做出响应。将 OLAP 从日常交易处理中分离出来，可以发挥 BI 的优点，并提供竞争智能和优势。

7.1.2　数据仓库环境

在图 7-1 中，企业数据仓库处于数据综合层。数据仓库是一个面向主题的、集成的、非易失的、随时间变化的，用来支持管理人员决策的数据集合。在此，这种数据仓库规定了 4 个基本特点。

（1）面向主题。按具体的主题组织数据，如销售、生产者或客户，每个主题只包括决策支持的相关信息。面向主题提供了一个对企业进行分析的全面视角，可以确定业务如何开展及其原因。这是数据仓库与操作型数据库的主要区别，后者通常面向应用，且需要经常为了业务处理而更新数据库。

（2）集成。集成与面向主题密切相关，数据仓库需要将多个渠道的数据以一致的形式存储，并解决数据集成导致的命名冲突、数据格式差异等问题。通常，假定数据仓库是完全集成的。

（3）随时间变化。数据仓库需要存储历史的业务数据，除非在实时系统中，否则这些数据并不需要提供实时状态。数据仓库会检测趋势、偏差和长期关系，以便进行预测和比较，从而支持业务决策。每个数据仓库都有时间属性，时间是所有数据仓库都支持的一个重要维度。在数据仓库中，用于分析的数据包括不同的时间点，如日、周或者月等。

（4）非易失。数据一旦被装入数据仓库，用户就不能对其进行变更或更新。纯粹属于过时的数据将会被丢弃，而更新的数据则会被追加到数据仓库中。

图 7-1 中显示，数据仓库主要由以下数据集合或系统组成。

1. 企业数据仓库（Enterprise Data Warehouse，EDW）

EDW 是支持整个企业决策的中心数据仓库，具备以上数据仓库系统的四大特征。EDW 将不同来源的数据集成为一种全局的、标准的形式，支持商务智能和决策的有效运作。由于按时间顺序追加、不改变已入库数据，因而 EDW 包含了企业长期经营情况的快照序列，通常其数据量会达到数倍甚至数十倍于操作性数据库。这些数据可支持企业战略、长期、全局性的管理决策。为了成为企业查询、分析的基础，EDW 中通常会保存详细的数据。通过这些细颗粒的数据，可以导出面向各种主题的数据集市、面向数据挖掘的数据集。

2. 操作数据存储（Operational Data Storage，ODS）

ODS 提供一种综合了数据仓库、操作性数据库特点的混合型数据集合。它是面向主题、集成、可变、详细的数据集合，可以作为 EDW 的一个临时存储区域，并且在需要时可将其数据追加到数据仓库中。不同于数据仓库中不变更的数据内容，ODS 中的数据在整个业务运营过程中不断更新。ODS 常常用于支持与核心应用相关的、全局的实时决策，而不是中期或长期决策。例如，数据仓库存储了较长时间的数据，像是长期记忆；而 ODS 更倾向于短期记忆，只存储最新的数据。ODS 将多个事务系统的数据集成起来，提供对当前易变数据近实时的、集成的企业全局视图。

3. 数据集市（Data Mart）

相对于涵盖整个企业数据库的数据仓库而言，数据集市的概念通常指数据相对较少，聚焦于某一个特别主题或部门的数据集合。数据集市可以是由 EDW 导出的一个子集，通常包括一个单独的主题域，如市场、企业运营、财务等。数据集市可以是独立的，也可以是非独立的。非独立数据集市是由数据仓库直接生成的一个子集，具备稳定的数据模型，提供高质量的、指定范围的数据。构建 EDW 的高成本限制了其应用前景，因而更多公司倾向于选择作为替代品的独立数据集市，这是一种低成本、低版本的数据仓库环境。独立数据集市可以被看作是支持某项业务决策或者某个部门的小型数据仓库，但其数据来源并不是 EDW。

4. 提取、转换和加载（Extract、Transform and Load，ETL）

建立数据仓库的主要目的是集成不同系统中的数据，EDW 或者 ODS 的数据都主要来源于企业事务处理系统。ETL 是数据仓库的核心技术流程。ETL 是任何以数据为中心的项目的集成组件，通常需要占用这些项目 70%的时间或成本。ETL 对数据集成和数据仓库非常重要，其目的是向数据仓库环境加载集成和清洗后的数据。ETL 包括提取（从一个或多个数据库中读取数据）、转换（将提取后的数据由一种数据类型转换为另一种数据类型，使相同数据采用一致的表达方式）和加载（将数据存入 EDW 或 ODS），通过使用规则、查询表或者合并数据实现数据的转换。通常将这 3 种数据处理功能集成到一个 ETL 软件工具中，用于将数据从一个或多个数据库中提取出来，并集成输送到数据仓库环境中。

5. 元数据管理

元数据管理作为数据仓库环境的重要组成部分，为所有基于数据仓库的分析应用，如 ETL、数据分析、数据挖掘，提供有力的支持。高效的元数据管理是数据仓库环境中各种构件互操作的关键性基础条件。在数据仓库中，可以将元数据理解为用于支持数据仓库开发和管理的任何信息。这里的元数据，可按用途分为技术元数据和业务元数据。技术元数据是关于系统技术细节的元数据，用于开发、管理和运行；业务元数据提供面向业务的数据内容的描述，使不了解技术的业务人员也能够理解数据的含义。

7.1.3 前端技术和工具

在图 7-1 中，处于分析应用层的组件也称为前端工具。其中，商务智能技术主要支持实现数据关联分析功能、数据监控功能、数据展示功能和数据输出功能。

（1）数据关联分析。关联分析用于发现事物之间的关联性，即当一个事件发生时，另一个事件也可能会发生。其目的是发现有实用价值的事件，如针对银行的客户，分析这些客户进行股票交易和债券交易的可能性，扩展客户服务范围，吸引更多客户。

（2）数据监控。可以设置阈值条件，使符合条件的数据显示出来，引起管理人员的关注。

（3）数据展示。将结果数据以某种形式突出展示，支持对客户数据的深度分析。

（4）数据输出。将结果数据以某种形式输出，支持对交易数据的分析和决策。

前端技术和工具通常分为 3 类：查询/报表、多维分析和 OLAP 分析、数据挖掘。

1. 查询/报表技术和工具

管理决策者需要信息以便做出精确、及时的决策，而信息可被看作情境化的数据。报表是一种按照容易理解的信息组织形式，可以在任何时间、任何地点向任何人传递特定信息的沟通工具。通常报表是一个包含数据和元数据的文档，以叙述、图形和表格的形式进行组织，周期性地进行准备或根据查询生成，涉及特定的时间段、事件和主题。

业务报表是包含业务相关数据的报表，属于优化企业决策与企业知识管理内容的表征部分。建立报表的基础，是各种来自企业内部和外部的数据源。虽然报表也可以采用书面或电子邮件的方式分发，但一般是通过网络浏览或智能移动终端进行访问。

通常，报表制作过程包括从结构化的数据源（通常使用逻辑模型和数据词典创建）中查询数据，并转换成适合人们阅读的报表。这些业务报表可供管理人员及其他工作人员查看，以做出明智的决策。报表的编制关键在于清晰、简洁、完整和准确。用于管理目的的报表主要包含 3 类：指标管理报表、仪表盘类型报表和平衡记分卡类型报表。

查询可被看作使用可视化表达方式去探索、理解和交流数据的交互式人机操作。在商务智能应用中，数据可视化的主要形式包括图表和图形，以及各种用于制作记分卡和仪表盘的可视化元素。查询与报表密切相关，通常以报表的形式提供查询结果。查询与报表的操作对象数据，既可以是传统的数据库表、文本文件，也可以是数据仓库、数据集市的多维数据立方体（Data Cube）。

近年来，可视化分析技术应用广泛，其内涵通常包括可视化和预测性分析两部分。数据可视化旨在回答“发生了什么”和“正在发生什么”。它与商务智能（日常报表、记分卡、仪表盘）有密切联系。而可视化分析旨在回答“为什么会发生”和“将来可能会发生什么”。它与业务分析（预测、分群、关联分析）有关。许多数据可视化工具都加入了相关功能，也提供可视化分析的支持。图 7-2 所示为查询/报表工具的操作效果。

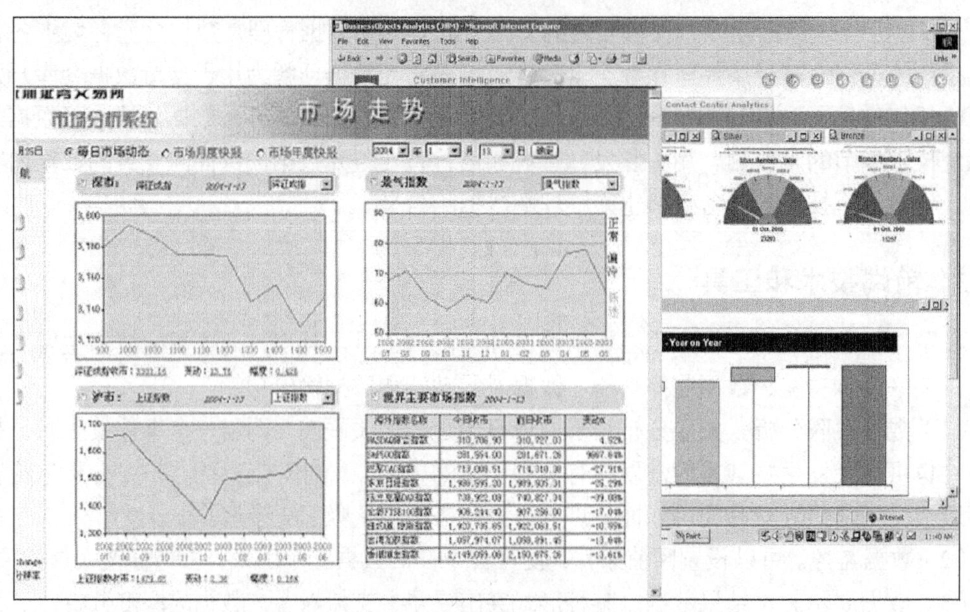

图 7-2　查询/报表工具的操作效果

2. 多维分析和 OLAP 分析技术和工具

通常，数据集市和多维分析都基于多维数据模型。这种模型将数据看成数据立方体形式，允许通过多维分析对数据进行建模和观察。数据立方体由维度和事实定义。一般而言，维度是一个企业想要记录的实体。例如，一个数据立方体记录商店的销售，涉及 Date、Product、Store 和 Customer 等维度，这些维度使得商店能够记录产品的具体日期、名称、销售产品的店铺和客户。每个维度都可以有一个与之相关联的表——维表，用来进一步详细描述维度内容。例如，Product 可以包含产品名、品牌等说明属性。

多维数据模型通常以事实为中心来组织主题。主题的内容来自事实表，事实是以数值度量的，并与具体的维度实体相关联，构成星型结构。例如，数据集市的事实表包括销售额、销售量数值，以及对应的日期维度码、产品码、店铺码和客户码。这样就可以表示如下交易事项：2016 年 10 月、天河店、电冰箱的销售额是 135 000 元，销售量是 110 台。图 7-3 所示为多维数据模型。

OLAP 工具是基于多维数据模型，可以实现灵活、快速查询和展示多维数据的软件工具。在多维数据模型中，数据被组织在多维空间，每维包含由概念分层定义的多个汇总层级，例如，年—月—日、国家—省—市—区、产品大类—中类—小类等层级对应不同的汇总值。这种组织为用户从不同角度、多种粒度观察数据提供了灵活性。OLAP 数据立方体操作用于不同数据的汇总分析，允许交互查询和分析现有数据。因此，OLAP 为交互数据分析提供了友好的环境。

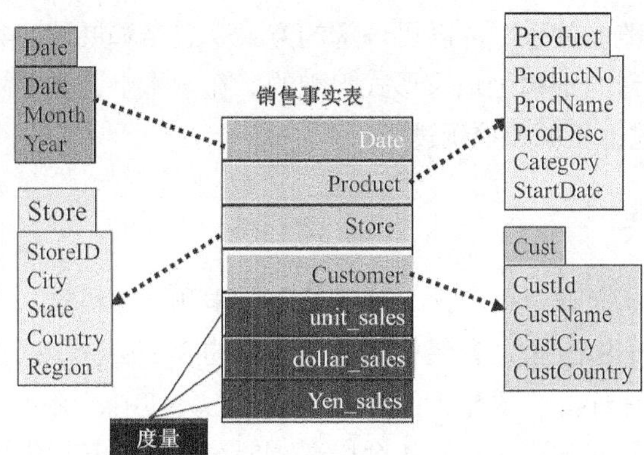

图 7-3　多维数据模型

以下是典型的 OLAP 操作。

（1）下钻（Drill-down）操作：它由当前层数据进入更详细的数据层，通过沿维度的概念分层结构向下、更细节层引入来实现。

（2）上卷（Roll-up）操作：上卷是下钻的逆操作，通过沿一个维度的概念分层向上攀升或者通过维归约在数据立方体上进行聚集操作。

（3）切片（Slice）和（Dice）切块操作：切片在给定的立方体的一个维上进行选择，可得到一个平面；切块通过在两个或多个维上进行选择，定义了一个子立方体。

（4）转轴（Pivot）操作：这是一种目视操作，它转动数据的视角，提供数据的多种表示方式。

（5）其他 OLAP 操作：钻过（Drill-across）、钻透（Drill-through）等。钻过操作执行涉及多个事实表的查询。钻透操作使用关系 SQL 机制，下钻到数据立方体的底层，即后端具体详细的数据表。

图 7-4 说明了一个数据立方体有时间、地点、产品 3 个维度，并展示了切片和转轴的过程。

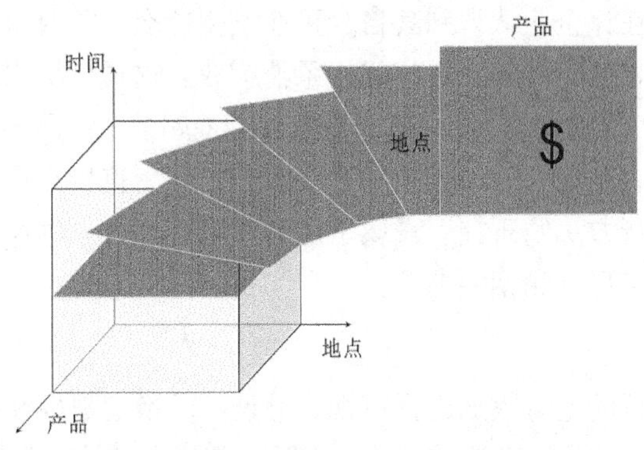

图 7-4　数据立方体的切片和转轴操作

3. 数据挖掘技术和工具

在技术上，数据挖掘是一个综合应用数据库、统计学和机器学习等学科知识，从海量数据中提取和识别有用信息和知识（或模式）的过程。这些模式的表现形式可以是商业规则、相似性、关联、趋势或预测模型。经典的数据挖掘的定义是：对大量观测到的数据集进行分析，发现未知的、有价值的关系，并以可理解的方式来总结和展现。其中，数据是以分类变量、序数变量和连续变量的结构化记录形式组织的。在学术上，数据挖掘也称为知识发现。7.3 节将详细介绍数据挖掘任务和挖掘过程。

7.1.4 数据分析方法

一般而言，数据分析是通过结合统计学、管理科学和计算机技术来解决实际问题。世界著名的数据分析公司——SAS 公司曾经指出数据分析的 8 个层次包括报表、随机查询报表、OLAP 下钻、报警、统计分析、预测、预测建模和优化，其中，前 4 个层次通过查询和分析企业收集的数据，支持反应式决策；后 4 个层次需要统计学的知识来更好地理解模式，支持主动式决策。这些模式被进一步用于生成预测或模型，预测客户对某一市场活动或服务/产品促销的反应。当企业清晰地认识到正在发生什么以及将要发生什么时，就可以部署其他技术以制订最优策略。

1. 数据分析任务

运筹与管理科学研究所将多层次的数据分析任务分为 3 种类型，由低级到高级分别是：描述性分析、预测性分析和规范性分析。

（1）描述性分析旨在展示企业曾经发生过什么，理解潜在的趋势和事件发生的原因。这包括对数据源的整合以及所有相关数据的可用性，以便制作报表并进行分析。利用不同的报表工具和可视化技术可以开发多种合适的报表、查询、预警和趋势，从而获得对企业运营的深入洞察。

（2）预测性分析旨在确定未来将会发生什么。这种分析主要利用的是统计学知识、数据挖掘技术，其目标是能够预测一个客户是否可能流失、客户是否会对某种促销活动做出响应、客户是否有信用风险等。一系列技术被用于开发预测分析应用，包括各种分类算法，如决策树和神经网络模型等分类技术；也可以使用聚类算法将客户细分成不同的类别，再有针对性地提供不同的促销活动等。

（3）规范性分析旨在让企业认识到其自身正在发生什么，并对未来做出可能的预测，同时做出有利于获得最高收益的决策，最终优化系统绩效。这类分析为某个活动提供决策或建议，其形式可能是对一个问题的是/否决定、具体数额（如某个产品的价格）或完整的一系列产品计划。这些决策或者以报表的形式呈现给决策者，或者直接应用于自动决策管理系统之中。长期以来，这些分析方法的研究一直属于运筹学和管理科学领域。限于篇幅，本书不予介绍这方面的内容，读者可参阅相关书籍。

2. 数据分析方法论

简单而言，数据分析就是对数据进行审视、清理、转换、建模和处理。数据分析工作只有在正确方法论的指导下才能顺利实施。随着统计学理论和方法的发展，《大英百科全书》认为统计学是一门收集数据、分析数据并根据数据进行推断的艺术和科学。因而，统计学已经成为数据分析的基础，并渗透到数据分析的各个环节中。但用于解决不同领域、不同问题所需要的统计学方法论体系就有所差别。这些方法论体系大致可分为 3 种：经典统计方法论、实用统计方法论和数据挖掘应用方法论。

（1）经典统计方法论继承了统计学的严谨与传统，注重严格的研究设计，使研究者在整个研究体系中能够掌控所有的试验和数据处理工作，其具体特征如下。

① 严格遵循统计七大步骤过程，即试验设计、数据收集、数据获取、数据准备、数据分析、结果报告和模型发布，其中试验设计是关键步骤，直接影响着后续研究的成败。

② 试验设计应充分考虑需要控制的影响因素，并采用多种设计方案来控制非研究因素的作用，如完全随机抽样、随机分组等。原始数据一般需要从头开始采集，因而其获取成本相当高。

③ 试验设计完成后即开始数据采集工作，整个试验过程在近乎理想的情况下进行，严格控制试验和数据收集、获取过程中无关因素的影响，并严格依从设计要求控制每个步骤的数据质量。

④ 在分析方法上，遵循试验设计中所构建的统计模型展开数据分析。由于在设计和实施过程中充分考虑和控制了非研究因素的影响，因而通常采用较简单的统计方法（如 T 检验、卡方检验等）就能得到最终结论。

⑤ 常常采用单因素分析方法，或者针对一些复杂设计使用一般线性模型（方差分析模型）的定制框架，以应用于较理想的试验环境中，如实验室研究、小规模的临床试验等。这种方法显然不适用于电子商务运营管理。

（2）实用统计方法论认为，现实世界难以达到理想的试验环境，因而不要求严格的整体流程控制，降低数据采集的高标准要求，注重利用多种统计方法处理数据，筛选各种可能的影响因素，达到解决问题的目标。其具体特征如下。

① 根据实际情况，适当放宽试验设计的严格要求，将关注重点转移到七大步骤中的可控环节。例如，在已有数据的情况下，可省略数据收集的过程，而重点控制数据准备后面的 3 个步骤。

② 试验设计难以实现理想化的效果，抽样与分组难以完全随机性，无法设置完全独立的对照组等。数据的采集也难以达到理想化，如在访问调查中，调查地点、时间甚至天气都可能会影响样本的代表性以及最终的结果。

③ 试验设计时不仅需要已存在部分数据，还需要补充所需的其他部分数据。另外，也可能因经费限制或实际不存在的情况而难以收集齐全所需数据。

④ 在分析方法上，由于不明确各种潜在影响因素的作用，需要重点探索和筛选各种可能的影响因素。因而，可能会用到从统计描述到广义线性模型的统计方法。

⑤ 可能需要采用复杂的多因素分析方法处理数据，以弥补放宽试验设计所带来的缺陷。这种方法被广泛应用于管理学、经济学和社会学等的研究中。

（3）数据挖掘应用方法论面对已有的海量数据，以商业应用需求为导向，利用统计学、数据库和人工智能技术构建快速数据分析方法，注重自动/半自动地分析数据间的复杂关系，进而发现有价值的新规则。其具体特征如下。

① 注重探索性分析，不强调研究设计的严谨性。分析过程不再采用线性的七大步骤，而是采用周而复始的循环结构，前期的商业理解是实施后面步骤的关键，并且几乎都可以从任一步骤返回到前期。

② 数据往往来源于业务系统，根本不是为数据分析而准备的，可进行一些转换处理以满足分析需求。通常数据的背景资料不全，且几乎不可能补全。

③ 由于业务系统的数据会动态增加，因而几乎不可能通过人工收集以补足数据，常常只

能依据现有数据进行分析处理，否则，整个项目会遥遥无期，失去其实际价值。

④ 由于强调解决实际商业的应用问题，因而分析方法的选择倒成为次要的事。人们常常采用的分析思路是：同时采用多种分析方法，然后择优得到最终的预测模型和结果。

⑤ 通常不采用经典的统计分析方法，如参数估计和假设检验，强调数据分析的自动化，满足商业需求是分析项目成功的唯一标准。这种方法适用于已拥有海量数据且面临市场激烈竞争的商业模式。

7.2 节和 7.3 节将分别介绍统计方法、数据挖掘两个方面的知识。

3. 提高决策有用性

在实现客户价值的过程中，需要供应链、制造商、批发商、零售商等多个角色所形成的价值网络。具体到某个企业，企业业务流程中各个环节活动的质量决定了服务和经营成本的水平。作用于企业业务流程的企业决策流程是企业运营成败的关键。企业的决策流随着企业内部的实物流、现金流和信息流而流动。商务分析的目的正是提升企业的决策质量。

市场竞争的日趋激烈，使时间成为提高决策有用性的重要因素。随着实时数据的日益丰富，人们开始在如何更加快速、有效地利用这些实时数据上展开竞争。若稍微先于竞争对手或市场采取行动，企业和投资者就能从中获取可观的利益。在传统的商务智能（BI）系统中，人们过多地关注数据与预测的准确性，却常常忽视时间的重要性。当前人们已经普遍认识到，时间是决定决策效果的重要因素，问题的关键不在于预测是否更准确，而在于能否领先于共识。企业盈利的关键在于，能预测到将要发生什么、人们认为将要发生什么，做到领先于潮流。

在现实世界的决策过程中，从事件的发生，到识别事件、分析事件、做出决策、开始行动，最后到执行结束，各环节都存在延迟，以下是对这些延迟的分析。

（1）信息延迟。信息延迟是从事件发生到企业能够获得事件相关有用信息的时间。传统BI系统以企业数据仓库为分析基础，每天或每月批量加载数据进入数据仓库，如此企业决策便难以在小时或分钟的量级上对市场、运营事件做出反应。信息延迟还表现在信息收集的制度延迟上，如果没有即时收集竞争对手的最新动态信息，企业常常会等到对手开始“蚕食”自己的客户、影响到自己的业绩时才发现并做出反应，那样其实已经对企业造成伤害了。

（2）分析延迟。分析延迟是企业获取事件相关数据到分析这些数据、意识到信息对于企业的意义之间的时间差。在传统商务智能系统中，分析工作是以一个固定周期批量进行的，这个周期和事件的周期可能不同步，因而必然会影响分析的价值。批量分析可能是缺乏合适的系统接口所致，也可能是企业制度存在问题所致。

（3）决策延迟。决策延迟是企业意识到事件的意义到针对事件开始采取行动之间的时间差。这个延迟是由于企业进一步分析信息、寻找可能的对策，最终形成决策所造成的延迟。也就是说，这个延迟通常是由企业制度和组织结构造成的。

（4）执行延迟。执行延迟是企业开始采取行动到真正实施行动之间的时间差。企业业务流程管理的一个重要目的就是缩短业务流程的执行时间。企业行动的时间尺度必须和企业的盈利策略相匹配，为企业行动决策提供支撑的数据获取与分析等活动的节奏也应当与之相匹配。

以上所述延迟，都是企业对事件响应的延迟。企业的快速反应意味着及时发现问题、抓住机会，而有时快速反应的效果却适得其反。所以，一个以数据为基础的决策系统重点强调的应该是准时性。也就是说，将合适的信息，在合适的时间，以最能提升决策有用性的合适的形式传递给合适的人。

7.2 统计方法

统计学是研究数据的方法论学科，数据分析是统计学研究的主要内容。借助于统计学方法研究任何实际问题，首先要做的工作就是收集数据。收集数据是一项重要的基础性工作，其一般方法是运用某种调查法获取所要研究问题的有关数据，或是从各种统计年鉴和报表中获得数据。

为了推断总体的某些特征，需要从总体中按一定的抽样技术抽取若干个体，形成样本。对样本进行运算就可得到统计量，它不依赖于任何未知参数。最重要的常用统计量是均值和方差。

在统计软件中，数据的基本变量类型有两种：数值型和字符型。注意，日期型是数值型的衍生类型。为了进一步说明变量的含义和属性，还需要给变量增加测量尺度的属性。在统计学上，测量尺度分为 4 个层次：定类尺度、定序尺度、定距尺度和定比尺度。

定类尺度是对事物的类别或属性的一种测度，按照事物的某种属性对其进行分类或分组，其值仅代表事物的类别和属性，仅能测度类别差，不能比较各类之间的大小；定序尺度是对事物之间等级或顺序差别的一种测度，可以比较优劣或排序；定距尺度是对事物类别或次序间距的测度，它不仅能将事物区分为不同类型并进行排序，而且可以准确指出类别之间的差距数值是多少，典型的定距尺度变量就是温度；定比尺度则更进一步，数据既是数值，又比定距尺度增加了一个固定的绝对“零点”，如重量。

7.2.1 参数估计和假设检验

1. 连续变量的统计描述

集中趋势用于描述数据的平均水平（平均值），或者数据分布的中心位置、代表性数据的统计量。在不同情况下，我们可以采用不同的平均值计算方法，最常用的是算术平均值（均值），即数据集中所有数值总和除以样本个数所得的结果。当数据集中的数据值分布不均匀的时候，这种简单的算术平均值就会起到误导作用。这时，我们需要采用不同的平均值计算方法，如中位数、众数等。

（1）中位数：将数据按大小顺序排列，在整个数列中处于中间位置的那个数值即为中位数。

（2）众数：是一组数据中出现次数最多的那个数值。一组数据中可以有多个众数，也可以没有众数。

（3）截尾均数：将数据集排序，两端各去掉一定比例数据之后的平均值。常用的截尾均数有 5%，即把数据集的高低两端各去掉 5%的数据之后的平均值。

（4）几何平均值：把数据集中 n 个数值的乘积开 n 次方根的结果。

（5）调和平均值：数据集中每个数值倒数的算术平均值的倒数。

仅仅反映数据的集中趋势远远不够，我们还需要反映数据的离散趋势、波动范围。常用的描述这种变异程度大小的统计方法有方差、标准差、四分位间距等。

（1）方差和标准差：方差即标准差的平方，标准差和方差的计算会利用到每个数据值，它们反映的信息在离散指标中是最全、最可靠的变异描述。

设 $x_1, x_2, \cdots, x_n$ 是一组独立的随机样本，则样本的均值和方差分别是：

$$\overline{x}=\frac{1}{n}\sum_{i=1}^{n}x_i \qquad S^2=\frac{1}{n-1}\sum_{i=1}^{n}(x_i-\overline{x})^2$$

（2）全距：又称为极差，即一组数据中最大值与最小值之差，属于最简单的变异指标。

（3）百分位数、四分位数与四分位间距：百分位数是一种位置指标，将一组样本值按顺序分为两部分，理论上有 x%的样本值比它小，有（100-x）%的样本值比它大。中位数实际上就是一个百分位数。另外，常用的百分位数还有四分位数，分别是四分之一和四分之三。它们将样本按数值的大小等分为四部分。这个四分之三与四分之一之间的差距就是四分位间距，它包含了中间 50%的样本值。

（4）变异系数：是标准差与其平均数之比，用于消除当比较两组数据离散程度值时，因测量尺度或者数据量纲的差异而形成的影响。

2. 离散变量的统计描述

相对于连续变量而言，分类变量的统计描述指标体系就比较简单了，主要是针对各个类别取值的频数和比例计算，以及进一步计算所需的相对数指标。

对于分类变量的集中趋势，通常可借助按类别编码从小到大进行频数和百分比的累计，如果编码不符合要求，则只能手工统计。如果希望显示哪一个类别的频数最多，可以使用众数来描述它的集中趋势。

分类变量通常不需要专门分析其离散趋势，因为分类数据的离散程度实际上和集中趋势有关联，即受同一个参数的控制，因此不需要分别描述。

对于分类变量的相对指标，通常借助于比例、构成比以及某个时间段内事件发生的频率来衡量。

3. 参数估计

为了通过考察样本来推断其总体情况，我们必须了解有关总体参数估计的知识。

参数估计就是选定一个适当的样本统计量作为参数的估计值。例如，将样本均数作为总体均数的点估计值，常用的点估计方法有以下几种。

（1）矩法：直接取相应的样本统计量作为总体参数的点估计值，如样本均数、方差、标准差都是相应总体均数、方差、标准差的矩估计量。

（2）最大似然法：已知一个随机样本满足某种概率分布，但是其中具体的参数不清楚，参数估计就是通过若干次试验，观察并利用结果推出参数的大概率值。

（3）鲁棒估计：该统计量受数据异常值的影响较小，且对大部分分布而言都很好。

仅依靠点估计难以评价待估参数值与其真值之间的接近程度，即无法通过点估计来度量估计值的可信程度。因此，这里引进区间估计，即给出一个置信区间，并预测真正的参数以一定的概率存在于该区间的方法。常用的区间估计方法是基于标准误差的区间估计。

当样本量 n 足够大时，其抽样均数将近似服从正态分布。此正态分布所对应的标准差就可用来表示抽样误差的大小，即标准误差。那么，结合样本量和标准误差就可以确定一个在设定可信度（如 95%或 99%）包含总体参数的置信区间。

分类变量的参数估计也会涉及点估计和区间估计的问题，只是对分类变量而言，由于只能取若干个离散的值，因此参数估计关心的是各类别在总体中的比例，或者当从中进行一次抽样时，抽得相应类别的概率。在各种分类变量的分布中常用二项分布。

4．假设检验

对总体的分布函数形式或分布中某些未知参数做出某种假设，然后抽取样本，构造适当的统计量，对假设的正确性进行判断的过程，称为假设检验。假设检验是根据一定假设条件由样本推断总体的一种方法。

我们从定义零假设和备选假设开始。零假设经常是某一点的值，而备选假设就是零假设的补。例如假定要得到关于参数 θ 的结论。零假设用 H_0 表示，可以是 H_0: $\theta=\theta_0$，于是备选假设就是 H_1: $\theta\neq\theta_0$。使用观察到的样本值，可以计算一个统计量（统计量的形式由被检验假设的属性决定）。统计量会因样本的不同而不同，是一个随机变量。如果假定的零假设是正确的，那么可以求出该统计量的期望分布，并且统计量的观察值来自这个分布的一点。如果观察值位于分布得很远的末端，那么我们将不得不做出结论：要么是发生了一个低可能事件，要么是零假设事实上并不正确。观察到的值越靠近末端，我们对零假设的信心越小。

我们可以量化这个过程。看一下统计量分布（基于零假设为真的假定）的末端，可以找到发生概率加在一起为 0.05 的那些潜在值。当假定零假设正确时，这些是统计量的极端值。如果这个观测到的样本值确实位于末端区域，我们就会“在 5%的显著水平上”拒绝这个零假设。这个拒绝区的大小，称为检验的显著性水平，称为 α 水准。通常，假设 α 为 1%、5%、10%。

通过统计量的计算，可获得 P 值。P 值对应的是当零假设 H_0 成立时，观测得到现有样本，以及比现有样本情况更极端的累计概率。当 P 值小于或等于检验水准 α 时，意味着小概率事件在一次试验中发生了，从而拒绝零假设 H_0，接受备选假设 H_1。反之，从实用角度来看，往往将结果引申为接受 H_0。

7.2.2 多变量模型

多变量模型是在模型中可以有多个自变量或因变量，建模的目的是考察各自变量对因变量作用的强弱，最终对因变量取值进行预测的统计模型。

1．方差分析

方差分析又称“变异数分析”，用于两个及两个以上样本均值差别的显著性检验。方差分析是从观测变量的方差入手，研究诸多控制变量中哪些变量是对观测变量有显著影响的变量。由于受到各种因素的影响，观测所得的数据呈波动状。造成波动的原因有两类：一类是不可控的随机因素；另一类是观测中施加的对结果形成影响的可控因素。

方差分析模型的形式为线性结构，也称为一般线性模型。其对应的自变量为分类变量，因变量为连续性变量。通过扩展，方差分析模型可以处理含有连续性自变量（协变量）的情形。

当只有一个分类自变量时，每个因变量测量值 Y_{ij} 可表示为：

$$Y_{ij} = \mu + \alpha_i + \varepsilon_{ij}$$

其中，μ 表示总体的平均值，α_i 表示影响因素 A 在 i 水平下对因变量的附加效应，并假设所有 α_i 之和为 0，ε_{ij} 为一个服从正态分布 $N(0, \sigma^2)$ 的随机变量，表示随机误差。考察上述模型中各个 α_i 是否等于 0，可以得知不同类别间是否存在差异。

当考虑两因素的情形时，模型可表示为：

$$Y_{ijk} = \mu + \alpha_i + \beta_j + \alpha_i\beta_j + \varepsilon_{ijk}$$

其中，α_i、β_j 分别表示因素 A 在 i 水平和因素 B 在 j 水平的附加效应，$\alpha_i\beta_j$ 则为两者的交互效应。

上述单因变量方差分析模型可以直接扩展到多因变量的情况。从基本原理来看，实际上就是对每个因变量构建上述方差分析模型，然后将所有的模型联立求解。这种模型要求各因变量之间确实存在数量关联，否则直接拆开分析即可，没有必要联立求解。

2. 回归模型

线性回归是所有自变量对因变量的影响均呈线性关系。线性回归模型和方差分析模型本质上是等价的，只是其对应的自变量为连续变量。通过将分类变量转化为哑变量组，线性回归模型也可以处理含有分类自变量的情形。

假设希望预测因变量 y 的取值，诸影响因素为自变量 x_1、x_2、…、x_m，则因变量和自变量间存在如下关系：

$$y_i = \hat{y} + e_i = a + b_1x_{1i} + b_2x_{2i} + \cdots + b_mx_{mi} + e_i$$

其中，$\hat{y}$ 为 y 的估计值，e_i 为随机误差，假定为服从均数为 0 的正态分布。假设在相应的自变量取值组合下，相应的个体因变量实测值围绕平均水平 $\hat{y}$ 上下波动。

线性回归模型应在线性关联、残差正态性等自身使用条件下使用。实际数据往往难以完全服从这些假定，此时可以使用一些衍生模型来对数据进行更好的拟合，如曲线直线化、加权最小二乘法、岭回归方法、最优尺度回归等。

多重线性回归只是基于一个方程建立模型，反映的是自变量与因变量之间的直接作用，还不能反映因素间的间接关系。变量间的关系往往错综复杂，采用一个多元回归方程可能难以反映这种错综复杂的关系。路径分析是多重线性回归模型的扩展，它的主要特征是根据专业知识，假设模型中各变量的具体联系方式，这种联系一般会被绘制为一张路径分析图。随后按照相应的因变量分别拟合各自的多重线性回归方程。也就是说，路径分析模型是由一组线性方程所构成，它描述的变量间的相互关系不仅包括直接的关联，还包括间接的关联。

比路径分析功能更为强大的是结构方程模型。结构方程模型是一种建立、估计和检验因果关系模型的方法。模型中既包含可观测的显性变量，也可以包含难以直接观测的潜在变量。结构方程模型可以替代多重回归、通径分析、因子分析、协方差分析等方法，清晰分析单项指标对总体的作用和单项指标间的关系。简而言之，结构方程分析能同时处理多个因变量，比较及评价不同的理论模型，并检验理论与观测数据是否吻合。

7.2.3 多元统计分析模型

多元统计模型是指模型中难以区分出自变量、因变量的模型。这些模型的分析重点放在探讨各变量的内在关联结构，或者对其进行有效分类上。

1. 主成分与因子分析

主成分分析的基本原理是利用降维（线性变换）思想，在损失少量信息的前提下，把多个指标转化为几个综合指标，即每个主成分都是原始变量的线性组合，且各个主成分之间互不相关，使得主成分比原始变量具有某些更优越的性能（主成分必须保留原始变量90%以上的信息），从而达到简化系统结构，抓住问题实质的目的。

因子分析的基本原理是利用降维思想，由研究原始变量相关矩阵内部的依赖关系出发，将变量表示成各因子的线性组合，从而把一些具有错综复杂关系的变量归结为少数几个综合因子。所以，因子分析是主成分的推广，相对于主成分的分析，更倾向于描述原始变量之间的相关关系。

因子分析通过研究多个变量间相关系数矩阵（或协方差矩阵）的内部依赖关系，找出能综合所有变量的少数几个随机变量。这几个随机变量是不可直接测量的，通常称为因子。之后根据相关性的大小把变量分组，使同组内的变量之间的相关性较高，但不同组变量间的相关性较低。

2. 数据分类

人们总是通过将大千世界中的事物按照不同属性和特征分成有限的类别，达到认识事物的目的。聚类分析就是满足这种分析需求的常用方法。通过聚类分析，可以把数据分成若干类别，使得类别内部的差异尽可能小，类别间的差异尽可能大。聚类分析可以同时处理有多个变量情况下的分类问题。在聚类分析中最重要的问题就是如何描述差异，通常的做法是通过距离或者相似性来描述。从最简单的欧几里得空间距离到最复杂的似然函数对数值，其中应用比较广泛的是欧几里得距离的平方，大多数常用的聚类过程都默认采用这样的距离度量。

若已知具体的分类方式，则判别分析就是将所有的个案分别归类至具体的类别所使用的方法。判别分析的因变量是分类变量，以此把样本划分为不同的类，而自变量可以是任何尺度的变量。判别分析的目的在于建立一种线性组合，使用最优化的模型来概括分类之间的差异。判别分析的用途是根据已知的样本分类情况来判断待判样本的归属问题。例如，信用风险的判别、客户细分分类等应用的是相当广泛的多元统计技术。实际上，从其用途可知，该方法所解决的问题和 Logistic 回归模型类似。判别分析的模型按照判别的不同准则可以分为典型判别分析、贝叶斯判别分析、非参数判别分析这 3 种不同模型。

3. 元素间关联的分析

这里的元素可以是个案，也可以是变量，或者是变量的不同取值类别。因子分析、聚类分析等也具有某种程度的元素关联分析功能。以下方法专用于元素间关联的分析。

尽管可以采用卡方检验、二分类 Logistic 回归模型研究分类变量间的联系，但当涉及的分类变量种类或者分类变量个数较多时，这些方法仍然力不从心。例如，可以使用卡方检验得出各类客户职业分布有差异的结论，却难以获得各类客户对哪类产品的倾向偏好。要得到全面的结果，就要对分类变量各类别间的联系进行清晰呈现。对应分析就是一种有效的解决方法，它采用图形化呈现方式，将交叉表转换为相应的对应分析图，从而将表格中包含的类别关联信息用散点空间位置关系的形式表现出来。

多维尺度分析是基于研究现象之间的相似性或距离将研究对象在一个低维（如二维、三维）的空间形象地表示出来，进行聚类或维度内含分析的一种图示法。它涉及这样的问题：当 m 个指标中各对应项目之间的相似性或距离给定时，求这些项目在低维空间中的表示，并使项目间的接近程度与原先的相似性或距离大体匹配。简单地说，就是从客体间的相似性或相异性数据出发，用低维空间中的点结构来表示研究客体，从而揭示数据的潜在结构。

7.3 数据挖掘

按照数据挖掘的定义，数据挖掘可能涉及许多不同的任务，主要有 3 种类型：假设检验、有指导数据挖掘和无指导数据挖掘。

（1）假设检验的目标是使用数据来回答问题或掌握知识。假设检验几乎是所有数据挖掘努力的一部分。数据挖掘人员通常在假设与解释方法之间来回处理，首先借助业务专家的帮助，构造出对观察行为的可能解释，同时让那些假设来决定待分析的数据，可以通过分析数据检验其有效性。然后再让数据提出新的假设来检验。

（2）有指导数据挖掘的目标是构建一个模型，能够解释或预测一个或多个特定的目标变量。其重点是一个或多个目标变量，而且历史数据中的实例包含了所有这些目标值。换句话说，有指导数据挖掘不仅寻找数据中的任何模式，而且还会寻找能够解释目标值的模式。一个非常典型的例子是客户保留模型。历史数据包含活跃客户实例以及其他已经流失的客户实例。有指导数据挖掘的目标是找到一些模式，能够区分导致客户离开和客户留下来的因素。

（3）无指导数据挖掘的目标是找到全部的模式，而不是绑定到一个特定的目标。在有指导数据挖掘中，不同的变量发挥不同的角色。目标变量是研究对象，其余的变量用来解释或预测目标值。在无指导数据挖掘中，没有特殊的角色，目标是找到全体模式。在检测到模式之后，由人来负责解释和决定它们是否有用。由无指导数据挖掘解决的业务目标可能听起来与其他任何目标一样直接。“发现欺诈”是一个业务目标的例子，它可能需要有指导或无指导数据挖掘。这取决于训练数据是否包含明确的欺诈交易。有指导方法将寻找与已知欺诈案例类似的新记录，而无指导方法是寻找异常的新记录。

在一个数据挖掘的过程中，可以采用任何一种类型或者所有类型。这取决于问题的性质和数据挖掘人员对数据的熟悉程度。虽然这 3 种类型的数据挖掘存在一些技术性差异，但是它们也有很多共同之处。

7.3.1 数据挖掘目标、任务和技术

1. 数据挖掘目标

数据挖掘总是开始于一个业务目标，而数据挖掘人员的首要工作就是彻底地理解这一目标。这一步骤需要在设定目标的业务管理人员以及负责将这些目标纳入数据挖掘任务的分析师之间进行良好的沟通。下一步工作是根据数据挖掘任务重申业务目标，选择特定的数据挖掘技术。

电子商务运营管理中的许多场景都会运用数据挖掘，以下是一些业务目标的例子。

（1）改进客户保留。

（2）确定产品库存量与库存地点的策略。

（3）降低贷款违约的风险。

（4）检测欺诈性索赔要求。

（5）为分支机构或配送点寻找最佳位置。

并非所有商业活动的业务目标都可直接作为数据挖掘的业务目标，有时候必须把它们转变成数据挖掘的业务目标。数据挖掘要想成功，就应该明确业务目标，同时找到适用于现有数据进行分析的方法。数据挖掘的业务目标通常可以表示成可测量的事物，如增量收益、响应率、订单大小或者等待时间等。尽管实现这些目标需要的不只是数据挖掘，但是数据挖掘发挥着重要的作用。要将业务目标转变设计为一个可实施的方法，如提高客户保留可能会聚焦于改进现有客户的体验，或者获取预计持续期会很长的新客户，降低信贷风险可能意味着预测哪些目前信誉良好的客户可能会变质，同时提前减少他们的信用额度。这些实施方法提出了相应特定的建模任务。

2. 数据挖掘任务

一个业务目标适合应用数据挖掘，那么它通常可以表示成下列任务。

- 准备数据。
- 探索性数据分析。
- 二元分类建模。
- 离散值分类和预测。
- 数值估计。
- 发现群集和关联。
- 将模型应用于新数据。

数据挖掘项目通常会涉及以上任务中的若干个。例如，在改进客户保留活动中决定覆盖哪些客户。探索性数据分析表明哪些变量对于描述客户价值的特征来说非常重要。这些变量可以用来发现类似客户的群集。客户的群集标识可能是二元响应模型中一个重要的解释变量。当然，创建模型的目标是将其应用到表示现在客户的数据，对改进客户保留的响应活动倾向进行打分。

（1）准备数据。

准备数据所需的工作量取决于数据源的性质和特定数据挖掘技术的要求。有一些数据准备工作是必需的，而且通常是数据挖掘项目中最费时的一部分。为修复源数据中的问题并改进数据质量，需要开展数据预处理工作，更准确的数据内容意味着将获得更好的模型。数据准备可能涉及结合现有的变量来创建新的变量，也可能涉及使用主成分和其他技术来缩减变量的数量。

通常，多来源的数据必须按照某个主题进行聚集，如客户主题。各种源数据往往不是按客户来组织，因此构建客户主题数据时需要进行多次转换。有些数据挖掘技术不能处理缺失值，必须采用某种方式实现。同样，离群点（Outlier）也要按需处理。当某些结果非常罕见时，有必要使用分层抽样来平衡数据。当变量采用不同的尺度度量时，也有必要对它们进行标准化。

（2）探索性数据分析。

探索性数据分析的结果可以是一份报告或一系列图形，它们描述了数据的特征。探索性数据分析也可用于在数据中添加新的度量和变量。

数据通常与类或概念相关联。例如，在网店中销售的产品类包括计算机和打印机。用汇总的、简洁的、精确的表达方式描述每个类和概念可发现数据中的基本特性。这种类或概念的描述称为类/概念描述。这种描述可采用以下方法：①数据特征化，汇总所研究类（目标类）的数据；②数据区分，将目标类与一个或多个可比较类（对比类）进行比较；③数据特征化和区分。

数据特征化是目标类数据的一般特性或特征的汇总。通过查询来收集对应于用户指定类的数据，输出可以用多种形式提供，例如饼图、条图、曲线等。

数据区分是将目标类数据对象的一般特性与一个或多个对比类对象的一般特性进行比较。目标类和对比类可以由用户指定，而对应的数据对象可以通过数据库查询检索。

（3）二元分类建模。

许多业务目标可归结为将结果分为两类——区分好坏信用、性别、响应和非响应。有些技术，如 Logistic 回归就是专门针对这类是或否的模型。响应模型评分可以是类标签本身，也可以是对感兴趣类的可能性估计。

这种估计方法有一个很大的优点，就是可以根据该估计值对个人记录进行排序。为了显示二元分类的重要性，可以看看这个例子：一个经营手机销售的公司为 5 万份优惠券做了预算。如果未使用二元分类方法确定 50 万名手机用户，那么只需简单地把优惠券投放在此集合中随机选择的 5 万人所在的地址。如果每个手机用户有一个手机更换倾向评价打分，那么就可以按最有可能的顺序联系这 5 万名候选者。

（4）离散值分类和预测。

分类（Classification）是最常见的数据挖掘任务之一，也是人类认识世界的基本方法。为了理解世界并与外部交流，可以进行划分、归类和分级。例如，生物学按门类、种类和种属分类；把事物按元素分类；把人按职业等分类。

分类涉及为新给定的具体对象指定预先定义类集合中的某一类。在这个类集合中，类的数量有限。具体而言，分类问题的解决其实就是生成分类器（Classifier）的过程。通常，可先把一组数据分成训练集（Training Set）和测试集（Testing Set）。通过对训练集的处理，生成一个或多个分类器，将这些分类器应用到测试集中，就可以对分类器的性能和准确性做出评判。如果效果不佳，或者重新选择训练集，或者调整训练模式，直到分类器的性能和准确性达到要求为止。最后将选出的分类器应用到未经分类的新数据中，就可以对新数据的类别做出预测。

典型的分类技术方法有：决策树、K 最近邻、神经网络、支持向量机等。对分类器的效果评价方法有很多，以分发优惠券为例，分类器的好坏就在于与直接随机抽取分发优惠券的方式相比，采用分类器的结果会为企业增加多少响应客户。由于图形化的展示方式更易于为大家所接受，因此 ROC 曲线和 Lift 曲线经常被用于进行分类器的评估。

（5）数值估计和预测。

与离散值分类处理相比，数值估计处理连续值输出。给定一些输入数据，评估生成一些未知的连续变量的值，如收入、订单的大小，或信用卡的余额。常用回归方法建立连续值函数模型。也就是说，回归方法用来预测缺失的或难以获得的数值数据值，而不是（离散的）类标号。

估计任务的例子有：估计家庭的收入总额、估计客户的生存周期值、估计客户违约的风险、估计某人响应余额转账请求的概率、估计需要转账的余额大小等。

（6）发现群集和关联。

通过聚类发现群集是数据挖掘任务中很重要的一环。所谓聚类， 就是类或簇（Cluster）的聚合，而类是一个数据对象的集合。聚类（Clustering）是把异构的总体数据划分成一些更均匀的小组或群集的任务。

与分类一样，聚类的目的也是把所有的对象分成不同的群组。但与分类算法的最大不同在于，采用聚类算法划分之前，并不知道要把数据分成几组，也不知道依赖哪些变量来划分数据。在聚类中，没有预定义的类，也没有实例，只是基于记录的自相似性把它们组合在一起。聚类算法通常用来确定将对象共分为多少聚类，并设法从中找出最能代表这一聚类的数据特征。聚类算法经常被一些数据挖掘者用来提供不同类对象特征的报告。

简单来说，如果一个数据集合包含 N 个实例，根据某种准则可以将这 N 个实例划分为 m 个类别，每个类别中的实例都是相关的，而不同类别之间则是不相关的，这个过程就是聚类。

关联反映的是一个事件和其他事件之间依赖或关联的知识，如本章引导案例中“啤酒和尿布”就是非常典型的两个关联产品。如果两项或多项属性之间存在关联，那么其中一项的属性值就可以依据其他属性值进行预测。简单而言，关联规则可以表示为 $A \rightarrow B$，其中，A 称为前提或者左部，而 B 称为结果或者右部。如果要描述关于尿布和啤酒的关联规则（买尿布的人也会买啤酒），那么关联规则可以表示为：买尿布→买啤酒。

在关联算法中，有一个重要的概念是支持度（Support），也就是说在数据集中包含某几个特定项的概率。例如，在 1 000 次的产品交易中同时出现了啤酒和尿布的次数是 60，那么此关联的支持度为 6%。另一个重要的概念是置信度（Confidence），也就是说在数据集中出现 A 时 B 发生的概率。置信度的计算公式是：A 与 B 同时出现的概率除以 A 出现的概率。

数据间的关联关系可分为简单关联、时序关联、因果关联等。分析关联关系的目的是找出数据库中隐藏的关联网络。有时我们并不知道数据集合中数据的关联函数，即使知道也是不确定的，因此关联分析生成的规则带有置信度。

（7）将模型应用于新数据。

以上列出的许多任务通常会涉及将模型应用于新数据。应用模型的场景包括：二元响应模型、分类、估计和预测。用来创建模型的数据中包含了目标变量的已知值，将模型应用于目标值未知数据的作用之一是评价模型。为了对新的数据进行打分，获得响应概率、类别或者要估计的未知值，可配置模型。

3. 数据挖掘技术

在许多情况下，数据挖掘是通过构建模型来完成的。从某种词义来看，模型是对事物如何工作的一种解释或说明，足以反映现实事件，并对现实世界进行推理。其实在日常生活中，人们经常会使用模型。当有两家餐厅，其中一家在每张桌子上的摆设以及四周墙壁的装修比另一家更豪华、上档次时，人们实际上是根据头脑中构建（基于过去经验）的模型进行了推理。当走进其中一家餐厅时，人们实际上是再次调用了一个心理模型。

从技术的角度来看，模型是指某种东西，可使用数据对事物进行分类、预测、估计值，或者产生其他一些有用的结果。有相当多的人造物可应用于数据并产生某种得分，它们都符合模型的定义。

数据挖掘模型可以实现两个目的：第一个是产生得分，用于指导决策；第二个是洞察用于构建模型和目标的解释变量之间的关系。根据不同的应用，这些目的中的一个可能会比另一个更重要。数据挖掘技术主要有两类：有指导技术和无指导技术，分别意味着技术本身是否需要或不需要目标变量。不应将有指导和无指导技术与有指导和无指导数据挖掘任务相混淆，因为两类技术均可用于两类数据挖掘任务。

限于篇幅，本书不再介绍数据挖掘技术的细节，读者可参阅相关书籍。

7.3.2 数据挖掘过程

数据挖掘是一个从商业问题中来，回到商业活动中去的过程。我们首先面临一个商业问题，然后在企业中需要结合 3 方面的资源——高质量数据、业务知识和数据挖掘软件进行数据挖掘，从而从大量数据中获取业务洞察力，接着将这些洞察力以某种形式嵌入企业业务流程中，最终实现业务目标。例如，企业运营成本的下降、运行效率的提升等。

在数据挖掘过程中，尽管各种算法是其核心步骤，但也并不是全部。要保证数据挖掘项目的成功实施，还有很多决定性因素，如商业问题如何界定、数据如何选取、生成的模型如何嵌入现有的业务流程中等问题，都将直接影响到数据挖掘是否能够取得成功。

为了支持数据挖掘过程的规范化、高质量，业界开发了多种数据挖掘方法论，典型的如 SAS 公司的 SEMMA（Sample，Explore，Modify，Model，Access）方法论、IBM 公司的 CRISP-DM（Cross Industry Standard Process for Data Mining）方法论。

从数据的采样开始，SEMMA 便使用户易于应用统计探索和可视化技术，选取转换最重要的预测变量，建立变量预测结果模型，并提升模型的准确度。通过对 SEMMA 过程中每个阶段的结果进行评估，建模人员能够根据前面步骤的结果所引出的新问题确定模型的建立，并返回探索阶段进一步精化数据。

CRISP-DM 是关注一个数据挖掘项目执行的方法论，SEMMA 则是关注对某个数据集的一次探测和挖掘的方法论。相较而言，CRISP-DM 考虑的范围比 SEMMA 要大。CRISP-DM 关注商业目标、数据的获取和管理，以及模型在商业背景下的有效性。CRISP-DM 认为数据挖掘是由商业目标驱动的，同时重视数据的获取、净化和管理。SEMMA 不否认商业目标，但更强调数据挖掘是一个探索的过程，在最终确定模式和模型前，要经过充分的探索和比较。

目前，CRISP-DM 是最常用的数据挖掘方法论，其概貌如图 7-5 所示。它将整个数据挖掘过程分解为商业理解、数据理解、数据准备、建立模型、模型评估和结果部署 6 个步骤。

（1）商业理解（Business Understanding）阶段主要完成对商业问题的界定，以及对企业内外部资源的评估和组织，将主要产生如下结果。

- 确定商业目标，包括商业背景、成功标准等。
- 形势评估，包括企业拥有资源、需求、假定和限制、风险偶然性、专业术语、成本收益等。

- 确定数据挖掘目标，包括数据挖掘目标、数据挖掘成功标准等。
- 制订项目计划，包括项目计划、工具方法评估等。

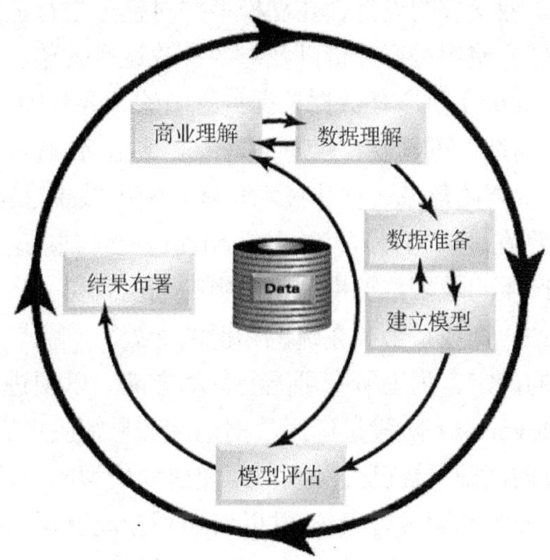

图 7-5　CRISP-DM 数据挖掘方法论

（2）数据理解（Data Understanding）阶段主要完成对企业数据资源的初步认识和清理，将主要产生以下结果。

- 原始数据收集，产生数据收集报告。
- 数据描述，产生数据描述报告。
- 数据探索性分析，产生探索性数据分析报告。
- 数据质量描述，产生数据质量报告。

（3）数据准备（Data Preparation）阶段主要完成在建立数据挖掘模型之前最后的数据准备工作。数据挖掘模型通常要求数据是一张二维表，而在大多数企业中，数据往往被存储在不同的部门、不同的数据库或者数据库中不同的数据表中。这一步骤将把这些数据集整合在一起，生成可以建立数据挖掘模型的数据集和数据集描述。这个阶段将产生如下结果。

- 数据选择，不是所有数据都适合进行数据挖掘，在数据准备阶段要确定数据挖掘应该包含及剔除的数据。
- 数据清理，在建立模型之前，必须对数据进行适当的清理，即对不符合实际情况的数据进行调整或者剔除，并生成数据清理报告。
- 数据重构，生成新的字段和记录。
- 数据整合，对相关的数据进行合并处理。
- 数据格式化，使数据符合数据挖掘的需要。

（4）建立模型（Modeling）阶段是数据挖掘工作的核心阶段。按照经典的分类，数据挖掘模型可以分为概念描述、分类、预测、聚类和关联性分析等。另外，建模过程还包括对各种模型的评估和比较分析。对数据挖掘任务来说，不存在公认“最好的”方法，而应当综合使用各种可行性模型，并采用清晰定义的实验和评估策略识别出相对较好的方法。即使是单个数据挖掘方法或算法，也需要进行多次参数调整才能获得最优结果。这一阶段将产生如下结果。

- 选择建模技术，模型的假定和要求以及对模型技术进行评估。
- 产生检验设计，从技术角度分析如何对模型效果进行检验。
- 建立模型，完成模型参数的设定，建立模型并对模型进行适用性概述。
- 评价模型，对模型的使用进行评价以及对各参数进行调整。

（5）模型评估（Evaluation）阶段是数据挖掘流程中的重要步骤。这一步将直接决定模型是否达到了预期效果，模型是否可以发布应用，是否必须重新调整。模型评价可以分为两个部分：一个是技术层面，主要由建模人员从技术角度对模型效果进行评价；另一个是商业层面，主要由业务人员对模型在现实商业环境中的适用性进行评估。这一阶段将产生如下结果。

- 结果评估，评估产生的数据挖掘模型，从中筛选出获得一致认可的。
- 数据挖掘过程回顾，查找是否存在疏忽和遗漏之处。
- 下一步工作内容的确定，列出所有可能的行动方案，以便进行决策。

（6）结果部署（Deployment）阶段是运用数据挖掘结果解决现实商业问题的过程。建立并评估模型并非意味着数据挖掘项目已经结束。即使建立模型的目的只是简单了解数据，也需要对数据挖掘过程所获取的知识进行组织,并以终端用户能够理解和受益的方式进行表达。这一阶段将实现数据挖掘的商业价值，具体产生以下结果。

- 结果发布计划。
- 监测和维护模型计划。随着商业环境的变化，模型的适用性和效果也可能会发生变化，因此企业必须建立对模型进行监测和维护的机制。
- 生成最终的数据挖掘报告。
- 回顾项目。总结项目中的经验教训，为以后的数据挖掘项目积累经验。

部署阶段还可能包括对所部署模型的维护。由于业务在不断变化，业务活动产生的数据也一直在更新。随着时间的推移，基于旧数据的模型及其业务模式可能已经过时，甚至会引发误解。因此，如果数据挖掘作为日常业务的一部分，那么就需要对模型进行监测和维护。

CRISP-DM 方法论认为，数据挖掘过程是循环往复的探索过程，6 个步骤在实践中并不是按照直线顺序进行，而是会根据项目的实际需求经常返回前面的步骤。例如，在数据理解阶段发现现有的数据无法解决该阶段提出的商业问题时，就需要返回商业理解阶段重新调整和界定商业问题；到了建立模型阶段发现数据无法满足建模的要求时，则可能要返回数据准备阶段；到了模型评估阶段发现建模效果不理想时，也可能需要返回商业理解阶段审视商业问题的界定是否合理，是否需要做些调整。

7.3.3 数据挖掘软件工具

一个数据挖掘项目需要合适的挖掘软件工具支持其分析工作。数据挖掘软件工具根据其适用的范围可分为两类：专用数据挖掘工具和通用数据挖掘工具。

专用数据挖掘工具是针对某个特定领域的问题提供解决方案，在涉及算法的时候充分考虑了数据、需求的特殊性，并做了优化。特定领域的数据挖掘工具针对性比较强，只能有一种应用；也正因为其针对性强，往往采用特殊的算法，可以处理特殊的数据，实现特殊的目的，并且发现的知识可靠度比较高。

随着数据挖掘技术的发展和成熟，现在已经有许多成熟的通用软件工具可以支持一个数据挖掘项目。通用数据挖掘工具不区分具体数据的含义，采用通用的挖掘算法，处理常见的数据类型。例如，SAS 公司的 Enterprise Miner 系统、IBM 公司收购 SPSS 公司的 Modeler 系统、Microsoft 公司 SQL Server 的数据挖掘模块。通用的数据挖掘工具可以进行多种模式的挖掘，挖掘什么、用什么来挖掘都由用户根据自己的应用加以选择。

（1）SAS 公司的 Enterprise Miner（EM）。

SAS 公司起源于为美国北卡罗来纳州立大学开发的一款数据分析软件。据 IDC 统计，2016 年 SAS 全球营收 32 亿美元，占全球高级和预测分析市场 31.6%的份额，比排名紧随其后的 9 家相关厂商的营收总和还要多。

EM 注重提供数据挖掘工具的以下几种能力。

- 利用图形交互工具创建模型：交互式自文档化分析流程图环境，缩短数据挖掘人员开发模型的时间，有效地将设计的数据挖掘过程映射到 SAS 的后台进行处理，提供众多的预测建模技术。
- 提高商业用户的能力：适用于只具有少量知识的业务用户，使用的图形界面引导用户一步步完成数据挖掘任务的流程，可以快速预测建模并生成想要的模型。
- 保留分析过程支持多模型比较选优：应用创新算法和行业特定方法，显示多个模型的预测和评估统计量，以便比较不同的模型，通过可视化评估和验证指标来验证结果。
- 易于对模型进行部署和评分：评分—应用模型到新数据中的处理过程，使评分处理自动化，并为各个阶段的模型开发提供完整的评分编码。

（2）IBM 公司的 SPSS Modeler。

SPSS Modeler 软件的原名为 Clementine，最早是英国 ISL（Integral Solutions Ltd.）公司的一款数据挖掘产品。1994 年，ISL 发布了该软件的 1.0 版，是世界上最早的一款商业数据挖掘软件。2009 年，IBM 公司收购了 SPSS 公司，此后 SPSS Modeler 就成为 IBM 公司软件部商务分析产品线下的重要数据挖掘软件产品。

SPSS Modeler 的设计思想是尽量用简单的方式进行数据挖掘，尽可能屏蔽复杂的数据挖掘算法及软件操作，使数据挖掘分析员可以将更多的精力放在使用先进的数据挖掘技术解决商业问题上而不是软件操作本身。SPSS Modeler 是客户端/服务器端架构的产品。客户既可以在单机版上运行 Modeler，也可以连接到 Modeler Server 运行数据流，从而充分利用服务器的高性能。

（3）Weka 数据挖掘工具。

Weka 是基于 Java 环境的开源机器学习和数据挖掘软件。2005 年 8 月，在第 11 届 ACM SIGKDD 国际会议上，Weka 开发小组荣获数据挖掘和知识探索领域的最高服务奖。

Weka 作为一个公开的数据挖掘工作平台，集合了大量用于数据挖掘任务的算法，提供数据处理、特征选择、分类、回归、聚类、关联规则、可视化等数据挖掘工作必需的主要功能。

（4）R 语言及其工具。

奥克兰大学的 Robert Gentleman 和 Ross Ihaka 为了达到教学目的，在 1992 年基于 S 语言合作开发了 R 语言，在 1997 年成立了正式的开发组织——R 语言核心团队。随着 R 版本的逐渐成熟和稳定，R 在行业里的应用得到了飞速发展，已经成为主流的数据科学工具和数据分析软件。

R 语言是一种能够自由、有效地用于统计计算与绘图的语言，在统计分析、数据挖掘等各个数据分析的应用领域作用较大。作为一套完整的数据处理、计算和绘图系统及操作环境，R 语言系统几乎可以独立完成数据科学中的所有任务，还能完美配合其他工具进行数据交互。它有以下特点。

（1）数据分析功能强大：R 的函数以扩展包的形式存在，可方便管理和扩展。许多优秀的程序员、统计学家加入 R 社区，为其编写了大量的扩展包，可谓无所不包，几乎涵盖了各行各业数据分析的所有前沿方法。

（2）编程简单：作为一种解释性的高级语言，R 程序非常简洁，不需要了解更多程序实现的细节。

（3）整合能力强：R 可通过相应接口连接各类数据库获取数据，也可同 Java、C/C++、Python 等语言相互调用，还可与 Web 整合部署构成网页应用，给 SAS、SPSS 提供 API 接口。

（4）实现可重复性分析：使用户从重复性工作中抽身而出，也可同行分享研究过程。

（5）跨平台：可在多种操作系统下运行，如 Windows、Linux 和 UNIX 等。

7.4 大数据分析

AlphaGo 继 2016 年大战世界围棋冠军李世石成名之后，2017 年又与号称中国当代“棋圣”的聂卫平与世界排名第一的柯洁展开人机大战，均使人类一败涂地。顶尖高手败给机器的原因不是人类智力的退化，而是缺乏对海量数据的深度学习和分析。在当今这个商业社会，数据已经成为企业一种重要的战略资源，引领着数字化和信息驱动型经济的快速发展。

案例

柯洁与AlphaGo之战

2017 年 5 月 27 日 10:30，柯洁和 AlphaGo 的三番棋如期开始了最后一盘。弈至 209 手，柯洁示意认输，再度落败，以总比分 0∶3 完败。

AlphaGo 的出现，让人们联想起当年的“深蓝”——1997 年，这台 IBM 超级计算机就曾击败人类国际象棋冠军卡斯帕罗夫。虽然国际象棋程序已能逼平甚至战胜人类冠军，但当时的围棋程序尚不及业余棋手。这是因为对于计算机来说，后者的复杂度远高于前者：国际象棋的棋盘为 8 行 8 列，而围棋盘的纵横则各有 19 路——361 个可供落子的交叉点。也就是说，从空间的复杂度来看，国际象棋约为 1 047，而围棋则高达 10 170。

复杂度的天壤之别，也意味着无法将“深蓝”的制胜套路复制到围棋赛场。当年有人质疑，“深蓝”所谓的“智能”不过是依靠每秒可运算 2 亿步的“蛮力”，穷举出棋盘的可能性而已。而在围棋中难以测算某些走棋的优劣，即便将“深蓝”所采用的全部优化算法放到如今最高性能的计算设备上，人们也无法将围棋比赛中机器的决策用时缩短到合理的范围内。

那么，AlphaGo 究竟是靠什么赢得比赛的呢？

《自然》杂志曾经详细解析了 AlphaGo 背后的技术：AlphaGo 将“价值网络”及“策略网络”相结合，并通过人类职业棋手的比赛数据对网络进行监督学习训练。通俗地说，就是先让 AlphaGo 学会评价棋路的优劣，然后通过不断与自己对弈进行强化学习，以“参悟”下棋的感觉。而在实际的比赛现场，AlphaGo 则根据积累的经验，动态地寻找最优方法，从而出现了 AlphaGo 最终的“压倒性”胜利。

有专家认为，发展人工智能至少应满足以下条件。

- 拥有大数据，Google 搜索引擎拥有的海量数据可以变成一个大脑，用于各个项目。
- 拥有顶尖的科学家，提出创新的算法，并专注于垂直领域。

（资料来源：柯洁 0∶3 完败，科学解释 AlphaGo 为什么会赢，凤凰资讯，2017 年 5 月 30 日）

根据 IDC 报告，企业利用数据驱动型洞察力做出的商业战略决策，可使生产力提升 33%。显而易见，数据对于当今的企业而言至关重要。企业高层管理非常清楚，只有利用并挖掘数据中的有用之物才能助力企业在当今“数据为王”的市场中保持强有力的竞争优势。但是，如何利用数据却是亟待解决的难题之一。在讨论如何利用大数据之前，我们必须明确大数据是什么、它给我们带来了哪些挑战、我们应该如何实施大数据管理。

7.4.1 大数据是什么

我们在第 1 章介绍了大数据的 4V 特征，这是当前影响最为广泛的大数据定义。但这一定义也引起了许多争论，有人说应该是 3V，也有人引入更多的特征而变成 *n*V，各有各的理由。

1997 年，“大数据”一词被提出后，它首先是一个技术术语，来自 IT 领域，被描述成一个技术问题，即大数据是难以用现有技术在期望的时间处理、管理和分析的数据集。自 2012 年 3 月美国政府发布《大数据研究和发展倡议》之后，“大数据”一词开始在非技术领域得到应用，并很快成为一个非技术术语、一个流行词。它被表述为：大数据是决策方式的变革，决策依靠数据分析而不是直觉或经验。与传统方式完全不同，大数据的决策方式是“知其然而不知其所以然”。

显然，技术和非技术领域的大数据一词存在矛盾：在技术领域，大数据是当前技术所不能解决的问题；而在非技术领域，关于大数据成功应用的案例却不在少数。实际情况是：随着数据的增长和技术的进步，人类的决策能力持续提高，以致获得更多、更复杂的数据并能够进行分析，进而为管理决策所用。我们认为，已真正从大数据中获得管理决策能力和效率提升的企业，还仅限于极少数拥有并开始具备大数据处理能力的 IT 企业，如 BAT；而大量的政府机关、一般企业要分享大数据的好处仍然是一个难题。这是因为技术进步的速度远低于数据增长的速度，数据增长给数据存储、管理、分析带来了巨大挑战。在大多数场合，当前技术难以有效进行大数据收集和处理，从而导致大数据的技术问题越来越严重。

事实上，大数据可分为数据、技术和应用 3 个方面，分别对应 3 类人群：有大数据人群、造大数据人群和用大数据人群。不同的人群关心大数据的不同方面，也就实际谈论着不同的东西。有大数据的人群关心数据量大小，造大数据的人群注重技术进步，用大数据的人群则谈论决策变革。因此，大数据带来的价值有：数据隐含价值、技术发现价值、应用实现价值。

为了进一步理解大数据，有必要回顾一下数据和信息等相关概念。

数据是对客体事实经过获取、存储和表达后得到的结果，通常以文本、数字、图形、图像、声音和视频等表现形式存在。数据的最初含义是对事物的度量，如温度为39℃。为帮助人类记忆，数据成为记录客体的符号。元数据是关于数据的数据，它既可以是对数据的抽象，也可以是关于数据属性、上下文的结构化描述信息。

按钟义信的信息理论①，从客观存在上看，信息是事物所呈现的运动状态及其变化方式；从认识论上看，信息是主体所表述的该事物运动状态及其变化方式，包括运动状态及其变化方式的外在形式、内在含义和效用价值。具体而言，信息承载于数据之上，是经过加工后有价值的数据，是包含上下文语境的数据。因此，我们认为，在计算机和网络空间中，信息是借助于数据及其相关元数据进行表征的。

在网络空间中，有各种各样的数据可进行直观上的分类。根据数据表示的含义，数据可以分为两类：一类是表示现实事物的数据，称为现实数据；另一类则是非现实数据，只在网络空间中存在。

（1）现实数据主要包括以下形式。

- 感知数据，是通过感知设备感知现实世界获得的数据，包括感知生命的数据。这类数据是对客观世界的直接反映。
- 行为数据，是人类科学研究、劳动生产、生活行为等所产生的数据。这类数据是对人类行为的直接反映。

（2）非现实数据种类较多，主要有以下形式。

- 计算机病毒，是能够自我复制的一组计算机指令或程序代码。
- 网络游戏，将现实中的场景映射到网络空间中，或者只在网络空间中存在的游戏场景。
- 垃圾数据，是没有任何特定含义和作用的数据。

企业信息化使手工业务以自动化方式完成，将现实世界的事物通过摄像头、传感器等采集到计算机中。信息化的结果是形成了海量数据，从数据管理的角度看，信息化是生产数据的过程。随着信息化产生的数据逐渐积累，社会运转依赖于数据支撑，并在运转中不断生产和消费新的数据。有意义的数据集结到一定规模后，便形成了数据资源。

数据资源是一种重要的现代战略资源，可能超过石油、煤炭等自然资源，成为人类最重要的资源之一。数据资源的战略性体现在：数据资源将成为科技创新的新途径，科学研究的第四范式需要数据资源；掌握数据科学技术就是掌握未来经济；掌握数据资源将在国际上掌握主动权。

如果认为大数据仅仅是因为数据巨量，而无法利用现有的主流软件工具，那么未免太牵强了。人类自有文明史以来，每个时期都有一些难以处理的“巨大”数据量，如古代测绘的国家地图、水利工程。因此，海量数据、非结构化、快速到达等，并不是现代才有的大数据

① 钟义信．信息科学理论（第五版）[M]．北京：北京邮电大学出版社，2013：66-67.

现象，只是在现代社会更加明显而已。

我们认为，既然大数据有数据、技术和应用 3 个层面，那么仅仅从技术层面就很难给出有意义的概念区分。从信息的价值特征来看，只有海量数据之间的价值关联显现出来，数据的经济价值才能得到充分释放。因此，大数据是多方面、多层次、具有价值关联的海量数据。

对大数据做出这一定义，体现了对大数据的技术需求和决策应用。多方面的价值关联可以呈现事物的多角度特征，多层次的价值关联可以在多种粒度上呈现和分析数据，最终使我们获得大数据的完整信息。

目前，大数据存在几个特点：多源异构、分布广泛、动态增长，先有数据后有模式。正是这些与传统数据管理迥然不同的特点，使大数据管理面临着集成、分析、隐私保护等一系列新挑战。

（1）大数据集成。

首先是多源异构。传统的数据集成经常会遇到数据异构的问题，而大数据的这种异构性则出现了新的变化，主要体现在以下 3 个方面。

- 数据类型的变化。数据类型从以结构化为主转向结构化、半结构化和非结构化相融合。
- 数据产生方式的多样性带来的数据源变化。传统的数据主要产生于服务器或者 PC，而随着移动终端的快速发展，手机、平板电脑等产生的时空数据量呈爆炸式增长。
- 数据存储方式的变化。传统数据主要存储在关系数据库中，但越来越多的数据开始通过新的数据存储方式来应对数据爆炸，如存储在 Hadoop 的 HDFS 中。

其次是数据质量。单纯的数据量大，不一定就代表信息量或数据价值增大。一方面，很难有单个系统能够容纳下集成的海量数据；另一方面，如果在集成的过程中仅仅简单地将所有数据聚集在一起而不做任何清洗，就会使过多的无用数据干扰后续的数据分析过程。因为相对细微的有用信息往往混杂在庞大的数据量中，需要仔细权衡质量，所以大数据的数据清洗过程必须更加谨慎。

（2）大数据分析。

传统的数据分析主要是针对结构化数据展开，正如第 6 章所介绍的，已经形成了一整套行之有效的分析体系。但是大数据带来的半结构化和非结构化数据量的迅猛增长，给传统的数据分析技术带来了巨大的冲击和挑战，主要体现在以下 3 个方面。

- 数据处理的实时性。随着时间的流逝，数据中蕴含的价值也在不断衰减，许多应用场景的数据分析开始从离线转向在线。因此，很多领域要求实时处理数据。实时处理数据面临的新挑战主要体现在处理模式的选择及改进上。在实时处理模式的选择上，主要有 3 种思路：流处理模式、批处理模式以及二者的融合。应用的多样性导致难以获得一个通用的大数据实时处理框架，因而在实际应用中往往需要根据自己的业务需求和应用场景对现有的技术和工具进行改造。
- 动态变化环境中的索引设计。传统的数据索引能够加速查询速率主要是基于数据管理中模式的静态性考虑，但大数据模式会随着数据量的变化而处于不断的变化之中。这就要求索引结构的设计简单、高效，以便在数据模式发生变化时能很快地通过调整来适应。
- 缺乏先验知识。传统的数据分析主要针对结构化数据展开，关系模型的存储同时隐含了数据内部关系的先验知识。在面对大数据分析时，一方面是半结构化和非结构化数据，这些数据很难以类似结构化数据的方式构建出其内部的正式关系；另一方面是数据以流的形式到来，需要实时处理的数据很难有足够的时间去建立先验知识。

（3）大数据隐私保护。

隐私问题由来已久，互联网的发展则使数据更易产生和传播，从而使数据隐私问题越来越严重。

- 隐性的数据暴露。人们经常试图借助于隐藏自己的行为达到保护隐私的目的。但是社交网络的出现，使人们在不同的地点留下数据足迹，且这种数据具有累积性和关联性。单个数据可能不会暴露隐私，但如果将许多行为聚集在一起，则个人的隐私就会暴露无遗。例如，现实中的“人肉搜索”就是一种典型的案例。
- 数据公开与隐私保护的矛盾。如果为了保护隐私而将数据都隐藏起来，那么数据的价值就难以体现出来。数据公开十分有必要，政府可以从公开的数据中了解国民经济的运行，企业可以从公开的数据中了解客户的消费行为。因此，大数据的隐私性主要体现在以不暴露用户敏感信息为前提进行有效的数据挖掘，这有别于传统文件的私密性等安全属性。

7.4.2 大数据分析的关键点

一个有效的大数据分析流程对于收集和分析大数据都可谓至关重要，因此我们需要一个有效的流程管理。以下是大数据分析的关键点。

（1）收集数据。

首先应明确要收集哪些数据。大数据分析并不是对企业所有的数据都进行收集，而是着眼于相关的有直接或者间接联系的数据。企业要知道哪些数据对战略性的决策或者一些细节决策是有帮助的，分析出来的数据结果是有价值的，这也是在考验数据分析员的能力。例如，哪些数据可以对一个项目的业务有帮助，或者能更好地实现业务目标。在进行大数据分析规划的时候，一般是针对一个项目的目标展开精确的分析，然后筛选出有用的数据。

（2）明确业务规则以应对复杂性。

为了得到更加精确的结果，在大数据分析的过程中，应对复杂性是一个关键的环节。这就要求企业相关的业务规则都已确定好，从而帮助数据分析员评估他们的工作复杂性。为了应对这些数据的复杂性，数据分析员要对数据进行分析以得出有价值的结果，这样才能更好地实施。

（3）不断重复的相关分析。

制订好相关的业务规则之后，数据分析员就要对这些数据进行分析输出。因为在很多时候，这些数据都是为了能更好地进行查询以及运用于下一步的决策中，如果项目管理团队的人员和数据分析员以及相关的业务部门之间没有进行很好的沟通，就会导致许多项目需要不断地重建。

（4）维护和更新。

一个有效的大数据分析需要持续不断地进行维护。因为分析结果的使用是长期的，决策层的需求是变化的，在企业的发展过程中会出现许多新的问题，数据分析员的数据分析也要及时地更新。现在很多数据分析软件工具的一些主要功能都是针对数据的需求变化部分，力图从数据分析结果中持续获取价值。

（5）注重用户需求的变更。

大数据分析的过程和结果都要依托于一个强大的计算机基础架构。这对大数据信息的处理也是至关重要的。如果要开发一些交互系统，就要满足不同用户的需求。因此，数据分析员、管理人员都要注重用户需求的变更管理。

要应对大数据的规模和分析难度，就必须使用新的技术、流程、方法和工具。传统的分析方法已经不再适用于新的环境，我们有必要使用新的分析方法将大数据分析带入更高的层次。

在大数据出现之前，传统的商务智能分析方法已经遇到了瓶颈。从技术角度来看，海量并行处理体系、云计算以及 MapReduce 等技术增强了分析工作的可扩展性，并且在大数据分析中扮演着重要角色。如果企业不使用这些分析技术，则大数据分析工作就难以展开。本书并不打算深入介绍这些技术细节，感兴趣的读者还请参阅有关书籍。下文主要介绍大数据带来的分析流程、方法和工具的演进。

7.4.3 分析流程

企业在提升分析技术的同时，必须改变相应的执行与部署分析流程。常规的执行与部署分析流程已不能充分挖掘大数据中应有的价值，因而只有做出根本性改变，企业才能获得分析能力与生产能力的双重提升。

首先需要改变的是，配置并管理分析专家所需的工作空间。传统做法是，在一个专门支持分析的独立服务器上部署工作空间。为了充分利用数据库内分析带来的可扩展性优势，需要为分析专家提供一个直接驻留在数据库系统内的工作空间，称为“分析沙箱”。在大数据领域，MapReduce 环境将补充进入传统的分析沙箱。

分析专家为方便重复执行一些任务，在数据库平台中会使用分析沙箱进行分析工作。更进一步地，为提升分析专家工作数据的一致性与有效性，降低企业使用高级分析流程所带来的风险，企业还可以将企业分析数据集（Enterprise Analytic Data Set，EADS）作为支撑工具。

1. 分析沙箱

分析沙箱提供了一个资源组的分析环境。分析专家可以按照自己的意愿对数据进行各种探索及研究，以便尽快找到关键业务问题的答案。分析沙箱适用于进行数据探索、分析流程开发、概念验证以及原型开发。分析沙箱中创建的数据与业务数据库是彼此隔离的。这些探索性的分析流程一旦发展为业务流程或管理流程，就应该从分析沙箱中移出。

分析沙箱并不是要建立一个永久的数据集，而是要根据每个项目的需求构建数据集。待项目完成后，就应该删除数据。对于分析师而言，分析沙箱拥有独立、灵活、效率、自由、速度等多种优点。目前，常用的分析沙箱为以下两种形式。

（1）内部分析沙箱，是从企业数据仓库或数据集市中划分出一块存储区域而建立的分析沙箱。虽然此时沙箱从物理上讲部署在正在运行的业务系统中，但沙箱的数据并不是业务数据库的一部分。这种分析沙箱的最大优势就是其让分析人员可以直接把业务系统的数据与沙箱的数据关联起来进行分析。另外，企业还可以利用现有的硬件资源和基础设施来搭建内部沙箱。

（2）外部分析沙箱，是一个物理独立的分析环境，用于测试和开发各类分析流程。通常较少构建一个纯外部的分析环境，常见的是内部分析沙箱或者内外混合式分析沙箱。外部分析沙箱的最大优势是架构简单，此时沙箱是一个独立的环境，完全用于开发高级分析，不会影响其他任何系统。另外，它也可以减少系统的负荷管理。

当处理大数据时，MapReduce 环境应该包含在分析沙箱环境中。通常，分析沙箱环境会包含一个关系型数据库和一个 MapReduce 组件。

沙箱环境最适用于对新数据进行探索分析，以了解是否需要把这个数据源导入企业系统和分析流程中并固化下来。这些新的数据源可以是社交网络数据、家庭人口统计信息，或者其他类型的大数据源。

2. EADS

企业分析数据集是为了支持某个分析或模型而汇集在一起的数据，且它的格式满足特定分析的要求。它通常按照一个逆规范化或者扁平文件的结构进行设计，通过数据的转换、聚合、合并等过程生成。在此，每一行数据都描述着一个分析实体，如客户、地域或产品。

企业分析数据集有利于缓解数据的高效存储和使用过程中的矛盾。通常，关系数据库的大部分数据都使用“第三范式”模式进行存储，以免数据冗余，但往往又使得数据查询复杂化。第三范式的表结构很难直接用于高级分析，分析工具通常要求数据是简单的、扁平文件的格式。

“探索分析数据集”是支持分析任务的数据集，拥有解决问题需要的全部变量。所以它是一种宽表，可能会拥有几百个变量或指标，但行数较少，主要采用抽样数据而不是全量数据。“业务分析数据集”用于各种评分与模型部署，所以其形式正好相反，仅包含必需的变量，是一种窄表，但行数多。

每一个分析专家都会独立地创建自己的分析数据集，并拥有一份独立的数据副本，而且通常只服务于一个项目。所以，上述分析数据集的主要缺陷就是存在数据不一致和重复性工作的问题。

为了解决这些问题，人们提出通过 EADS 来优化分析数据集的创建过程。EADS 是可共享的、可复用的、集中化的、标准化的、用于分析的数据集。EADS 把成百上千个变量汇总到某些数据表和视图内，形成一张大宽表。当然也可以是关联在一起的多张表，以供分析专家、不同应用、不同用户共同使用。EADS 明显缩短了分析时间，开发完成后可被多次使用，更重要的是 EADS 能保证不同分析工作的数据一致性。

创建 EADS 需要时间与成本。创建一个有效的 EADS，需要跨职能、跨领域的团队协作。业务团队要定义业务分析所需的各类指标；分析团队要开发处理程序来生成这些数据；IT 团队则要维护企业分析数据集架构，在生产环境下进行部署，并执行数据处理任务。只有这三方共同努力，才能使 EADS 的价值最大化。这个协作过程如下。

（1）收集并汇总各个分析专家常用的各种属性和指标。如果某一个业务指标有多种定义，最好把它们全部合并。EADS 能满足分析专家 80%～90%的数据需求。

（2）建立逻辑结构和物理结构。

（3）更新 EADS。

（4）建立汇总表或者概要视图。

（5）分享数据资源。

3. 嵌入式打分

一旦建立起分析沙箱并实施 EADS，企业就可以更快地开发分析流程和模型。然后，通过嵌入式打分过程实现分析结果的广泛应用。

评分就是把开发好的分析模型应用于最新数据的过程。嵌入式打分能在数据库内定期执行评分过程，让用户更加高效、方便地使用模型。一个成功的嵌入式打分，不仅包括部署每一个独立的评分过程，还包括建立一个机制来管理和监控这些评分过程。评分结果可以来自于一个预测模型，也可以是分析模型其他类型的输出。

嵌入式打分过程部署完成后，生成的评分结果就可以被各个用户与应用使用。例如，模型根据历史销售情况预测某些产品可能要断货脱销，系统立刻就会给企业负责经理发出提醒。类似的例子还有航空公司建立对天气状况的评分模型来预测航班的延误概率，会根据航班定期更新预测结果，并发送给监控和处理延误任务的应用程序。任何用户都可以通过即席查询来直接获取评分结果。

企业实施的模型与打分管理系统将对已有的模型与分析流程进行管理，通常包括以下 4 项活动或者模块组件。

（1）管理输入分析数据集。

系统应监控用于分析流程的分析数据集和 EADS，监控内容包括数据集的各种详细信息，以及创建与保存数据集的技术细节。模型与评分管理系统管理、分析数据集本身的信息，管理对象包括 EADS、个性化数据集、外部信息数据集等。监控信息包括数据集名称、视图、数据操作脚本、执行任务参数、临时数据集/视图，以及分析数据集与分析流程之间的关系。

（2）描述和监控模型。

系统必须给出每一个模型和分析流程的描述信息，并监控它们的执行和演化过程。这里的模型可以是一个预测模型，也可以是一个分析流程，如产品采购周期从高到低的排序。这些模型需要定期更新并得到广泛使用。在创建模型或分析流程时，需要在模型管理系统中注册。描述和监控的具体信息包括模型的名称、功能、使用场景、输入变量/形式、输出结果内容/形式以及模型的创建时间、更新时间/内容/负责人等。

（3）验证模型与报表制作。

系统需要建立一套验证模型与报表来帮助管理模型和分析流程。报表可以在评分完成后自动生成，也可以在有需要时启动制作。这些报表涉及大多数主题和目标，通常会对模型评分效率进行持续监控并提供反馈，其监控的具体信息包括评分执行过程与开发原则的比较、分析结果的验证报告、比较模型以及总结变量的分布情况。

（4）模型打分输出。

系统需要监控模型与分析流程的结果输出，即打分结果。这些输出结果可以描述任何一类实体，如客户、区域或者产品。这时，被监控的信息包括打分的内容/形式、打分的范围/时间和打分的历史记录。

7.4.4 分析方法

分析专家应改变分析方法来构建分析流程，以更好地利用各种分析工具所带来的性能与可扩展性的提升。

成熟的线性回归、决策树等分析和建模方法具有计算效率高、实施简单的特点。高效的方法对于大数据量/复杂性而言，十分重要。并行处理、云计算等技术的出现提升了分析的可扩展性，使我们可以同时执行更多的分析任务。另外，也有许多分析师开始尝试使用新的分析方法来充分利用新的分析工具、分析流程和可扩展性。许多新的分析方法已经获得应用，并得到持续演进和改善。下面讨论一些重要的分析方法，包括简易建模、组合建模以及文本分析。

1. 简易建模

简易建模是一种通过降低部分预测效果来获得加快模型构建过程的分析方法。简易建模可以通过简单的、分步的分析流程实现，如自动化建模。简易建模的目标并不是获得一个最佳模型，而是快速获得一个模型。

在企业运营过程中，恰当地使用简易建模能带来巨大的帮助，从而扩大分析在企业中的影响力。过去，建立一个模型通常要耗费很长时间，建模成本很高。分析师可能需要几周甚至几个月的时间来获得数据，利用数据建模则需要更长的时间。这就大大限制了模型的应用，使得人们只能针对具有较高价值的问题进行建模。例如，如果企业拥有300 多万个客户邮件地址，那么为建模进行投资来挑选潜在用户是必要的；但如果企业仅有 3 万个邮件地址，并计划推广一个并不昂贵的产品，那么投入成本建立优惠推广模型就没有必要。

如果分析师拥有一个高级的分析环境，如分析沙箱，以及先进的分析流程，如 EADS，那么建立模型的时间将缩短很多。虽然建模变得更加容易，但并不会降低对认真工作与模型正确性的要求。如果是一个优秀的分析师在执行分析流程，那么他会更快地完成工作。

在评估一个简易模型时，主要的评估理念是判断使用这个模型能否带来收益。如果目前没有任何模型，而一个简易模型就可以带来帮助，那么还是优先使用简易模型更加现实。

简易建模使得高级分析可以推广到更多的业务和领域，支撑决策的范围要比分析专家人工建模这种传统方式大得多。例如，企业可以针对重要的产品类别建立“购买倾向模型”，但对于那些周转率较低、促销较少的类别，没有必要建立个性化的评估模型。因为这些评估模型极少被使用，所以不值得投入更多的成本。但如果确实需要对一些不太重要的产品类别进行促销，企业就可以使用简易建模。它能服务于不常见的场景与需求，并给企业带来一定的价值。对不同的产品，企业按照重要类别区别对待，并为之分别建立个性化模型与简易模型，这样企业的产品就都拥有了某种形式的预测模型。

现在的高级分析工具对于建模任务的支撑已经比较完善。分析工具可以自动尝试多种算法，测试不同指标的各种组合方式，进行多种形式的自动化验证，帮助分析师迅速生成合理的模型。在某些业务场景下，使用一个足够好的模型即可，而不一定非要找到一个最好的模型。重要的是，应确保建立了一个工作流程来生成足够好的模型，而不是生成垃圾模型。因此，分析师必须定期重复检查简易模型的生成过程，确保其在可控范围内，并定期对模型结果进行验证，注意随意执行简易建模也可能导致相反的结果。

2. 组合建模

组合建模方法的思想是：只使用一种方法来建立模型往往难以应对现实的多样性，而使用多种方法建立许多模型，再通过组合每一个模型的产出结果，形成较好的结果。结果的组合流程非常灵活，既可以直接使用每个模型预测结果的平均值，也可以使用更复杂的组合公式。

关键之处在于，组合建模并不是从许多模型中挑选出一个最优模型来使用，而是把许多模型的结果组合在一起来获得最终结果。它的优势在于，每种不同的建模方法都各有利弊。例如，某些类型的客户，可能在某一种模型中得分很低，但在另外一种模型中得分很高。通过汇集各个模型的智慧，评分算法可以更加准确地评估每一个客户、产品或店铺选址。

例如，可以使用线性回归、Logistic 回归、决策树以及神经网络来建立多个预测模型，对客户购买某指定产品的概率进行评估。将每个模型的预测结果组合起来就形成了最终结果。通常，这种组合模型会比每个独立模型的预测效果要好很多。

利用高级分析工具可以方便地运用组合模型。如果没有一种好的方法来管理建模过程并对不同模型的结果进行整合，那么组合建模就难以实现。组合建模是运用了已然证明的有效原理：若对许多人的理性预测结果进行平均，就可以获得与正确答案非常接近的预测结果。

3. 文本分析

文本是一种典型的非结构化数据。文本分析使用多种类型的文本作为分析的输入源，已经成为大数据分析中应用越来越广泛的一种分析方法。许多大数据都属于文本类的非结构化数据源的范畴。大量信息都以文本形式存储，如新闻稿件、科技论文、书籍、数字图书馆、电子邮件、微信/微博和网页，甚至可以是扫描的文件或可转换成电子表格的白板记录。随着新型的文本数据源日益丰富，文本分析技术也有了长足的进步。

文本分析也称为文本挖掘，是一个交叉学科领域，涉及信息检索、数据挖掘、机器学习、统计学和计算语言学，其主要目标是从文本中导出高质量的信息。通常，这个目标需要借助于统计模式学习、主题建模和统计学语言建模等手段发现文本中的模式和趋势才能实现。"高质量"的文本挖掘通常是指相关性、新颖性和有趣性。

典型的文本分析任务包括文本分类、文本聚类、概念/实体提取、分类系统产生、观点分析、文档摘要、实体关系建模（学习命名实体之间的关系）。其他例子包括多语言数据挖掘、多维文本分析、上下文文本挖掘、文本数据的信任和演变分析，以及文本挖掘在安全、生物医学文献分析、在线媒体分析、客户关系管理方面的应用。另外，文本挖掘还常常使用 WordNet、语义 Web、Wikipedia 和其他信息源。

文本挖掘通常不能直接在原始文本上处理。因此，在预处理阶段，需要将文本转化为能被计算机识别的结构化数据，即对文本进行形式化处理。例如，分解语句应伴随着导出的文本添加一些语言特征，随后插入数据库中。这种形式化的结果称为文本表示。不同的文本表示模型有着不同的特点，所以根据文本的特点和文本处理的要求来选择合适的文本表示模型非常重要。目前比较常见的文本表示模型包括向量空间模型、概率模型、概念模型等。

一旦文本被解析为文本表示模型，就有许多分析其中的单词和短语所表达的意思和情感，以及寻找其中趋势与规律的方法。例如，判断某一特定用户的电子邮件中有多少积极的或消极的语气、判断某一位用户在交谈过程中对某一特定产品的关注度等。

7.4.5 分析工具

随着软硬件技术的进步以及各种工具的演进，分析技术开始为大数据分析工作提供许多支持。目前，分析工具主要在以下方面获得突破。

（1）图形化用户界面。

（2）开源软件。

（3）数据可视化。

（4）单点解决方案，让企业更广泛地使用分析成果。

（5）人工智能，如深度学习。

面对庞大而复杂的大数据，选择一个好的处理工具显得很有必要。一个好的工具不仅可以使分析工作事半功倍，也可以让企业在竞争日益激烈的时代挖掘大数据价值，及时调整战略方向。

大数据包括购买交易记录、网络日志、病历、事故监控、视频和图像档案，以及电子商务平台的数据。大数据分析需要使用专门设计的硬件和软件工具进行处理，以下是几种典型的大数据分析工具。

1. Hadoop

Hadoop 是一个能够对大量数据进行分布式处理的软件框架，是一种可靠、高效、可伸缩的处理方式。Hadoop 是可靠的，因为它假设计算元素和存储会失败，所以维护多个工作数据副本，确保能够针对失败的节点重新分布处理。Hadoop 是高效的，因为它以并行的方式工作，通过并行处理加快处理速度。Hadoop 还是可伸缩的，因为它能够处理 PB 级数据。此外，Hadoop 依赖于普通服务器，所以它的成本比较低，任何人都可以使用。

Hadoop 的核心部分由分布式文件系统 HDFS 和 MapReduce 组成，为用户提供了系统底层细节透明的分布式基础架构。其中，HDFS 的高容精性、高伸缩性、高可用性等优点允许用户将 Hadoop 部署在普通的个人计算机上，形成分布式系统。MapReduce 分布式编程模型允许用户在不了解分布式系统底层细节的情况下开发并行应用程序。

2. Storm

Storm 是一款自由的开源软件，一个分布式、容错的实时计算系统。Storm 能非常可靠地处理庞大的数据流，形成流计算系统。Storm 很简单，支持许多种编程语言。Storm 可应用于许多领域，如实时分析、在线机器学习、不停顿的计算、分布式 ETL 即数据抽取、转换和加载等。Storm 的一个节点每秒钟就可以处理 100 万个数据元组。Storm 是可扩展、容错的，且很容易设置和操作。

流计算可以很好地对处于不断变化的运动过程中的大规模流动数据进行实时分析，以捕捉到可能有用的信息，并把结果反馈给下一个计算节点。数据是流式的，计算与服务也是流式的不间断的，整个过程是连续的，其响应也是实时的，可以达到秒级别以内。

3. Spark

Spark 是美国加州大学伯克利分校 AMP Lab 推出的开源通用并行计算框架，主要用来加快数据分析的运行和读写速度。Spark 是基于 MapReduce 实现的分布式计算，拥有 Hadoop MapReduce 的所有优点，而且其任务的中间结果可以保存在内存中，不用再读写 HDFS，从而实现快速查询，速度比基于磁盘的系统更快。因此，Spark 在处理迭代算法

（如机器学习、图挖掘算法）和交互式数据挖掘算法等方面具有更大的优势。Spark 的架构如图 7-6 所示。

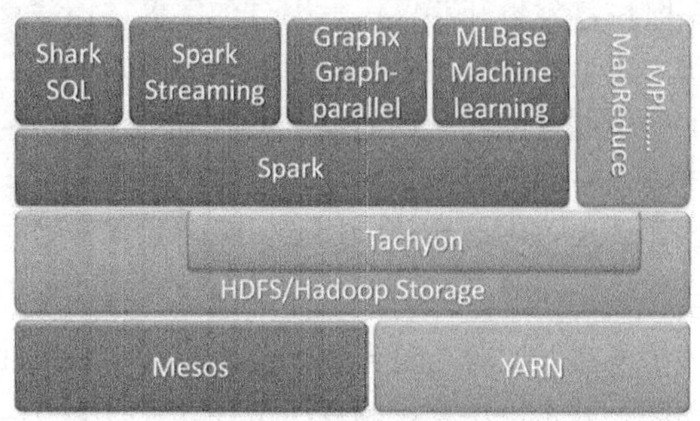

图 7-6 Spark 的架构

Spark 的核心概念是 RDD（弹性分布式数据集）。它操作的所有数据集都是包装成 RDD 来进行操作的。RDD 表示已经分区、不可改变的能够被并行操作的数据集合，不同的数据集格式对应不同的 RDD 实现。RDD 必须是可序列化的。每次 RDD 数据集的操作结束以后都可以存储至内存，下一个操作则可直接从内存中输入，从而节省了大量的磁盘 I/O 操作。

Spark 主要有 4 个支持组件：用于大数据查询分析计算的组件 Shark SQL、用于流式计算的组件 Spark Streaming、用于图计算的 GraphX 和用于机器学习的组件 MLIB。Spark 设计在 Apache Mesos 和 Yarn 两个资源管理框架上运行。Spark 的本地运行模式和独立运行模式调试方便。Spark 可以与 Hadoop 相结合，支持直接读写 HDFS 数据以及 Spark on Yarn；同时，还可以与 MapReduce 在同一集群中运行，共享存储资源和计算。

7.5 实时运营分析

关于大数据的定义，可谓众说纷纭。与其纠结于什么是大数据，倒不如从具体的业务场景出发，判断对哪些相关的数据进行整合、探索、解析，并转化为行动，最终能带来经营价值。

传统的分析流程大多采取手工方式来创建，需要花费很多心思和定制化服务。在大多数情况下，这种手工方式的方法仍然适用。然而，企业信息化的进程促使我们将数据分析的规模和影响推进到一个更高的层次。就像工业革命使制造流程实现了从手工制作到大规模自动化生产的场景，在大数据分析领域也必须发生类似的变革，即实时运营分析。

实时运营分析的目标首先是避免企业出现问题，其次是出现问题后能够快速而自动地解决。若企业要进行实时运营分析则企业内部需要有一套规则明确、条理清晰的指导方法，同时还需要很多技术、流程，甚至企业文化方面的配套更新。

7.5.1 运营分析自动化

实时运营分析说明企业内部的数据分析工作已经成为每个决策制订和动作执行的内在组

成部分。比起对企业战略决策的支持作用实时运营分析更多起到支持许多有限的日常战术决策的作用。更为重要的是，分析过程嵌入运营中，每项决策都在决策时间内执行，而且流程会直接驱动后续行为。实时运营分析并非仅仅给出行为建议，还会直接导致行为发生。这是实时运营分析定义的关键因素。通过直接驱动决策和行为而无须人工干预，实时运营分析极大地提升了运营管理中的分析综合性和影响力。

在传统的商务智能环境中，关注的是从描述角度总结展示已发生的事件，可能会涉及每个区域的销售量、销售额或者准点到达数量等指标。相对而言，预测性分析的目标是预测将来会发生什么，哪些因素影响销售量，如何使其逐渐提高；哪些客户最有可能对最新上市的产品做出积极响应；进一步来看，实时运营分析使分析倾向于规范性。这意味着实时运营分析将分析内嵌于业务流程中，基于算法直接制订决策并导致行为发生。实时运营分析首先要判断什么因素会对销售量产生影响，其次要判断什么因素提高了购买转化率，最后通过自动促进这些行为发生，使分析具有规范性。

如果一个企业还没有规划好如何有效地运用传统批量分析过程，那它就不能进行实时运营分析。一个企业必须先具备基础分析能力，然后才可以更进一步。也就是说，企业的首要关注点应该是建立批量模式下强有力的分析流程。

无人驾驶汽车就是一个实现实时运营分析的典型例子。为了让一辆汽车在无人驾驶的情况下安全地行驶于大街上，我们需要用到大量、多样的实时分析。在这个过程中，我们必须解决的问题是：无人驾驶汽车如何确定路上哪些标识是道路标识，而不是建筑物上的广告、树上挂的彩灯或者大楼内住户晾晒的衣服？车辆扫描前方的道路，实时分析图像，然后将最有可能是道路标识的部分识别出来以决定行进方向。车辆还不得不连续决定它是否必须减速、加速或者停车。当停车时，它还必须根据它与正在靠近的物体间的距离和相对速度计算出刹车该踩多重、多久。为了应对任何可能的突发情况，计算结果必须持续得到更新，如前面的车辆会猛然刹车或者有一个行人突然横穿马路。无人驾驶汽车要求有大量且精密的分析，同时这些分析还必须健全、稳定而且精确。

总之，实时运营分析是一个嵌入式的、自动的制订决策的过程。它规定并导致在决策时刻执行的行为。一旦实时运营分析过程获得批准并启用，就会自动做出成千上万条决策。

7.5.2 建立分析平台

在运营分析领域，多种新工具和新技术不断被引入并形成了高级分析环境。这些技术包括 Hadoop 的非关系型平台、支持关系型与非关系型数据和处理的探索平台、内存分析、基于图像处理单元的分析、复杂事件流分析以及嵌入式分析库。

新技术应逐步整合，实现分析环境无缝且易于使用，从而使一个单一分析平台内融合一系列组件。整合的关键是需要确保分析平台能够作为一个整体来支持所有的分析需求，即涉及现在和未来几年的需求。

1. 规划分析平台

目前市场中的技术基本上能够满足实时运营分析的需求，因而实时运营分析中的问题往往不是一个技术问题，而是一个管理问题。

随着可利用技术的进步与分析要求的持续拓展，企业实际上需要在现有的分析环境中增加额外的组件，而不是替换原来的组件。例如，引入 Hadoop 是增强关系型环境，而不是替换关系型数据库环境。将多种技术相结合不权更有意义，还能解放资源以解决其他问题。不同的分析平台有不同的优势和劣势，在规划一个分析环境时，必须研究和了解这些优势、劣势。关系型技术与 Hadoop 等非关系型技术是互补的，而非对立的。

2. 构建分析平台

传统 EDW 中的数据并不是只存储在一个地方，而是分布在配置相同并被高性能方式互联起来的许多台机器之中。许多数据类型与多种不同的分析需求使企业有必要建立一套统一的平台，以满足处理各种数据时速度和规模的要求。当用户可以访问一个统一的分析环境时，就会专注于建立分析过程的逻辑。

统一的分析环境需要 3 种主要技术来支撑企业开展实时运营分析。此外，还有一些满足特殊需求的、视情况而用的可选支持技术，包括内存处理、图像处理单元、复杂事件处理技术以及嵌入式分析库。

（1）关系型数据库技术：用于企业范围内部署实时运营分析，以满足广泛的用户和应用要求。关系型数据库的强大功能确保分析自动化可以渗透到业务流程中。关系型技术不仅在应对数据量和数据处理方面具备大规模计算能力，而且有着强大的资源管理能力，可应对大型企业中千差万别的数据要求。这种能力可支持混合型工作负载，从而解决批量处理、支持报告的查询以及更多的场景问题。

（2）探索技术：用于简单探索任意类型的数据并测试任意分析流程，使企业可以快速、高效地从数据中获得新的数据洞察。利用企业拥有的扩展性平台，分析沙箱可以实现大规模快速探索与建立分析流程原型。然而，探索平台超越了长期以来嵌在其他平台内的分析沙箱。探索平台能够混合并匹配所有类型的数据。这些数据可以是结构化的，可以是非结构化的，可以是关系型的，可以是非关系型的。它也能够支持几乎所有类型的分析方法论和方法，不仅支持传统的统计和预测方法，而且也支持文本分析（网页、电子邮件等）、图分析（人、物或地方之间的关系）、地理分析（空间关系）以及更多其他的新型分析方法。

（3）非关系型技术（如 Hadoop）：由于不考虑数据结构，它对于存放和初始加工各类数据来说很有价值，常常被用于低价值或者很少使用数据的存储。Hadoop 和关系型技术最基本的不同是，Hadoop 仅要求把数据文件存放在文件系统中，不需要特定格式或数据结构就可以直接装载进入 Hadoop。这意味着可以加载任意原生类型的数据，包括文本、图片、视频、影像、日志、传感器数据且能并行处理。另外，使用 Hadoop 还有一个原因就是数据的价值不同，即有些数据天生就比其他数据更有价值。例如，支票交易反映了资金的转换，微信上的评论仅仅是一个观点而已，不具备金融交易数据那样的价值，所以没有必要存储在昂贵的系统中。Hadoop 为企业提供了一个处理低价值数据的途径，但在需要的时候还可以找到这些数据。另外，它也可以存储从中获取关键信息片段的最原始的日志文件。通过在 Hadoop 中归档原始文件，在开发需要的时候就可以从中找出原始的额外信息。

为了理解这些技术，可以将每一项技术看作一台专用计算机。以前，这些计算机是独立且互不连接的，所以每台计算机只能利用其自身的专长。统一的分析环境实际上就是把这些专用计算机连接到一起，组建成一套具备多项专业化组件的超级计算机。这样，组件之间就可以直接交互且可以互相支持形成整体。统一的分析环境作为一个整体，比将各个组件简单相加要强大得多。

3. 使用分析平台

建立统一的分析环境，其目标是采用多种类型的分析方法在任何时间分析任何类型和规模的数据。建立分析文本数据、生成社交图谱、预测响应，然后将结果与客户历史和其他信息合并的能力是分析平台的关键。

企业在实现任何时间对任何数据进行任何分析之前，需要确保必需的分析关键技术就绪，同时，应定期审查企业尚不具备的任何主要技术和配套技术，评估是否应规划制订一个商业计划来增加缺失的分析环境组件。

用户不会关心数据存储在哪里、分析在哪个组件上执行，只要能够在任意时间为任意分析访问任意数据即可。因此，企业应努力使统一的分析环境内分散的组件得到高度集成，对用户实现透明化。组件间建立的连接器可以实现用户在一个组件上探查和访问另一个组件上的数据。如果整个数据处理的最佳位置在非关系型技术中，数据就可以被从关系型表中移到非关系型表中。通常，任何给定数据片段都会被放在整体上最有效率的位置。由于私有云环境相当强大且具有成本效益，所以企业可以在私有云架构下建立分析平台。由于使用公共云的成本较高，所以大型企业通常不会在公共云架构下建立分析平台。

7.5.3 实时数据分析

1. 实时运营分析流程

实时运营分析的实现是一个逐步演进的过程。传统方式构建分析流程的许多指导原则仍然适用，但需要根据实时分析需求增加新的规则。

一般而言，企业只有在完全掌握传统批量分析的基础上才能实施实时运营分析。对大数据的探索性分析流程，基本上可沿用 CRISP-DM 过程模型。实时运营分析重点关注实时过程，且通常准确地用于单一客户、产品或引擎。相对而言，一个批量分析可以在任意时间对所有引擎、产品或客户进行成批分析。在大多数情况下，传统批量分析流程中的分析方法基本上也适用于实时运营分析流程。这些分析只是通过不同的方式来执行和运用。例如，在批量分析中用于预测对所有用户的最佳推荐算法，也可以用于预测对某一个当前正在浏览网页的特定用户的最佳推荐，其主要区别是在当前特定用户所产生的推荐算法中使用的是最新数据和特定情境。

实时运营分析往往可看作一个更为实时和嵌入的批量分析过程，它意味着在实际开始运作前必须掌握批量分析的过程。这就好比企业在开始启用装配流水线制造产品前，必须先制造出模具和开发出原型产品。

大数据常常是数据结构完全不同的数据类型，新的数据结构需要不同的数据处理方式才能纳入分析过程。如果传统的统计和预测分析原则已经无法满足当前的要求，则企业就要开发更多的分析原则，如模拟分析。

蒙特卡罗模拟基于每一个假设的范围测算出不同组合的可能性。比如，在银行经营过程中，不同的事件发生时，会对银行所预测的存款目标额产生积极或消极的影响。蒙特卡罗模拟能够提供既定目标是否达成的变量分布。理想的结果是所做的合理假设都倾向于积极的结果，反之所设定的目标就难以实现。

最优化分析原则也得到了越来越广泛的使用。它通过分析变量和限制条件提供可能的最优方案。蒙特卡罗模拟遍历和量化各种可能性影响：最优化分析则从中寻找最优方案。最优化分析原则通常用于重要变量可控的情况。在产品定价分析中可以通过控制产品的价格来获得最优结果，而在退休计划分析中通胀率无法控制，因此就不能使用这种方法。线性规划和非线性规划是两种常用的最优化方法。

多原则分析是指在同一个分析过程中使用不同的分析原则。拥有集成多种分析原则的能力在实时运营分析中非常有帮助。就像集成其他数据能够使数据源更有力、更有价值一样，集成其他原则能够使总的分析原则集合更有用。一个探索式的平台就能够实现这样的分析原则集成。

2. 运营分析设计

企业在开始实施实时运营分析时，就必须将分析原则集中在正确的领域。为了避免由不恰当的前提假设引起的时间和成本的浪费，企业需要遵守一系列指导方针，以便将资源集中在正确的方向。与后续的具体工作相比，问题的定义、问题的提问方式以及分析的设计对结果的影响更大。

如果成千上万条决策都是自动做出的，那么细小失误就可能会导致严重的后果。强调分析定义和设计过程的重要性，对于实时运营分析格外重要。和以往一样，企业必须考虑可能出现的各种技术和实际问题；必须在完全确保其正确性的前提下规模化地执行自动化的运营分析过程。企业在建立分析过程时会设定许多假设，而要做到每一个假设都正确则很困难。评估实际值和假设值的合理偏差对于结果的影响作用很大，它能让人们理解并分析所面对的风险。

在任何分析过程中都要做出特定的假设，如关于未来的原材料成本等的假设。如果前提假设不准确，分析的结果也不可能准确。随着逐步获知实际值，实际值与假设值之间会有所出入。关键问题是，要弄清假设值和实际值的偏差对结果有什么影响。当不同的假设得出不同的结果时，较明智的做法是使用保守假设。运用敏感度分析来评估假设不会消除风险，但能够量化风险并使其得到理解。蒙特卡罗模拟可以用于评估假设。

由于可用数据激增，它们的组合更多，从而很容易受假的相关性迷惑而忽略事实真相，因此，实时运营分析需要设置更多的判断。在设计分析系统时，企业需要判别应具体包含哪些指标以排除不合理的候选因素。但即使筛选了合理的候选因素也会剩下许多指标，从而可能导致错误的效果判断。在建立模型之后，企业仍然需要额外的分析来验证其中效果的真实性。总之，必须在整个分析过程的多个关键点设置多种判断以避开风险。

面对众多不同方向的数据分析，设置的判断必须用来针对具有最高影响力的候选因素。尽量列出各类风险是为了制订详尽的应对预案和决策，但全部穷尽所有情况就像大海捞针，几乎是不可能的。企业需要用越来越多的数据来建立整个分析过程，专业分析人员需要记录他们的决策过程。这意味着不仅要记录分析了什么，还要记录没有分析什么以及为什么不分析。

3. 运营分析方法

大多数分析都是所谓的验证性分析。验证性分析是从一个特定假设或特定目标开始，然后执行分析，以确认假设满足目标。换句话说，分析要从一个十分明确的方向和范围开始。例如，通过 Web 日志可以确认客户浏览过的哪些产品扩展信息能预测购买的可能性。

在大数据分析中更加关注探索性分析。探索性分析开始时并没有一个特定的目标或假设，主要探讨用数据解决一个非常宽泛的目标或在一系列假设中发现价值。换句话说，探索性分析从一个宽泛的目标开始，让分析人员有更多的自由空间弄清楚如何实现目标。探索性分析没有一个明确定义的分析规划，当项目启动时，达到目标的最佳路径是未知的。分析人员探索不同的数据源和方法学，直到找到一个合适的方法，然后才会有更严格的计划，或者切换为验证性分析。

在进行实时运营分析中，目标不应是最大化每个决策的质量，而是达到最大化所有决策过程的总体影响。为此，可能需要放弃一些分析原则去强化过程来实现产业规模。企业必须关注优化运营分析过程的整体影响，而不是优化分析过程中各个决策的复杂性和准确性。换言之，放弃某些复杂性和准确性可能对实践产生极大影响，也可能根本没有影响。如果该解决方案无法在运营级的规模上部署，额外的准确性将不会有任何好处。

在构建运营分析的过程中，简单的解决方案比复杂的解决方案更好。实时运营分析往往运行在一个不完整且稀疏的数据上，太复杂的分析会扩大而不是控制数据的问题。尽管从理论上看复杂的方法效果应该更好，但实际上因为数据总有一些不确定性，有时候数量很少，并且难以全部收集完成，有时分析变得复杂后，会放大错误，还可能过拟合模型。

在构建运营分析过程中，大多数运营人员只关心问题的解决方案（问题可能是减少欺诈、提高供应链效率或降低维护成本），而并不关心这些问题之外的具体分析工作。因此，通过分析解决问题是重点。要证明一个过程是可行的，就应更多地关注结果而不是纠缠于分析算法。重要的是，需要证明运营分析过程是可行的，明确说明这一过程可以带来的好处，这样可能更容易被运营人员所接受。

最后还应该看到，实时运营分析的成功不仅与分析能力和分析一致性有关，还与人或组织流程如何实际使用分析洞察力和遵循分析决策有关。分析结果应该是改变运营行为，否则分析洞察力就不会产生预期的影响。

关键术语

商务智能、商务分析、数据仓库、数据集市、OLAP、多维分析、数据挖掘、描述性分析、预测性分析、假设检验、区间估计、主成分分析、因子分析、相关分析、分类、聚类分析、关联关系、数据挖掘过程、数据挖掘任务、CRISP-DM、SEMMA、大数据、结构化数据、非结构化数据、半结构化数据、简易建模、组合建模、文本分析、文本挖掘、文本表示、Hadoop、Spark、实时运营分析、分析平台、分析沙箱、验证性分析、探索性分析

思考题

1. 什么是商务智能？什么是商务分析？
2. 什么是数据仓库？数据仓库的基本特征有哪些？
3. 有哪几种数据分析方法论？它们之间有什么区别？

4. 参数估计和假设检验有什么不同？
5. 多维分析与数据挖掘有什么不同？在一个分析项目中，可以一起使用吗？
6. 有指导数据挖掘与无指导数据挖掘有什么区别？
7. 在分析项目中，为什么需要首先确定业务目标？
8. 为什么数据挖掘过程模型十分重要？CRISP-DM 与 SEMMA 有什么区别？
9. 试比较商业性数据挖掘工具与开源数据挖掘工具的优缺点。
10. 什么是大数据？大数据分析面临哪些新的挑战？
11. 大数据分析流程中有哪些关键点？它们的基本内容分别是什么？
12. 什么是分析沙箱？什么是企业分析数据集？它们分别有哪些类型和作用？
13. 什么是实时运营分析？它能为企业运营带来哪些好处？为什么？

第 4 篇

运营管理篇

第 8 章 供应链管理

【学习目标】

通过本章的学习，读者应达到以下目标：

- 理解供应链管理的概念，初步掌握采购管理、库存管理和物流管理的基本概念和基本方法，了解大数据如何支持供应链管理；
- 初步掌握采购管理框架、电子商务采购流程和供应商选择方法；
- 了解并初步掌握库存管理中的主要问题、库存成本与订货量模型的计算，以及几种库存管理的基本方法；
- 了解并初步掌握物流管理策略、配送服务管理流程，以及配送中心的建立。

【能力目标】

- 具备说明电子商务运营中供应链管理作用的能力；
- 初步具备运用采购管理、库存管理和物流管理的能力。

【引导案例】

大家都知道亚马逊是一家世界著名的电子商务企业，但或许不知道它还是一家大型的物流公司。近几年来，借助机器人、无人机和大数据技术，亚马逊将智慧物流的概念演绎得淋漓尽致。

人们来到亚马逊的仓库，就会看到一幅令人震撼的场景：仓库中央是由一些方形货架组成的储存空间，货架上摆满了从库存中挑选出的货物，它们都是由在仓库中穿梭忙碌的橘黄色小机器人运送过来的。

2012 年，亚马逊以 7.75 亿美元收购了 Kiva 系统。Kiva 系统货架能在有限的空间内储存更多的货物。由于它们能够自动将货架送至打包机，或者将对应产品送至拣货机，其作业效率要比传统的物流作业效率高出 2～4 倍。机器人每小时可跑 30 英里，准确率达到 99.99%。过去人工耗费 1 个多小时的货品提取作业，现在 15 分钟内就能完成。至 2015 年，亚马逊已经将机器人数量增至 10 000 台。

2013 年，亚马逊推出了 Prime Air 快递无人机。客户在网上下单，如果重量在 5 磅（1 磅=0.454 千克）以内，可以选择无人机配送到家。无人机在物流中心流水线末端自动取件，经过全自动化装载货物流程，直接从仓库起飞，搭载“感知躲避技术”，能自动躲避空中和地面上的障碍，实现垂直起降。无人机飞行范围可覆盖约 15 英里（1 英里=1609.344 米），30 分钟内就可将小型包裹送达客户手中。

亚马逊也是第一个将大数据应用到物流运作的企业，其大数据支持的服务可分为浏览、购物、仓储、送货和客户服务五大类。随机存储按一定规则运作，是仓储管理的重要技术，特别是对畅销产品与非畅销产品，采用先进先出的策略；同时，随机存储与最佳路径也有密切关系。

2016 年 3 月，亚马逊表示，将建立“一个覆盖自有、第三方企业、线上和线下的全方位物流企业”。亚马逊在全球建立了快速响应的仓储物流运输网络版图，其遍布全球的 149 个运营中心具备强大的智能系统和云技术，可跨国配送至 180 多个国家和地区，实现全球库存的实时共享。

（资料来源：亚马逊玩转智慧物流，国企管理，2017 年 1 月 15 日）

供应链是涉及生产和交付产品或服务的企业设施、职能和活动的序列。在本书所讲的电子商务运营环境中，这个序列从内部生产部门（也称为内部供应商）或者外部供应商开始，扩展至到达最终客户的所有途径。其中，设施包括仓库、配送中心、零售店和办公室；职能和活动包括预测、采购、库存管理、信息管理、质量保证、进度安排、配送、运输和客户服务。

供应链管理是对一个企业内部的相关职能和供应链进行统一协调，目的是整合供应和需求管理。供应链管理者是企业的不同层次负责管理企业内和跨企业的需求与供给的有关人员。他们从事相关工作的计划与协调，包括寻求产品的供应商和采购、库存调配和物流。

如果缺少有效的供应链管理，终端客户的需求就会沿供应链反向变异而趋向放大。更进一步地，定期订货和对缺货的反应会提高变异性，从而使库存产生越来越大的波动。这种现象即“牛鞭效应”，比喻需求波动的形态就像用手挥动牛鞭时牛鞭的运动形态。

物流是供应链的组成部分，涉及产品、服务、现金、信息的正向和反向流动。物流管理涉及内部和外部运输、库存、订单处理和配送、第三方物流和逆向物流（从客户那里返回的物品）的管理。

供应链管理的重点是对企业运作中的物流和相关信息流进行优化，电子商务运营的重点是使需求、供给、采购、库存和产品配送同步，从而有效管理物流和信息流。本书的第 4 章已介绍了需求管理的主要内容，本章我们将重点介绍采购管理、库存管理和物流管理。

从前面的引导案例中，我们简要了解到亚马逊公司是如何实施智慧物流，利用机器人、无人机和大数据技术的运用场景，提供各种各样的服务更高效地满足客户的需求。电子商务企业一般是通过提高整个供应链的效率而创造利润，进而使热衷于数据化运营来管理供应链的企业从中获益。

8.1 采购管理

对于生产制造企业来说，采购管理的主要任务就是保证零件和原材料的供应，支持企业运营并节约采购过程的成本开销。此时，采购管理必须确保产品生产规范所要求的零部件和原材料符合所需质量要求并做到及时交付。因此，采购成本是采购管理的主要关注点。对电子商务企业而言，采购管理的主要任务是以最低的成本保证网络销售产品的供应。

广义的采购是指从供应商处获得产品的所有活动，既包括购买，也包括运输、入库和产品使用前的储存等内部物流活动。本节我们将重点介绍采购管理框架，以及与采购直接相关的活动。这些活动包括：寻找产品和供应商选择、采购流程和采购绩效评估等。

电子商务采购也称为网上采购，是利用网络和信息技术为采购人员提供的一个快速降低采购成本和规范其行为的工具系统。借助于这个工具系统，采购人员能够在全球范围内同供应商进行交易。企业通过电子商务采购的方式，寻找合格的供货商和产品并对其进行管理。同时，企业可随时了解市场行情和库存情况，编制销售计划，在线采购所需物品，并对采购订单和采购的物品进行在途管理、台账管理和库存管理，实现采购的自动统计分析。因此，电子商务采购是对传统采购的一次变革，是采购的一种新形式。随着电子商务的快速发展，电子商务采购也在企业中得到迅速推广。

8.1.1 采购管理框架

美国的环球管理咨询公司曾经提出采购管理的八维度模型。这 8 个维度分别是：采购和供应战略、采购和供应组织、外包、供应管理、日常采购、绩效管理、信息管理和人力资源管理。该公司的调查研究表明，卓越的采购管理就在于有效实施了这 8 个维度的管理。以下是采购管理在这 8 个维度上的基准活动。

（1）采购和供应战略：通过发现供方市场的机会，寻求制订公司战略的契机；根据公司整体采购品种的机会和风险，制订采购策略并进行资源分配；主动组织、执行采购活动并管理采购活动，以捕捉更多机会。

（2）采购和供应组织：用集中引导的方法来指导、协调贯穿企业的采购活动，并据此制订采购策略；调整采购组织结构，以适应整体组织结构；通过团队方式将采购专家意见纳入公司的核心流程，将采购决策提高到公司管理层面。

（3）外包：根据市场变化和支出种类的不同，制订外包战略；在外包过程中充分接触最终客户，以获得市场知识和购入时机；采用严格的外包方式评估公司内部需求及可供选择的产品，以发现总成本最低的解决方案；质疑产品规格和使用方法，以确保每项支出都能为公司创造最高价值；识别、挑选具备战略优势的供应商并与其协商，而不是只考虑当前提供最低价的供应商。

（4）供应管理：管理与供应商的关系，以保证合作关系的持续改进和双向学习；与供应商整合，消除额外成本，并提高合作关系的价值；开发当前拥有供方市场所不具备能力的供应商，大供应商队伍。

（5）日常采购：使日常采购活动自动化，或者将其委托给客户和供应商以降低交易成本；重新部署采购人员，以使其从事高附加值的活动。

（6）绩效管理：通过高层管理者的参与和领导，提高采购流程的绩效；同供应商一起实施正式的改进计划，在内部实施持续的、正式的流程改进计划。

（7）信息管理：在企业内部广泛地共享信息，同时与供应商共享信息；采用最新出现的信息技术，不断改进分析工具，以加强绩效管理。

（8）人力资源管理：从内部和外部多个渠道，为采购组织招募和吸引有才能的人员；针对采购组织要在拓展采购能力和技巧方面大量投资加强培训。

作为一种采购的新形式，电子商务采购强调通过互联网实施采购活动。采购形式的变化会影响到这些基准活动，如采购策略的制订、采购组织结构的变更，但不影响采购的本质和基本的评价标准。

8.1.2 电子商务采购的优势

传统采购策略的弱点是：产品选择过程效率低、订货操作费时费力、难以实现战略性管理、采购成本和存货成本高、传统采购容易滋生腐败、采购管理流程复杂。

电子商务采购解决了企业在传统采购过程中面临的一些难题，实现了产品采购过程的自动化，极大地提高了工作效率。比较而言，电子商务采购具备以下优势。

（1）突破采购空间、时间的限制：企业不仅可以在全球范围内快速地搜集市场信息，还可以不受时空限制地与供应商进行交流。

（2）采购成本显著降低：网上采购可以大幅提高采购工作的效率，从而降低采购的日常成本。而增加信息的透明度和市场范围，也会降低采购产品的价格。

（3）优化采购及供应链管理：电子商务采购提供了有效的信息收集、监控手段，提高了效率，对企业内部乃至整个供应链上的采购活动进行实时监控。电子商务采购可以通过各企业间的企业资源计划、客户关系管理和供应链的集成，为进一步优化采购管理打下基础；同时，通过提高产品的可获得性、存货水平、运输水平和产品要求等来提高供应链的效率。

（4）加强对供应商的供应评价：可以采用一套商家信用评估体系，实现对供应产品的实时评价；同时，电子商务采购增加了供应商资源，而采购信息的公开化吸引了更多供应商。

（5）提高服务意识和服务质量：电子采购为供应商提供了公平的竞争环境，信用评估体系也使供应商重视起质量和服务的管理，从而互相促进，提高服务质量。

（6）提高市场透明度：电子商务采购使产品、供应商、价格等因素透明化，促进了供应商之间的公平竞争，减少了人为因素的干扰，实现了公开、公平、公正的规范化采购。

8.1.3 供应商选择和采购流程

要想在采购管理方面提高产品质量、缩短运送时间和降低采购成本，就必须重视供应商的选择。选定的供应商必须符合采购企业在质量和交付安排方面的要求，并通过执行它们自己的诸如全面质量管理等质量保证计划来提供高质量的产品。

供应商应该在交货前监控其生产过程和最终产品的质量，以保证符合采购企业的质量要求。这一过程不仅控制了交付的产品质量，而且也缩短了运送时间，因为采购企业不必再花时间检验运达的产品。电子商务企业可采用即时（Just In Time）采购策略，解决采购过程中的客户服务问题，即准时交货。在实践中，常用的降低采购成本的方法有减少供应商的数目以获得批量折扣，以及通过电子商务采购方式选择供应商以促使其用竞争性的价格来提供产品，从而保持对采购过程的强力控制。

采用即时采购策略的企业，大多数倾向于与供应商之间建立长期的合作关系。此时，它们会考虑采用以下供应商选择标准来筛选供应商。

（1）配送：供应商应具备即时、一定频率的配送能力，并能适应企业在一些促销活动期间临时的需求增长，至少应该有相应的解决方案。

（2）质量与可靠性：供应商能够在适当的时候交付达到高质量标准的产品，如ISO 9000和各种市场认可的质量认证。

（3）价格：主要倾向于基于成本而不是基于价格的协商。企业和供应商共同计算出产品的成本，并为供应商核定一个市场公平的利润。企业对供应商的选择和评估应建立在配送、质量和价格等因素符合自身要求的基础之上。

（4）前置时间：小批量采购意味着企业和供应商之间频繁地交换订单和交易数据，销售前的订单数量仅仅是预测，客户下单后才能知道确切的供货数量。因此，信息共享在缩短前置时间过程中发挥着重要的作用。

（5）位置：地理位置的接近对降低成本和缩短前置时间有直接的作用。因此，供应商在地理位置上的相对接近、集中趋势是保证供应的重要因素。

（6）技术能力：供应商应该具备足够的技术基础设施，并持续改进以应对不断变化的市场需求。

（7）财务稳定性：企业期望与供应商之间建立起一种长期稳定的供应关系。因此，供应商的财务状况也成为企业选择供应商时关注的重要内容之一。

（8）供应链管理：牛鞭效应是供应链管理中的主要障碍之一，降低牛鞭效应的主要方法是充分的信息共享。因此，供应商应该有意愿、有能力与供应链中的参与者共享产品的库存和物流信息。

采购管理对建立和保持良好的供应商关系负有重要责任，而关系的类型通常和买卖双方的合同长短有关。短期合同涉及竞标，企业在合同中注明规格，潜在的供应商对合同投标，买卖双方保持一定的距离，双方关系处于低层次，往往通过电子商务采购形式来执行业务；中期合同通常包括发展中的关系；长期合同通常包括伙伴关系，买卖双方在不同方面展开合作，目的是使双方获益。越来越多的企业出于战略性考虑，会与供应商建立起长期的伙伴关系。

随着近年来电子商务采购平台的出现和发展，企业可以利用广泛连接买卖双方的平台进行电子商务采购活动。一般来说，电商实施电子商务采购的步骤如下。

（1）采购分析与策划：对现有采购流程进行优化，制订出适宜网上交易的标准采购流程。

（2）自建采购平台或利用第三方平台：采购平台是实施采购的基础，要按照采购标准流程来组织页面；加入一些有实力的第三方平台，借助于专业服务，可以获取丰富的供求信息，从而降低信息搜寻成本。

（3）信息发布：企业可以通过平台发布招标采购信息，详细说明对产品的要求，包括产品质量、数量、招标时间、地点、对供应商的要求等；也可以通过搜索引擎找到供应商，主动给他们发送电子邮件，对所购物进行询价，广泛收集报价信息。

（4）产品信息登记：供应商登录企业采购平台，进行网上资料的填写和报价。

（5）供应商初评：审核相关信息，对供应商进行初步筛选，然后进行贸易洽谈。

（6）网上评标：按程序设定标准进行自动选择，或由评标小组进行分析评比选择。

（7）中标公告：在网上公布中标单位和价格，如有必要，应对供应商进行实地考察后再签订购买合同。

（8）采购实施：中标单位按采购订单，通过运输交付货物。企业支付货款，处理有关善后事宜。

对于需要多次采购的产品，企业可利用上述流程确定一个或多个供货商。为保证产品质量和服务质量，企业可以定期或不定期按招标程序重新选择供应商。当每次需要进行实际采购时，可按以下流程获得相应的产品。

（1）产品报价请求：企业向供货商提出产品报价请求，说明购买产品信息。

（2）产品报价：供货商向企业回答进行产品报价，说明报价信息。

（3）发出产品订购单：企业向供货商发出产品订购单，初步说明确定购买的产品信息。

（4）应答产品订购单：供货商向企业应答订购单，说明有无此产品及规格型号、品种、质量等信息。

（5）产品订购单变更请求：企业应提出对产品订购单的变更需求，说明最后确定购买的产品信息。

（6）产品发货通知：供货商向企业说明关于运输公司、发货地点、运输设备和包装等信息。

（7）产品运输说明：产品发运后，供货商就运输工具方式以及交货地点向企业进行说明。

电子商务采购正成为电子商务企业运营中的一个重要部分，因此要不断改进流程才能获得并维持竞争优势。电子商务采购中的一个重要内容就是价格协商。价格协商是一个非常耗时的过程，尤其是对大宗产品的采购。改进该流程的一个办法，就是采用 B2B 网上拍卖模型。企业—企业网上拍卖是向下定价的过程，是通过互联网实时进行的一种反向拍卖。

案例 8-1

三只松鼠的IPO拦路虎

2017 年的“双十一”，三只松鼠再创销售奇迹。按照三只松鼠公布的信息，11 月 11 日全天实现销售额 5.22 亿元，共计约 428.19 万消费者参与了下单。“5.22 亿元”约占三只松鼠 2017 年上半年销售额的五分之一。

或许是出于对近两年业绩高速增长的信心，三只松鼠在资本市场上动作频频。三只松鼠早在 2017 年 10 月底就重新递交了招股说明书，意欲在创业板上市。然而，多位接受《法治周末》记者采访的业内人士却表示，三只松鼠亮丽的业绩背后潜藏着来自产品、渠道、市场等多方面的风险隐患。“三只松鼠由于缺乏完善的全产业链安全管控，极易造成食品安全问题发生。”食品专家朱丹蓬向记者表示，“潜在的风险在一定程度上将成为其 IPO 的拦路虎。”

近几年来，三只松鼠产品问题确定不断。

2017 年 8 月，国家食品药品监督管理总局曾发布公告称，天猫超市标称三只松鼠生产的开心果，霉菌检出值为 70 CFU/g，比国家标准规定高出 1.8 倍。此消息一出，随即在网络上引发舆论关注。随后，三只松鼠回应称，是产品在出厂后存储、运输条件控制不当引起霉菌滋生，导致流通环节抽取样品不合格。可是，芜湖市食药局的调查则显示，三只松鼠是“未按规定对采购的食品原料进行检验”。最终，三只松鼠被没收违法所得 2 505.89 元，并罚款 5 万元。

2016 年 2 月，三方机构检测发现，三只松鼠一款奶油味葵花子被检出甜蜜素含量超标。

2016 年 5 月，三只松鼠因在食品中添加药品、生产经营用非食品原料生产食品被罚 56 345.62 元。

此外，记者在三只松鼠招股说明书中还发现，2016 年 7 月至 2017 年 6 月，三只松鼠及其控股子公司存在 10 起尚未了结的诉讼，其中有 9 起作为被告。在这 9 起诉讼中，8 起与产品问题相关，诉讼理由涉及产品保质期标注与食品安全标准不符、产品不符合食品安全标准、标示脂肪含量与实际含量不同、含糖量不符合等级要求、配料未在标签中标注等多个方面的问题。

对于三只松鼠频出的产品问题，多位业内人士称，这与三只松鼠的经营模式有关。

据三只松鼠招股书介绍，其产品主要委托厂商加工或直接从供应商处采购，然后自己对产品分装进行“贴牌”销售。这种销售模式虽然可以充分利用外部市场的产品资源，加上自身的品牌资源，形成优势互补的模式，但“贴牌”销售模式中食品种类丰富、来源多样化、物流运输要求高且检测不易，极易导致食品安全事件的发生，需要企业自身有效提高监管水平。

（资料来源：三只松鼠 IPO 路上的三道坎，新浪财经，2017 年 11 月 30 日）

8.1.4 大数据对采购管理的影响

企业利用大数据可以改进采购流程，控制采购成本，而且还能够促进企业提前制订策略以应对风险。企业不论规模大小，大数据分析都将整合来自不同资源数据与内部系统数据，从而有助于企业更快、更好地做出采购决策。具体而言，大数据分析可改进以下采购环节。

（1）订单流程。改进订单流程是大数据分析的基本应用。大数据分析使企业能够及时、高效地管理订单流程。IT 系统可以让企业控制、监视交易的整个周期，包括客户预订产品的方式、处理发票的方式等。同时，大数据分析能够缩短从客户下订单到完成订单的时间。客户的订单可以自动被传送给供应链上的相关参与者，从而大大提高订单流程的准确性，并缩短时间、节省物流费用。

（2）标准化。订单流程自动化能够实现供应链的统一、标准化。借助于标准化流程，企业能够有效管理全球的订单流程，迅速完成世界各个地区的订单。企业通过整合并共享大数据、应用程序与平台，能够促进供应链参与者实现高效协作。

（3）迅速解决问题。企业能够根据自身约束与市场预测，优化采购决策，在成本组合中迅速选择最优点；同时能够抓住时机迅速制订新的成本组合方案，对不同的情境进行测试。大数据分析使企业能够从总成本的角度出发，解决复杂的采购问题。电子商务企业通过优化采购决策，可以解决究竟是散拼还是整体采购的问题，优化大规模采购流程。

（4）节省成本。企业应用大数据分析能够更好地做出采购决策，以求更好地控制总成本。

（5）获得预测优势。企业应用大数据分析能够在采购环节分析不同情境，建立预测模型以获得精确预测能力。这些分析能够解释许多当前无法解释的问题，如产品供应价格的上涨与下降、以前很好的供应商突然出现产品质量或者服务水平下降现象、以前一直供应充足的产品突然供不应求等。企业应充分了解不同采购环节的相关性，以及这些相关性的影响因素。

8.2 库存管理

库存是企业运营中为将来的使用而储存的实物。通常，库存有两种类型：非独立需求库存和独立需求库存。非独立需求库存是要被继续加工的库存物品，如零部件、在制品等。独立需求库存是最终给客户消费的产品。本书主要介绍独立需求库存，即可供销售的最终产品。

库存管理涉及库存规划和库存控制所需的管理工作。这些管理工作不仅涉及何时订购存货及订购多少的决策，也涉及对库存仓储、订单填写或拣选、产品处理，以及库存运入和运出的决策。

库存管理的内容包括仓库管理和库存控制两个部分。仓库管理的内容是指库存物品的科学保管，目的是减少损耗，方便存取；库存控制则要求控制合理的库存水平，即用最少的投资和最少的库存管理费用，维持合理的库存，以满足使用部门的需求和减少缺货造成的损失。

在实际工作中，库存管理与库存控制的主要内容基本相同，主要区别是管理层次的不同。库存管理主要针对策略层，而库存控制主要针对作业层。库存管理的目标分为 3 个层次：第一层目标站在最高层面上，库存管理以整个供应链中的产品有效流动为目标。第二层目标定位于一个商业组织的立场上，以库存管理支持物流运作，从而促进该商业组织整体目标的实现。第三层目标站在库存管理职能的立场上，当客户对产品产生需求的时候，一定要确保产品及时到位。

具体而言，企业期望库存管理能够使客户服务最优化和运营成本最小化。无论何时何地都能满足客户的需求，可以使企业的客户服务工作达到最优化。因为企业能够通过大批量订购获得数量折扣，所以恰当地使用存货可以降低运营成本。保有库存也能降低可能发生的运营成本，从而有助于销售活动的顺畅，例如，在库存短缺的情况下，可能会出现脱销或难以及时响应客户需求的现象。

8.2.1 库存管理的重要性

在电子商务运营中，成功的库存管理在很大程度上决定着企业的收益。尽管不是所有的企业都拥有库存，但它们都有需要被管理的供应品。对许多企业来说，库存管理是企业运营的一个关键性成功因素。

目前，电子商务运营主要存在以下库存管理问题。

（1）库存管理对企业运营造成影响。库存管理给企业运营带来的作用具有双面性，若没有实施有效管理，就会阻碍企业发展；若实现了科学管理，则会极大地促进企业发展。多余库存对企业的资金流造成挤压，使企业货币资金的收入遭受损失，也导致各种成本浪费，最终提高运营成本。例如，企业的仓库管理、场地、保温、照明及物料配送等都会产生一定的费用。电子商务为买卖双方提供了相应的网上交易平台，使双方可以快速进行交易。通过网上交易平台，企业可以实现快速订购和销售，发挥低运营成本、高运行效率以及巨大潜在销量的优势。在电子商务中，供应链的服务质量和速度决定了客户体验，库存管理成为供应链上最重要的环节，而有效的库存管理成为企业高效运行的核心环节。

（2）库存不准确问题。在电子商务运营中，消费者在购买、配货或发货以及退换货中都会存在时间和地点上的差异，使库存管理更加复杂，造成越来越严重的库存不准确问题。在库存管理中，退换货操作不是单纯的出库和入库，而是涉及复杂的处理。在消费者退货时，企业需要对产品情况进行分析，并分类进行处理。首先是退货的产品没有出现问题，可以继续使用。其次是问题产品，不可以使用。最后是将问题产品退回给供应商。当退货的产品存在着后两种问题时，退货的产品不会再进入正常流动仓库，但企业必须对财务进行精准核算，并对产品采购成本进行分析。这时企业可以设立退货仓库，以及销售库、报废库和可退残次库。企业在收到消费者退回的产品时，应该首先对产品进行分类，然后将已经分类的产品入库，同时也可以精确核算退货后产品的财务成本，尽可能地对产品入库时间和批次等货物进行精确的计算。

因此，库存管理对电子商务运营十分重要，企业的库存管理面临着巨大的挑战。

8.2.2 库存成本与订货量模型

在库存管理中已经普遍运用 IT 技术，典型的系统就是企业资源计划（Enterprise Resource Planning，ERP）系统。ERP 系统是建立在信息技术的基础上，以系统化的管理思想，采取先进且有效的生产管理技术，组织、协调、计划与控制企业的生产经营活动，合理地组织和有效地利用人员、设备、物料、资金等企业资源，服务企业决策层、管理层及执行层的管理系统。

ERP 系统中的库存控制模块用来控制存储物料的数量，以保证稳定的物流支持正常的生产，同时又最小限度地占用资本。它是一种相关的、动态的及真实的库存控制系统，能够结合、满足相关部门的需求，随时间变化动态地调整库存，精确地反映库存现状。

为了实施库存控制系统，企业必须考虑存货的特性并了解可利用的各种库存的特征。

（1）客户的需求类型。客户的需求类型首先涉及趋势、周期性和季节性。客户的需求是否一直保持上升，没有明显的下降？在以一个月为周期的循环中，客户的需求是否在月初时大，而在月末时降至最低点？需求也可能是季节性的，因而其他因素也应该予以考虑。需求可能发生在离散的个体中，如每天售出的手机数目，或者可能发生在群体中，如飞机上的旅客。对独立需求，可以用概率分布来描述最终需求，据此预测未来的需求量。

（2）计划期限。管理人员必须确定一种产品的存货具有长期性或临时性。例如，客户对家庭电视的需求具有随时性和永久性，但是运动衫网店就不可能长期销售印有某一届亚运会标志的运动衫。

（3）补充订货的提前期。提前期对库存量有显著的影响。如果订货至交货这段时间相对较长，则必须存储更多的货物。通常，可以按一定的概率分布来决定某个期间的库存量。

（4）库存限制和相关成本。许多限制是显而易见的，如存储空间的大小决定存货量的多少，而且许多易腐物品的保质期限制其库存量。另外一些限制因素比较复杂，如维持库存的成本以及其他一些明显的成本。其他的成本还有：人员费用、对库存资产的保险费和税费等。

通常，用年平均成本来衡量一个库存系统的绩效。这些相关成本包括：订购成本、维持成本、缺货成本，以及所订购产品的成本。订购成本与订单数量多少有关，主要发生于订货准备、运输、接收与收货检查中。库存维持成本直接与库存产品的数量相关联，与库存资本相关联的机会成本是维持成本中的主要组成部分。其他部分包括：保险费、损耗费、处理费用和直接的维持费用。缺货成本与缺货的数量直接相关，其中包括已经丧失的销售利润和将会丧失的销售利润。

应该订购多少货物，历来是库存控制中面临的主要问题。多种不同的订货模型都将相关库存成本作为衡量系统成功与否的标准，每种模型应适合某种特定的库存需求。

（1）经济订货数量（EOQ）模型。

这是一种简单有效的订购模型。EOQ 假定需求率为恒定值且没有库存短缺，常常被零售杂货店用于估计所售产品（如糖、大米和日常生活品）订购数量。通常，这些产品的需求量是固定的，且许多客户都会定期购买，因此这些必需品是不应该缺货的。这个模型的描述以一年中 Q/D（订购量/年需求量）的分隔作为循环周期。例如，当订购量 Q=100，年需求量 D=1 200，则循环周期是每月重复一次。需要求解的是 Q^*，即相关成本最低时的订购量。这里不涉及缺货成本，并且排除了年订购成本。因为假设单位成本是固定值，所以订购数量的多少对订购成本无影响。两个与订购数量有关的成本是：订购成本和维持成本。一年期 EOQ 库存系统的总订购成本（TC_p）为：

$$TC_p = \text{年订购成本} + \text{年库存维持成本} \tag{8-1}$$

设：D 为年需求量，H 为每单位库存的年维持成本，S 为每次订购的成本，Q 为订购量。

因为需求量 D 必须满足 Q 的订购规模，则每年需要 D/Q 次订货。若每次订购的成本为 S，则年订购成本为 $S(D/Q)$。因为每个单位的产品储存一年的维持成本为 H，从图 8-1 可知，最大的库存平衡为 Q，最小平衡为零，则平均库存水平为 $Q/2$，所以年库存维持成本为 $H(Q/2)$，则式（8-1）成为：

$$TC_p = S\,(D/Q) + H\,(Q/2) \tag{8-2}$$

对式（8-2）求极值，得到 $Q^2=2SD/H$，则 $Q=\sqrt{\dfrac{2SD}{H}}$

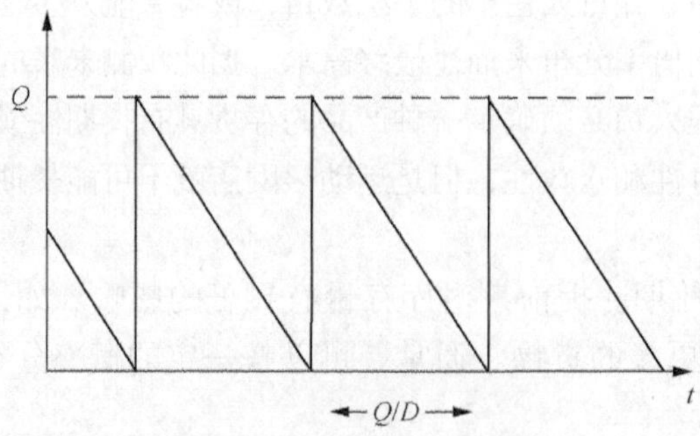

图 8-1　EOQ 模型的库存情况

（2）考虑数量折扣时的订购量模型。

供应商会倾向于对大批量订购的客户给予价格或数量上的折扣。通常，只有订购比 EOQ 多得多的订购量时，才会有可观的价格折扣。因此，需要在节省购买成本与维持过量库存的费用之间加以权衡。由于产品的价格成为变量，所以要将它包括在年总成本当中。式（8-1）加入购买成本后，变为数量折扣总成本（TC_{qd}）的公式：

$$TC_{qd}=\text{购买成本}+\text{年订购成本}+\text{年库存维持成本}$$
$$=CD + S(D/Q) + I(CQ/2) \quad (8\text{-}3)$$

其中，C 是货物的单位成本，I 是以货物成本的百分比表示的年库存维持成本，$IC=H$。

8.2.3 库存管理方法

库存管理方法可分为传统库存管理方法与现代库存管理方法，如图 8-2 所示。

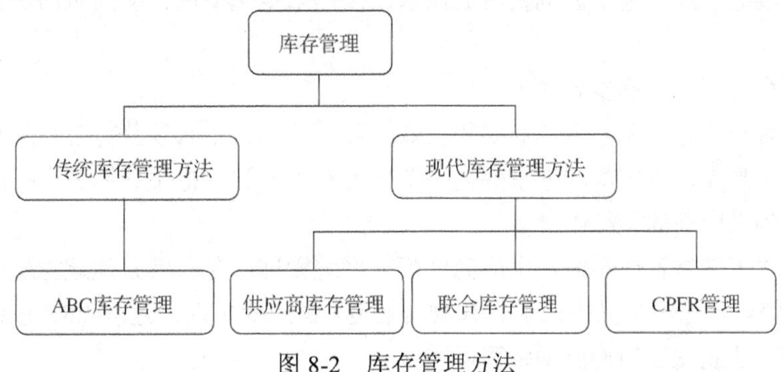

图 8-2　库存管理方法

传统库存管理方法主要指 ABC 库存管理方法。这是一种按价值分类的库存管理方法。A 类是年度货币量最高的库存，这些产品可能只占仓库库存总数的 15%，但是用于它们的库存成本却占到总数的 70%～80%。B 类是年度货币量中等的库存，这些产品占全部库存的 30%，占库存总价值的 15%～25%。C 类是年度货币量较低的库存，它们的价值只占全部年度货币量的 5%，但产品却是库存总数的 55%。

现代库存管理方法包括供应商库存管理、联合库存管理和 CPFR 管理，下面将进行详细说明。

1. 供应商库存管理

供应商库存管理（Vendor Managed Inventory，VMI）是一种在供应链环境下，将多级供应链变成单级库存管理的库存运作模式。VMI 以实际或预测的消费需求和库存量作为市场需求预测和库存补货的解决方法，即由最终客户销售数据得到需求信息，使供货商可以更有效地计划、更快速地反映市场变化和消费需求。

供应商库存管理是以供应商为中心，以供需双方最低成本为终极目标，在一个共同的框架协议下，把下游企业的库存决策权代理给上游供应商，由供应商行使库存决策的权力，并通过对该框架协议经常性地监督和修改来实现持续性改进。供应商收集分销中心、仓库和 POS 数据，实现需求和供应相结合，下游企业只需帮助供应商制订计划，从而使下游企业实现零库存，同时供应商的库存大幅度减少。VMI 可突破传统的条块分割的管理模式，运用系统的、集成的管理思想进行库存管理，在一定程度上消除牛鞭效应，使供应链系统上的各节点都能够同步化运作。

VMI 要求整个供应链上的各节点企业共享生产、销售、需求等信息，可以加强供应链上下游企业之间的合作，减少信息不对称或不完全所带来的风险，从而达到优化供应链库存管理的目的。

供应商库存管理系统分为两个模式：第一个是需求预测计划模式，可以产生准确的需求预测；第二个是配销计划模式，可根据实际客户订单、运送方式产生客户满意度高及成本低的配送。

在实施 VMI 时，企业应建立较完善的管理信息系统，将合作伙伴之间的单证、票据等商业文件，以国际公认的标准格式，通过网络实现数据交换与处理的电子化。在 VMI 运作过程中，供应商、零售商、制造商和客户通过网络，在各自的信息系统之间自动交换和处理商业单证，统一整个供应链上所交换的需求数据，最终将处理后的信息全部集成到供应商处，以便供应商能更准确、及时地掌握消费者的需求以及需求变化情况，从而做出快速的库存和补货决策。

供应商库存管理的实施步骤如下。

（1）建立客户信息系统。供应商要想有效管理销售库存，必须获得客户的有关信息。通过建立客户的信息库，供应商能够掌握需求变化的有关情况，把由分销商进行的需求预测与分析功能集成到供应商的系统中。

（2）建立物流网络管理系统。供应商要想很好地管理库存，就必须建立起完善的物流网络管理系统，保证自己的产品需求信息和物流畅通。供应商可以通过对 ERP 系统集成物流管理的功能扩展，建立完善的物流网络管理系统。

（3）组织机构的变革。供应商库存管理策略改变了供应商的组织模式，在订货部门产生了一种新的职能，负责控制客户的库存。相应地，供应链上的企业需要增加对应的工作岗位。

（4）建立供应商与分销商的合作框架协议。供应商和分销商通过协商，确定订单处理的业务流程以及库存控制的有关参数，如补充订货点、最低库存水平、库存信息的传递方式等。

供应商库存管理具有以下优点。

（1）供应商拥有库存，零售商可以省去多余的订货部门，去除不必要的控制步骤，使库存成本更低、服务水平更高。

（2）供应商会对库存考虑更多，并尽可能地进行更为有效的管理，进一步降低总成本。

（3）供应商能按照具体的销售数据，对需求做出预测，更准确地确定订货批量，减小预测的不确定性，从而减少安全库存量。

供应商库存管理应注意的问题有：企业间可能缺乏信任，缺乏合作和协调，责任与利益不统一。

2. 联合库存管理

为了克服供应商库存管理的局限性和规避传统库存控制中的牛鞭效应，企业可采用联合库存管理（Jointly Managed Inventory，JMI）。联合库存管理是一种在供应商库存管理的基础上发展起来的上游企业和下游企业权利与责任平衡及风险共担的库存管理模式，体现了战略供应商联盟的新型企业合作关系，更强调处于同一供应链企业间的互利互惠的合作关系。联合库存管理是供应商与客户同时参与、共同制订库存计划，利益共享、风险分担的供应链库存管理策略。它旨在解决供应链系统中，各节点企业的相互独立库存运作模式导致的需求放大问题，是提高供应链同步化程度的一种有效方法。

任何相邻节点需求的确定都是供需双方协调的结果，库存管理不再是各自为政的独立运作，而是供需连接的纽带和协调中心。

和供应商库存管理不同，联合库存管理强调每个库存管理者同时参与，把供应链集成为上游和下游两个协调管理中心，部分消除了不确定性和需求信息扭曲现象导致的供应链库存波动。

联合库存管理一般采用以下两种模式。

（1）各个供应商的相关产品都直接存入核心企业的仓库中，也就是变各个供应商的分散库存为核心企业的集中库存。在这种模式下，库存管理的重点就是核心企业根据销售的需要，保持合理的库存量。这样既能满足企业需求，又能使库存总成本保持最小。

（2）无库存模式。供应商和核心企业都不设立库存，核心企业采用无库存的生产方式。供应商直接向核心企业的仓库提供连续小批量多频次的补充货物，并与之实行同步销售、同步供货，从而实现"在需要的时候把所需要品种和数量的产品送到需要的地点"的及时操作。这种及时的供货模式，对供应商和核心企业的运作标准化、配合程度、协作精神的要求更高。

联合库存管理的实施步骤如下。

（1）分析各个供应商的现状，对供应商进行评级。

（2）选取级别最高的若干供应商，采用联合库存管理；供需双方本着互惠互利的原则，建立共同的合作目标。

（3）采用联合库存管理的协调控制方法，可以建立一个共用的工作平台，使供需双方的库存信息，最大、最小库存，安全库存，需求的预测等实现实时共享，升级优化。

（4）在供需双方的信息系统（如 ERP）之间建立系统间的共享，建立供需双方的协调机制。

（5）定期召开供需双方协调会，就联合库存的协调、数据处理和共享、双方工作流程的沟通等进行快速响应，从而提升供应链各个节点企业的运行效率，降低库存成本。

联合库存管理在供应链中建立合理的风险、成本与效益平衡机制，建立合理的库存管理风险的预防和分担机制，建立合理的库存成本与运输成本分担机制和与风险成本相对应的利益分配机制，在进行有效激励的同时，避免供需双方的短视行为及供应链局部最优现象的出现。通过协调管理中心，供需双方共享需求信息，起到了提高供应链运作稳定性的作用。因而，实施联合库存管理的优点显而易见，主要表现在以下几个方面。

（1）将传统的多级别、多库存点的库存管理模式转化成对核心企业的库存管理，核心企业通过对产品实施有效控制，实现对整个供应链库存的优化管理，简化供应链库存管理运作流程。

（2）在减少物流环节，降低物流运营成本的同时，提高供应链库存管理的整体工作效率，可促使供应链层次简化和运输路线得到优化。

（3）通过协调管理中心，供需双方共享需求信息，因而提高了供应链的稳定性。减少库存点和相应的库存设立费及仓储作业费，从而降低供应链系统总的库存费用。

（4）为其他科学的供应链物流管理，如连续补充货物、快速反应、准时供货等创造有利条件。

3. CPFR 管理

供应链上企业间的密切协作、资源交流、信息分享，使库存协调成为可能，并催生出一种将合作计划、预测与补给（Collaborative Planning, Forecasting and Replenishment，CPFR）融合在一起的管理方法。CPFR 管理的主要思想是：各节点企业共同帮助供应商制订库存计划，要求供应商参与管理客户的库存。供应商拥有和管理库存控制权，本质上是将多级供应链变为单级库存管理。

CPFR 管理既是一种理念，也是一系列的活动过程。它应用一系列的处理和技术模型，提供覆盖整个供应链的合作过程，通过共同管理业务过程、共享信息改进零售商和供应商的合作关系，提高预测的准确度，最终达到提高供应链效率、减少库存量、提高消费者满意度的目的。

CPFR 管理具备以下特征。

（1）协同。供应链上下游企业就是各个子系统，协同效应可以使整个供应链系统发挥的功效大于各个子系统所发挥功效的简单相加。供应链上下游企业只有确定共同的目标，才能使双方的绩效都得到提升，最终取得综合性的效益。这种新型的合作关系要求双方承诺长期公开沟通、信息分享，从而确立其协同性的经营战略。

（2）计划。企业在定义项目公共标准时，需要在已有的结构上增加“P”，即合作规划和合作财务。此外，为了实现目标，参与协同的企业还需要制订促销计划、库存政策变化计划、终止计划等。

（3）预测。预测强调买卖双方必须做出最终的协同预测。协同预测可以大大降低整个供应链体系的低效率、死库存，提高产品销量，节约供应链的资源。与此同时，最终实现协同促销计划是实现提高预测精度的关键。只有把数据集成、预测和处理的所有方面都考虑清楚，才有可能真正实现共同的目标，使协同预测落到实处。

（4）补货。协同运作计划是补货的主要因素。此外，例外状况的出现也需要转化为存货的百分比、预测精度、安全库存水准，订单实现的比例、前置时间以及订单批准的比例等，所有这些都需要在双方公认的计分卡的基础上定期协同审核。

CPFR 管理针对合作伙伴的战略和投资能力、市场信息来源不同的特点建成一个合作组。零售商和制造商从不同的角度收集不同层次的数据，通过反复交换数据和业务信息改进制订需求计划的能力，最后获得消费者需求的单一共享预测。这个需求可以作为零售商和制造商与产品有关的所有内部计划活动的基础。以这个需求计划为基础，能够发现和利用许多商业机会，优化供应链库存和改进客户服务，最终为供应链伙伴带来极大收益。

CPFR 管理的局限性如下。

（1）未能完全实现以消费者为中心的思想，主要是因为缺乏消费者的积极参与和密切配合。由于合作过程是在消费者缺席的情况下展开的，缺乏与消费者的互动，而 POS 数据只能提供关于过去的统计数据，不能真正反映消费者未来需求的真实情况。

（2）CPFR 管理始于需求预测，终于订单生产，合作性仍集中于流通领域，合作过程还不够完善。

案例 8-2

京东的“青龙”系统

物流无疑是京东的核心竞争力之一。如果说 2007—2014 年京东的物流核心是布局重资产（京东的物流建设是从 2007 年开始的），那么从 2015 年开始，京东物流应该是敏捷供应链运营的核心。在每一个用户的订单处理背后，看似简单的发货与收货，实际上隐藏着一套复杂的物流系统，京东称之为“青龙”。

“青龙”系统的核心要素包括：仓库、分拣中心、车队、配送站、配送员、客户，其实现的流程如图 8-3 所示。

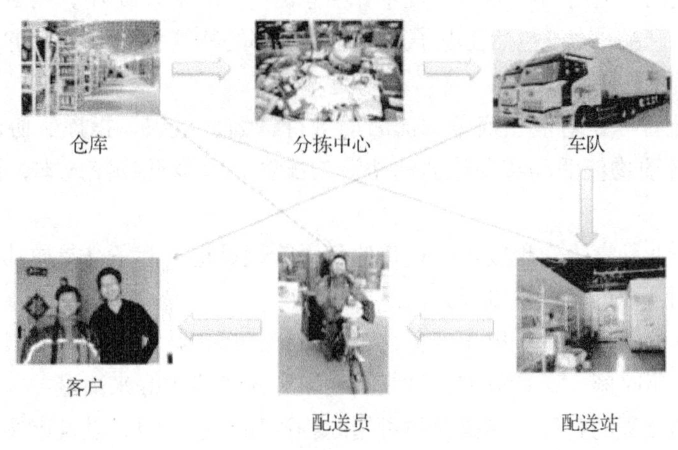

图 8-3 “青龙”系统的流程

“青龙”系统的实现流程如下。

（1）仓库负责根据客户订单安排生产，包括免单打印、拣货、发票打印、打包等。它是一个个订单包裹生成的地方。

（2）仓库生产完毕后，将订单包裹交接给分拣中心，分拣中心收到订单包裹后进行分拣、装箱、发货、发车，最终将包裹发往对应的配送站。

（3）配送站进行收货、验货交接后，将包裹分配到不同的配送员，再由配送员负责配送到客户手中。

在整个配送网络中，物流、信息流与资金流的快速流转，实现了货物的及时送达、货款的及时收回、信息的准确传递。

“青龙”系统的核心子系统由对外拓展、终端服务、运输管理、分拣中心、运营支撑和基础服务六大核心结构组成。其中，实现快速配送的核心要归功于预分拣子系统。预分拣子系统是承接客户下单到仓储生产之间的重要一环，可以说没有预分拣子系统，客户的订单就无法完成仓储的生产，而预分拣的准确性对运送效率的提升至关重要。

预分拣子系统采用深度神经网络、机器学习、搜索引擎技术、地图区域划分、信息抽取与知识挖掘，并利用大数据对地址库、关键字库、特殊配置库、GIS 地图库等数据进行分析并使用，使订单能够自动分拣，且保证 7×24 小时的服务，能够满足各类型订单的接入，提供稳定、准确的预分拣接口，服务于京东自营和开放平台。

2014 年“青龙”系统 3.0 对外开放，为京东打造物流配送开放平台。其中外单系统作为整个外单业务的支撑，从配送官网、外单 CRM、商家合同管理提供全面的服务。在不断的更新、完善过程中，实现了商家客户端、外单 API、接货中心等外单接单系统的构建。而分拣、运输、终端等配送操作也实现了部分外单操作的功能。

（资料来源：揭秘：京东送货物流为什么这么快？站长之家，2015 年 7 月 14 日）

8.3　物流管理

物流是供应链内部的物料、服务、现金和信息的移动。在本书中，物料主要是指用于网上销售的所有有形产品。物流包括在电子商务企业内部的物料移动，可视为产品的运进运出，以及信息在供应链中的流动。

电子商务物流管理是对电子商务物流活动进行计划、组织、指挥、协调、控制和决策等，其目的是使各项物流活动实现最佳的协调与配合，以降低物流成本，提高物流效率和经济效益。

对电子商务企业而言，实现物流全过程的科学管理是电子商务交易成功的重要环节。电子商务物流管理的主要内容包括以下方面。

（1）物流目标的管理：明确电子商务的销售目标，确定物流、配送的服务目标和成本目标（使用指标由配货时间、送货频率、订货满足率和配送成本等来衡量）。

（2）物流运作流程的管理：准确评估可用的物流和配送资源，以及市场的预测与定位，确定最佳的物流和配送运作流程，并在实践中不断调整和优化流程。

（3）物流运作形态的管理：选择物流、配送系统的形态，如委托第三方物流、自己承担或与其他企业合作物流；对物流合作伙伴进行评估、管理与控制。

（4）物流资源的管理：准确分析需求，合理配置物流、配送资源，如配送车辆和仓库资源等。

（5）客户服务的管理：收集与分析客户信息资源，预测市场客户的需求，跟踪物流配送系统信息，以及管理客户反馈信息等。

（6）物流成本的管理：制订物流、配送系统的总成本控制指标，并对物流全过程进行成本的控制与管理等。

8.3.1　物流策略

电子商务物流系统是在电子商务实施过程的时间和空间范围内，由所需位移的产品、包装设备、装卸搬运机械、运输工具、仓储设施、人员和通信联系设施等若干相互制约的动态要素所构成的、具有特定功能的有机整体系统。企业建立电子商务物流系统的目的是在保证产品满足供给需求的前提下，通过各种物流环节的合理衔接，以占用最少的资源，按时完成对产品的转移，并取得最高的经济效益。

电子商务企业具体选择哪种物流系统的运作形态，需要综合考虑。

（1）物流系统对电子商务企业成功的关键程度。这应该由企业的规模和实力、企业的核心能力、行业性质及产品性质、物流系统总成本和客户服务能力来综合决定。

（2）企业的物流管理能力。如果企业的物流管理水平低，则宜采用第三方物流或组建物流联盟；如果企业的物流管理能力强，现有的物流网络资源丰富，则可选择自营物流。

目前，电子商务物流系统的主要形态有自营物流、物流联盟、第三方物流、第四方物流这几种形式。

1. 自营物流

自营物流是指电子商务企业自行组建物流系统，经营管理整个物流的运作过程。自营物流模式对于企业来说，有3个比较明显的优势。①稳定性较高。由于在自营物流中，电子商务企业控制能力较强，问题都在企业内部得以解决，具有较高的稳定性和保密性，在一定程度上避免了整个供应链的被动性。②容易协调。由于在企业自营物流中，企业供应链是企业内部各个职能部门组成的网络，每个职能部门不是独立的利益个体，而是有共同的目标，相对于企业与企业之间的供应链更容易协调。③服务质量好。在企业内部，容易从上至下地控制物流系统，可以通过规章、培训等方式规范配送行为，提升客户体验。

电子商务企业自营物流所需投入非常大，且建成后对规模的要求较高。这种高投入、大规模使企业缺乏柔性，与电子商务的灵活性存在一定的矛盾。另外，这样一个庞大的物流体系，在建成之后需要工作人员具有专业化的物流管理能力。由于物流管理的高端人才短缺，电子商务企业内部从事物流管理人员的综合素质难以提高，因此也就不能解决电子商务中各种复杂多样的物流问题。

电子商务企业采取自营物流形式的主要有以下两类。

（1）资金实力雄厚且业务规模较大的电子商务企业。国内第三方物流的服务水平不能满足大企业的产品配送要求，而这些电子商务企业为了抢占市场的制高点，提升客户体验，不惜动用大量资金，在一定区域甚至全国范围内建立自己的物流配送系统，如京东。

（2）传统制造企业或批发企业经营的电子商务网站。传统制造企业或批发企业由于在长期的经营中已经建立起初具规模的物流配送体系，在开展电子商务时只需加以改进、完善，就可满足电子商务条件下对物流配送的要求。

2. 物流联盟

物流联盟是两个或两个以上的物流企业为了实现资源共享、优势互补、风险或成本共担等特定战略目标，在保持自身独立性的同时，通过股权参与或契约联结的方式建立较为稳固的合作伙伴关系，并采取协作行动的松散型网络组织。

物流联盟有以下几种不同的建立方式。

（1）纵向一体化物流战略联盟。

纵向一体化物流战略联盟是处于物流活动不同作业环节的企业之间通过相互协调形成的合作性、共同化的物流系统。此时，在不同物流作业环节具有比较优势的物流企业之间更容易进行合作，形成战略联盟。

（2）横向一体化物流战略联盟。

横向一体化物流战略联盟是相同地域或者不同地域的服务类型相似的物流企业之间达成的协调、统一运营的物流系统。中小型民营物流企业可以通过自发整合、资产重组、资源共享，形成合力和较为完善的物流网络体系；同时，以连锁加盟形式创建企业品牌也能不断扩大物流系统规模。另外，由处于平行位置的几个物流企业结成联盟也是一种横向联盟的形式。

（3）混合型物流战略联盟。

混合型物流战略联盟中既有处于平行位置的物流企业，也有处于上下游位置的中小企业。它们的核心是第三方物流企业。由于同一行业中多个中小企业存在着相似的物流需求，第三方物流的水平一体化物流管理可使社会分散的物流获得规模经济，提高物流效率。这种联盟使众多中小企业成员共担风险，降低物流成本，并能从第三方物流企业处得到过剩的物流能力与较强的物流管理能力。

3. *第三方物流*

与自营物流对应的是第三方物流，又称合同物流。第三方物流是指物流渠道中的专业化物流中间人，其通过签订契约的方式，在规定时间内为其他企业提供物流专业服务。第三方物流是由物流业务的供方、需方之外的第三方完成物流服务的物流运作方式。第三方就是提供物流交易双方的部分或全部物流功能的外部服务提供者。第三方物流随着物流业的发展而发展，是物流专业化的重要形式，物流业发展到一定阶段必然会出现第三方物流。

在供应链理论中，电子商务供应链上的各企业都应该有一定的分工，且各自专注于企业自身的核心业务。电子商务企业的核心竞争力大多数集中在运用网络技术及时满足客户特定要求、设计和生产特定产品上，即电子商务的核心业务应放在商流和信息流上。通常，电子商务企业将资金流交给银行或第三方支付完成，物流业务则外包给专业的第三方物流企业去完成。因此，既然物流不是电子商务主体的专长，没有比较优势，自营物流的物流成本就会远高于依赖专业的第三方物流企业。物流服务通常不是电子商务企业的核心能力，自营物流会浪费企业有限的宝贵资源。现有第三方物流企业已经发展成熟，利用好第三方物流无疑会大大增强电商模式的竞争力。

按照供应链的理论，电子商务企业将物流外包出去，与第三方物流企业建立战略联盟，使企业内外的资源得到合理配置，供应链上的任何一方都能专注于发展核心业务、增强核心竞争力。更重要的是整条供应链竞争优势只有得到加强，电子商务的高效、快捷、低成本等特点才能真正体现出来。

与传统的以运输合同为基础的运输企业相比，第三方物流企业在服务功能、客户关系、设计范围、竞争优势、核心能力以及买方价值等方面发生了巨大变化。第三方物流服务的特点具体表现在以下几个方面。

（1）物流服务的一种交易方式。

（2）根据合同提供一系列服务。

（3）提供专业化、个性化的物流服务。

（4）企业之间是联盟关系。

（5）以现代电子信息技术为基础。

电子商务企业选择第三方物流的优点有：利于企业集中电商核心业务，培育核心竞争力；降低成本，减少库存，减少资本积压；提高企业经营效率，从而提升企业形象。

国内的第三方物流企业多数起源于以下 5 种形式，形成了独有的强项，以不同的方式服务于不同的客户。

（1）企业内部物流。传统大企业通常都设有运输部、配送部或物流部，负责企业原材料采购和成品交付的运输。随着信息技术的发展，它们建立了发达的配送网络和信息系统，以远远高于行业水平的配送速度成为行业的物流排头兵。这些企业将其物流部独立出来，成为第三方物流企业。

（2）配送方式。早先拥有技术、资金、信息系统和专业的运输企业，转型为一个提供配送服务的物流管理企业。它在获得新的物流外包合同时，往往只注入自己的专业队伍和信息系统，专门成立一个子公司，在客户企业的固有设施和硬件设备的平台上进行配送运作。

（3）运输企业。传统的大型运输企业有着成熟的运输技术、广阔的运输网络，又对客户的物流需求有深入的了解。随着客户物流需求的提高，运输企业相应地增加了相关物流服务的设施和技术，运输仍占其主导地位，但提供物流服务也成为企业新的利润源泉。他们通过收购、投资仓储配送企业等而成为第三方物流企业。

（4）货运代理和报关行。货运代理和报关行通常没有运输设备，只是作为一个中介为客户提供更优惠的费率以及报关服务。大的货运代理企业借助于雄厚的资本收购物流系统，将企业转型为第三方物流企业。

（5）冷冻仓储。冷冻仓储企业成为冷冻供应链的主导者，同上下游运输企业联手为客户提供全程冷链物流服务，转型为第三方冷冻物流企业。

4. 第四方物流

第四方物流是提供全面供应链解决方案的供应链集成商，其利用分包商来控制与管理客户企业的点到点式的供应链运作。第四方物流不仅控制和管理特定的物流服务，而且针对整个物流过程提出方案，并通过信息技术将整个过程集成起来，为客户提供迅速、高效、低成本和个性化的增值服务，从而帮助企业降低运作成本和转移区别于传统的外包业务的资产。第四方物流需要依靠业内优秀的第三方物流供应商、技术供应商、管理咨询顾问和其他增值服务商，为客户提供独特的和广泛的供应链解决方案。

具体而言，第四方物流具有以下特征。

（1）集成了管理咨询和第三方物流服务提供商的能力，为客户提供一个全方位的供应链解决方案。

（2）通过影响整个供应链获得价值，能够给整条供应链上的客户带来利益。

（3）对供应链进行再造和再设计。

（4）能够开展多功能、多流程的供应链服务。

（5）能使流程一体化、系统集成化。

因此，第四方物流不仅会影响到第三方物流、网络工程、电子商务和运输企业等，还会影响到客户的能力和供应链中的其他伙伴，通过合作式联盟提供多样化服务，实现迅速、高质量和低成本的物流服务。

第三方物流主要是为企业提供具体的物流运作服务，但其自身的技术水平可能不高，对客户的技术增值服务较少。第四方物流的专长是物流供应链技术，具有丰富的物流管理经验和供应链管理技术、信息技术等，其不足在于自身不能提供实质的物流运输和仓储服务。第四方物流的思想必须依靠第三方物流的实际运作来实现并得到验证。第三方物流也需要第四方物流在优化供应链流程与方案方面的指导。因此，只有将二者结合起来，才能更好地、全面地提供完善的物流运作和服务。

8.3.2 配送服务管理

按照传统的定义，配送是在经济合理区域范围内，根据客户的要求，对产品进行拣选、加工、包装、分割、组配等作业，并按时送达指定地点的物流活动。配送有不同的分类形式，如按配送组织者区分，有配送中心配送、商店配送、仓库配送、生产企业配送；按照配送对品种数量区分，有单品种大批量配送、多品种少批量配送、配套型配送；按照时间和数量差别区分，有定时配送、定量配送、定时定量配送、即时配送、定时定路线配送；按照加工程度区分，有加工配送和集疏配送；按照配送企业的业务关系区分，有专业性独立配送、综合配送和共同配送。

在电子商务环境中，物流配送是信息化、社会化的物流配送过程。广义的电子商务物流配送是指物流配送企业采用网络化的计算机技术和现代化的硬件设备、软件系统及先进的管理手段，针对社会需求，严格地、守信用地按客户的订购要求，进行一系列分类、编配、整理、分工、配货等工作，并定时、定点地送达，满足客户对产品的需求。

狭义的电子商务物流配送是为电子商务的客户提供服务。它根据电子商务的特点，对整个物流和配送体系实行统一的信息管理和调度，按照客户订购要求，在物流网点进行理货工作，并将产品送交收货人的一种物流方式。

1. 配送要素及流程

电子商务物流配送活动主要包括备货、储存、订单处理、配送加工、分拣配货、配装、配送运输、送达服务，以及车辆回程等。

（1）备货：配送的基础环节，是准备货物的一系列活动。可以通过集中不同客户的实际需求来进行一定规模的备货。由于进货批量扩大，可以取得集中备货的规模优势。

（2）储存：储存货物是购货、进货的延续。一般采取集中储存的形式，集分散库存于一体，降低配送企业的整体库存水平，应做好相应的库存管理工作。

（3）订单处理：配送企业从接受客户订货或配送要求开始到产品送达客户过程中的有关订单信息的处理工作。

（4）配送加工：根据客户要求或配送产品的特点，可能需要在未配货之前对产品进行加工，如增加产品的包装保护材料，提高客户的满意度。

（5）分拣配货：分拣是将需要配送的产品从储位上拣取出来配备齐全，并按配装和送货要求进行分类，送入指定发货地点堆放的作业。配货是将拣取分类的产品，经过配货检查，装入容器并做好标记，再运到发货准备区，待配装后发货。

（6）配装：在单个客户配送数量不能达到车辆的有效载运负荷时，就需要集中多个客户的配送进行搭配装载，以充分利用运能、运力。

（7）配送运输：这是较短距离、较小规模、频度较高的运输。由于配送客户多，城市交通路线较复杂，需要组合选择最佳线路。配送运输管理的重点是做好配送车辆的调度计划。

（8）送达服务：对网购的“送货上门”服务，需要平衡好客户无法收货带来的送货成本与用户体验之间的平衡。近几年，随着网购的普及，小区储物柜或者临时存货处较好地解决了这个问题。小区储物柜为配送服务提供了便利、安全、快捷的解决方案，特别是在中大城市的用户体验非常好。

（9）车辆回程：为提高配送效率及效益，配送企业在规划配送线路时，回程路线应当尽量缩短，同时回程车可将包装物、次品运回集中处理，也可以顺路带回货物，提高车辆利用率。

2. 配送中心

电子商务配送中心是从供应者手中接收多种大量的货物，进行倒装、分类、保管、流通加工和信息处理等作业，然后按照众多需要者的订货要求备齐货物，以令人满意的服务水平进行配送的设施。配送中心充分利用互联网、机器人和无人机等技术进行配送活动，降低运营成本，提升用户体验。

电子商务配送中心是以组织配送性销售或供应、执行实物配送为主要职能的流通型节点。也可以说，配送中心实际上是集货中心、分货中心、加工中心功能的综合，借助现代物流技术，提高配与送的服务水平。电子商务配送中心具有虚拟性、高效性、低成本和个性化的特征，具备采购、储存、组配、分拣、分装、集散和加工等功能。按具体作用，电子商务配送中心可分为以下几种。

（1）区域配送中心：是以较强的辐射能力和库存准备，向省际、全国乃至国际范围的客户配送的配送中心。这种配送中心规模较大、客户较多、配送批量也较大，通常是配送给下一级的城市配送中心，也配送给下级营业部、购物中心、批发商和企业客户。

（2）城市配送中心：是以城市区域为配送范围的配送中心。由于城市范围一般处于汽车运输的经济里程，所以这种配送中心可直接将产品配送到最终客户。这种配送中心往往与零售经营相结合，具有运距短、反应速度快的特征，适合多品种、少批量、多客户的配送。

（3）功能配送中心：是以支持实现某种配送功能的辅助配送中心，如储存型、流通型、加工型配送中心等。储存型配送中心具有很强的储存功能，为企业成品销售、零部件供应提供库存支持，多数采用集中库存形式，库存量较大；流通型配送中心不具有长期储存功能，仅以暂存或随进随出方式进行配货、送货，典型运作方式是大量货物整批购进并按一定批量零出，通常采用大型分货机，进货时直接进入分货机传送带，分送到货位或直接分送到配送汽车上，货物在配送中心中仅做少许停滞；加工型配送中心以加工产品为主，储存作业和加工作业居主导地位，多为单品种、大批量产品的加工作业，并且按照客户的要求进行包装、配货。

（4）专业配送中心：是指配送对象、配送技术属于某一专业范畴，具备面向专业的综合性，支持实现综合这一专业的多种物资的配送，例如，化工产品配送中心、电子产品配送中心等。

（5）销售配送中心：是以销售经营为目的，以配送为手段的配送中心，基本有3种类型：①生产企业将产品直接运送给消费者的配送中心；②流通企业作为经营的一种方式，以扩大销售；③流通企业和生产企业联合的协作性配送中心。

配送中心是电子商务企业整个配送网络的中枢核心，是电子商务企业实现供应链管理的重要设施之一。电子商务企业只有通过对配送中心、营销系统、物流系统和信息系统的整合，才能实现对商流、物流、信息流、资金流的有效管理，才能保证电子商务形成统一采购、统一配送、统一标识、统一管理的经营体制，才能有效地拓展销售网络。

如果一个电子商务企业要建立配送中心，则其首先要依据自身的实际情况并吸收先进电子商务企业的经验进行决策，通常要考虑以下几个因素。

（1）配送中心类型：主要确定建什么样配送中心的问题，根据电子商务企业的特征、类型、环境等诸多因素的差异，考虑功能、产品、辐射范围等相适应的配送中心，必须慎重选择。

（2）配送中心区位：主要解决配送中心建设的地理位置问题，它将直接影响配送中心未来实际运营的效率与成本以及今后仓储规模的扩充与发展。一般来说，如果有预定地点或区位方案，可在系统规划进行之前提出，并作为系统规划过程的限制因素，否则可在系统规划形成后进行选址规划。

（3）配送中心规模：在此涉及 3 个层次的考虑，①与配送规模相适应的总规模，即需要总量为多少平方米的配送中心；②建立几个配送中心，关注配送中心的布局；③每个配送中心的规模。

（4）配送中心建立时机：确定在何时建立配送中心的问题，电子商务企业应该根据网上销售的情况、产品类型、客户分布等情况确定建立配送中心的时机。通常，电子商务企业在创业阶段，主要依靠第三方物流进行配送，在发展到一定规模后才能考虑建立自己的配送中心。

3. *物流配送管理*

电子商务物流配送中，存在多种不合理的表现形式，如库存、资源筹措、价格、配送决策和经营观念的不合理。而衡量配送效率的高低主要取决于以下几个因素。

（1）库存情况：主要有库存总量和库存周转率。

（2）资金状况：主要有资金总量、资金周转率和资金投向。

（3）成本和效益：主要有总效益、宏观效益、微观效益、资源筹措成本。

（4）保证供应：主要有缺货次数、配送企业集中库存量、即时配送的能力和速度。

（5）运力节约：主要有车辆数减少、空驶减少等。

（6）物流合理化：主要有降低物流费用、减少物流损失、加快物流速度、发挥各种物流方式的最优效果、有效衔接干线运输和支线运输、不增加实际的物流中转次数以及采用先进技术手段等。

推行配送合理化的运营策略主要有：专业化配送、加工配送、共同配送、及时配送、准时配送，以及送取相结合的方法。

在电子商务配送管理中，拣货作业不仅工作量大、工艺复杂，而且要求作业时间短、准确度高、服务质量好。采取科学的拣货策略，进行高效的作业是配送作业中的关键环节。影响拣货策略的因素主要有分区、订单分割、订单分批和分类，这 4 个因素相互作用在一起可以产生多种拣货策略。

电子商务物流配送线路是指各送货车辆向各个客户送货时所要经过的路线。配送线路的优化是电子商务物流优化的一个关键环节。配送线路优化要求组织恰当的行车路线使车辆有序地通过系列的发货点和收货点，在满足一定的约束条件下，力争实现行驶里程最短、使用最少车辆的目标。设计合理、高效的电子商务物流配送线路方案，不但可以减少配送时间，降低作业成本，提高企业效益，而且可以更好地为客户服务，提高客户的满意度，维护企业良好的形象。

案例 8-3

林氏木业的供应链演变

林氏木业公司（简称“林氏木业”）供应链的演变代表了大型电子商务企业的典型变化。从传统的简单接单发货，到2017年构建智慧数据链，赋能精准服务，不仅是技术上的突破，更是供应链管理上的迭代更新。

（1）生产模式的转变（2009—2010年）：企业有两种不同的生产类型，即大量生产和单件小批量生产。随着消费者需求的个性化和电商渠道的发展，需求信息更容易向供应链上游传递，供应链由原先的产品推动型向需求拉动型转变。为了适应客户多样化发展和赢得竞争优势，企业着重发展多品种小批量、甚至是单件生产的柔性，同时继续保持大量流水生产的效果。于是，实现了客户化大量生产，最终降低了成本。

（2）库存管理的优化（2012年以来）：在供应链中，库存波动存在着明显的“牛鞭效应”，即越往供应链上游走，库存的波动幅度越大。库存的大幅波动会给企业带来资源浪费、成本增加、资金紧张等一系列问题。因此，林氏木业此时的库存管理核心就是减少供应链各个环节库存的负面影响。

（3）供应链上的大数据（2012年以来）：林氏木业在运营过程中积累了大量的数据资产，如市场趋势数据、用户行为数据、流量数据、订单数据、采购数据、库存数据等。电商平台的最大优势在于随时随地、持续大量地收集数据，为业务提供及时的、可视化的供应链数据，提升各流程环节绩效，实时优化流程、优化算法，并使未来销量计划及库存等可预测、可跟踪、可量化。通过跨领域数据的融合产生乘法效应，供应链协同大数据将起到市场升级的核心驱动作用。

（4）物流配送网络配置（2014年以来）：物流配送能力将成为不同供应链竞争的关键，“双十一”大量订单爆仓，发货不及时，很多网友表示下单一个月仍然没收到货。因此，此时的主要措施是：选取恰当的设施数、设施位置，合理确定设施能力、分派服务对象、安排车辆及路径，降低整个供应链的成本，加快对客户需求的响应速度。

（资料来源：双十一深思，亿邦动力网，2017年11月17日）

8.3.3 智慧物流与大数据应用

智慧物流是利用集成智能化技术，使物流系统能模仿人的智能，具有思维、感知、学习、推理判断和自行解决物流中的某些问题的能力。它包含了智能运输、智能仓储、智能配送、智能包装、智能装卸、智能信息的获取、加工和处理等多项基本活动，为企业提供最大化的利润，为客户提供最佳的服务，同时消耗最少的自然资源和社会资源，最大限度地保护好生态环境，从而形成完备的智慧社会物流管理体系。

智慧物流的特点是智能化、一体化、柔性化、社会化。智慧物流以信息技术为支撑，在物流各个环节实现系统感知、全面分析、实时处理及适应性调整，实现物流规整智慧、发展智慧、创新智慧和系统智慧的现代综合型物流系统。智慧物流所涉及的信息技术以物联网、云计算和大数据为核心，实现信息的获取、处理、分析和预测，进而实现智慧物流的集成化和可视化。

大数据技术在智慧物流中的应用主要体现在以下 3 个方面。

（1）大数据在产品管控中的应用。

产品管控处于物流管理的宏观层面，包括产品品类、物流网络和产品的流量流向等领域的应用。利用大数据工具和统计模型对数据仔细研究，以分析客户的产品需求、运输习惯和其他战略性信息。通过数据库中积累的流量流向数据，以及产品类型的信息，从更广域的数据范围（如营销数据、社交数据、Web 数据）中，获得智慧物流中的产品数量分布、需求分布、产品来源等信息，可以对季节性、运输量及产品品类和库存的趋势、消费者购物习惯、消费倾向等进行分析，并做出与供需、数量、品类相关的决策，有针对性地为客户选择符合其消费心理和习惯的产品信息。

（2）大数据在物流供应链中的应用。

大数据在智慧物流供应链中的运营应用，连接供应商、经销商、客户、物流服务商乃至供应商的供应商、客户的客户等，从源头上和过程中帮助企业实施数据运营，即通过实时掌控与推送、分析外部数据和内部数据的物流信息，使供需双方在最适当的时机得到最适用的市场信息，获取快速变化的需求信号，及时了解渠道伙伴和终端的销售数据，匹配分布的库存供应信息，掌控准确的物流在途情况。

企业通过获取及分析物流供应链的相关信息，优化采购物流协同业务执行，并迅速掌握整个供应链环节的运作情况，提出问题的解决方案，制订相应的行动计划，实现供应链运营的高效、快捷和决策正确性，避免供应缺乏或供应过剩、生产与运输之间的不协调、库存过高等弊端。

（3）大数据在业务管理中的应用。

智慧物流业务管理利用 RFID、条码技术等信息采集技术进行货物信息捕捉，并把实时信息存储到物流系统中并进行数据处理，有助于识别运输行为，改进运输效率，及时做出应急响应，发现配送新模式和趋势，减少物流成本等。

通过消费需求等相关信息的大数据分析，企业可对区域仓储产品品类进行有针对性的分配和优化，有效避免缺货、断货；基于透明化的物流追踪系统，通过仓储网络的数据共享、产品全程监控，实现物流的动态管理，优化地域产品调配，降低物流成本，提高产品调度反应速度。

将运输数据和库存数据集中起来，通过数据分析，以决定对哪些产品进行先行发货，以确保正确的库存；将库存信息和产品预测信息，通过电子数据交换直接送到客户那里，这样可以定期增加或减少库存，减少物流企业的负担；利用路径历史数据记录，在不同时间段选择最优路径，提高运输配送效率；同时还可以根据海量客户数据去预测客户的购买行为，通过预测客户购买行为可以提前配货运输，有效缩减产品到达时间。

关键术语

采购管理、八个维度模型、供应商的选择、采购流程、订单流程、库存管理、独立需求库存、库存成本、订货量模型、库存管理方法、库存控制、ERP、物流管理、物流系统、配送中心、配送方式、配送要素、配送流程、配送服务管理、智慧物流

思考题

1. 电子商务的供应链管理涉及哪些运营设施和职能？
2. 采购管理的 8 个基准活动是什么？它们之间有什么关系？
3. 如何选择供应商？为什么要严格控制采购过程？
4. 大数据能为采购管理提供哪些支持？
5. 为什么库存管理很重要？它会影响到哪些供应链管理环节？
6. 衡量一个库存系统的绩效时，需要考虑哪些相关成本？
7. 请比较现代库存管理方法的特点，分析它们各自的优劣以及适用场景。
8. 电子商务物流系统有哪些形态？它们各自有哪些优劣？分别适合哪些情景？
9. 配送的要素和流程有哪些？什么场景适合哪种配送中心？
10. 什么是智慧物流？试述大数据是如何支持物流管理的。

第9章 数据运营管理

【学习目标】

通过本章的学习，读者应达到以下目标：

- 了解电子商务企业运营涉及哪些数据，理解电商运营中的重要指标、核心指标；
- 了解数据分析过程，明确对主要运营对象的分析内容；
- 了解主要的数据分析类型，明确运营管理所需要的分析和管理工作内容；
- 理解数据质量的概念和维度，明确数据质量特点和各维度的具体内容，初步掌握运营数据的质量评估和管理方法；
- 了解大数据质量管理的复杂性，理解大数据质量策略、质量控制目标和方法。

【能力目标】

- 具备说明运营数据类型，以及实施数据运营管理的能力；
- 初步具备说明数据质量管理特点及实施质量管理的能力。

【引导案例】

大悦城控制集团股份有限公司（简称“大悦城”）是中粮集团地产板块的核心，其是以“年轻、时尚、潮流、品味”的购物中心为主的城市综合体，属于传统零售企业。与其他的商业地产相比，大悦城不仅仅是简单地打造“数字化大悦城”，更是在对商业和业务充分理解和创新的基础上，将数据运营作为商业变革的主要驱动。

相对于电子商务企业来说，大悦城在数据获取和运营方面面临更多的困难。在数据运营中，客流是一个非常重要的要素。如果只知道大体的客流量与业务增长量，将难以进行数据运营。我们还需要清楚更准确的客流信息，如客户的性别、年龄段、客户几点来、行走路线、什么时间是客流高峰、哪些品类最受欢迎。

为此，大悦城设置了红外客流系统和头像客流系统，并在此基础上增加了统计客户在商场的运动线系统。通过客户进入商场大门时对红外探测设备的阻断，红外客流系统能够计算出有多少客流进入，并向系统后台提供客流量的变化数据。头像客流系统可以通过双摄像头的识别探头计算图像的高差，从而识别出进入商场的客户是大人还是孩子；同时，图像客流系统还可以进行各个区域的图像追踪。通过客流系统数据，我们可以看到客户这个区域停留的时间、运动方向。

随着客流系统的进步，企业可以根据进来的客户是成人还是小孩、是男还是女、大致年龄等信息，更有效地实施营销、商户销售策略。通过客流系统的数据，计算出滞留数据、客流数据、销售数据之间的关系，使用3个变量来建立智能分析模型，发现商城经营的问题并充分利用客流的价值。

特别是通过增加Wi-Fi的客流系统，大悦城掌握了客流行进的路线。根据客户在整个商场里面的流动轨迹，就能够知道顾客常常经过哪里。另外，商场和各个店铺还可以及时调整场内路边的广告、指示牌，主动引导客流。

虽然大悦城是一个传统的零售企业，但这些数据运营的探索工作无疑为新零售的展开提供了很好的借鉴。

（资料来源：大悦城：如何用大数据实现“商业价值”最大化，钛媒体，2014年11月6日）

电子商务是一个迅速发展、变幻莫测的行业，而数据分析是以不变应万变的电商运营之法。随着技术的进步，许多事物都在演进、变化，如消费者的喜好、产品交易的方式、商家的数量等。也就是说，电子商务企业再也不能仅凭直觉进行网站和网店的管理与运营了。只有数据直接反映交易与事项的意义是不变的。电商运营者迫切需要整理自己的思路，学会用数据分析来寻找运营问题的症结所在，从而优化服务效率、提升服务质量。

由前面的引导案例可以看出，企业通过收集、积累大量的数据资源，就能为数据运营提供有效的支撑。电子商务企业的核心是客户运营管理，延伸开来就是对内容运营、活动运营和产品运营的管理，那么在这些运营中，电子商务企业都涉及哪些数据类型和重要指标，有哪些数据运营方法？为实施有效管理，电子商务企业应该如何进行运营的数据分析？

9.1 电商运营的数据

第1章介绍了数据化运营的概念。首先，数据化运营强调企业员工全员参与的理念，既要“用数据”，更要“养数据”。具备这种全员参与管理的意识比单纯地执行数据挖掘技术显然困难得多，也重要得多。只有具备企业全员自觉参与的意识，企业才可能将意识转化为全体员工的自觉行动，并真正落实到运营管理的具体工作中。

其次，数据化运营及管理是一种常态化的制度和流程，包括企业各个岗位和工种的数据收集和数据分析应用的框架等。从员工日常工作中所使用的数据结构和层次，基本上就可以判断出企业的数据应用水平和效率。在传统行业的大多数企业中，绝大多数员工在其工作中很少对业务数据进行分析。但是在互联网行业，对数据的重视和深度应用使得其数据化运营及管理的能力和水平远远超过传统行业的应用水平。

最后，数据化运营及管理更是来自企业高层决策者的直接倡导和实质性的持续推动。由于数据化运营一方面涉及企业全员的参与，另一方面涉及企业海量数据的战略性开发和应用，同时又是真正多部门、多技术、多专业的整合性流程，所以这些挑战都是企业内部任何单个部门所无法独立承担的。只有来自企业决策层的直接倡导和实质性的持续推动，才可以在企业建立、推广、实施真正的全员参与、跨部门、跨专业、具有战略竞争意义的数据化运营管理。

9.1.1　数据化运营及管理的障碍

一个电子商务企业在从传统运营转向数据化运营过程中，可能存在以下四大障碍。

（1）人的观念。

与企业的所有变革一样，最主要的问题就是人的观念。只有相关的所有人都下定决心来做，基于数据的运营管理才可能获得成功，包括 CEO、运营部门、技术部门、市场部门和销售部门。

（2）数据相对小而匮乏。

企业当前可能只有较少的数据，也可能只有某方面的数据，其数据价值很有限，难以形成对客户或交易的理解、洞察。

（3）起步困难。

关键在于无从下手，员工可能不知道怎么做、需要哪些数据、怎样查看这些数据、从哪里开始看这些数据。

（4）仅有有限的工具。

企业可能没有合适的工具，或者不知道应该使用什么工具来进行数据运营。

企业只有在克服了上述障碍之后，才能真正做好数据化运营及管理。这里人的观念的转变可能是最难解决的，因为人的习惯往往很难改变。即使大家都知道做数据运营是正确的，下定决心改变原来做事的模式也仍然不是一件容易的事情。只有快速脱离陈旧的、低效的方式，才能尽快从机会中得益。每个管理者都需要改变自己以前的工作习惯，尽快学会用新的方式来运营电子商务企业。

9.1.2　电子商务运营的数据类型

数据化运营及管理对数据的要求具体如下。

- 简化过程，使数据更便于管理。
- 在不同的渠道、应用和设备上整合数据。
- 丰富、匹配和清理数据，提高数据质量。
- 理解数据的上下文，明确数据支持运营的哪些过程。
- 充分利用数据，整合关于消费者、市场和机会的数据。
- 选择合适的存储设施，协调私有云、公有云。
- 能够可视化地展现数据。

电子商务是基于互联网的，所以电子商务天生带有数据的基因。电子商务运营的各个环节都需要以数据为依据。数据直接或间接存在于电子商务的每一个环节，反映了电子商务活动的每一个动作或状态，因而数据就是电子商务运营的核心。如果企业能充分发挥数据的作用，则数据在电子商务运营的各个环节都能提供很大的帮助。电子商务运营本身是复杂的，本章所讲电子商务运营主要是与数据相关的管理活动。

在产品流动以及客户进入网店从浏览到购买的过程中，一直不断产生着和消费对应的数据。产品经历了从生产制造商经过仓储物流到达电子商务企业或者客户的线下流程，以及从上架展现到购物车再到销售的线上流程。在这两个流程中，数据反映了所有的活动。在客户从点击广告到浏览网上商城、网店，到进入网店查看产品细节，再到最终购买流程中每一个环节的数据都很重要且能够被捕捉到，这些数据可作为电子商务企业的决策依据。

传统上，当产品和客户数量相对较少的时候，长期积累的商业经验起着主导作用。而在电子商务市场的残酷竞争中，要想胜出就要比别人更深入地了解客户的特征和内在需求。要想做好数据运营工作，就要比别人更努力地做好数据收集和分析工作。

为了做好数据收集和分析工作，在电子商务中除了需要数据分析的知识之外，还需要对电子商务行业知识的深入了解，两者缺一不可。如果只有数据挖掘知识，很可能做出的数据模型在理论上是正确的，但在现实中无法操作；反之，如果只是对电子商务运营有深入了解，而对数据分析不理解，那么可能会对数据建模和技术运用提出不切实际的要求，或者做出一个在功能上有缺陷的模型，毕竟数据分析技术不是万能的。

下面是电子商务有关运营管理的各种数据类型。

（1）总体数据。

电子商务运营会涉及一些常规的总体数据，对于只需了解市场宏观情况的市场人员来说，常常只需要查看这些数据就可以了。这些常规数据主要分成以下几类。

- 网站整体数据，包括网站总浏览量、访问数、点击率、平均停留时间、总收入以及同比、环比的增长率等。
- 网店整体数据，包括经营同类产品的网店数量、总浏览量、访问数、点击率、平均停留时间、总收入以及同比、环比的增长率等。
- 产品整体信息，包括产品总数、热卖产品列表等。
- 客户整体信息，包括累计购买客户总数和活跃客户数等。

（2）日常运营数据。

按照数据的主体，电子商务网站/网店日常运营数据主要可分为以下几类。

- 网站/网店相关数据，主要包括与流量相关的数据，比如平均停留时间、客户平均访问页面数、跳出率等。
- 产品相关数据，包括产品浏览次数、收藏次数、分享次数、购买次数等，以及产品的细节，如名字、制造商详细信息、规格、型号、产品详细用途和功能、产品附件列表、使用说明或者流程；产品的图片、视频等。
- 订单相关数据，包括每天的平均客单价、转化率等。
- 客户相关数据，包括客户详细信息、历史购买数据及客户满意度、客户重复购买率、新增重复购买客户数、客户流失率等。
- 品牌相关数据，包括品牌认知度和品牌美誉度。

9.1.3 电商运营的指标数据

具体来看，表示电子商务网站/网店运营情况的绝大多数指标都是数值型的。主要指标有以下几种。

（1）与流量相关的指标。

- 浏览量（PV）：网站/网店各页面被浏览的次数。同一个客户多次打开一个页面，该页面的浏览量就累加。浏览量显示网站/网店页面访客访问次数的多少。浏览量越大，代表网站/网店页面被浏览的次数越多。

- 访客数（UV）：访问网站/网店页面的客户数，也称为独立访客数。同一个客户多次打开一个页面，该页面的访客数不会累加。访客数代表的是单纯的访客数的多少。访客数越多，代表客流量越大。
- 访问深度：客户在一次访问中访问该网站/网店的页数。客户访问页数越多，表示访问深度越深，网站/网店的页面越能吸引客户。
- 停留时间：客户在一次访问中停留在网站/网店中的时长。停留时间越长，表示对客户的吸引力越大。
- 回访客占比：之前有过网站/网店访问记录的客户数÷所有访问客户数。回访客越多，表示老客户营销做得越好。
- 到达页浏览量：通过某来源入口给网站/网店页面带来的浏览量。广告位点击量和到达页浏览量会存在差距，若页面还没有完全打开就被关闭，则到达页浏览量不会被记录。到达页浏览量越大，表示页面被访问的次数越多。

（2）与转化率有关的指标。

- 跳失率：只访问了一个页面就离开的访问次数/该页面总访问次数。跳失率越高，表示页面对访客的吸引力越小，需要加以改进。
- 二跳率：在访问的页面上首次点击数/该页面的总访问次数。二跳率越高，表示页面吸引力大，跳失率与二跳率之和等于1。
- 退出率：从访问的页面离开网站/网店的次数/该页面的总访问次数。退出率越高，表示网站/网店对访客的吸引力越小。
- 成交转化率：成交客户数/访客数。成交转化率越高，说明网站/网店运营得越好。
- 产品成交转化率：某产品的成交客户数/某商品的访客数。产品成交转化率越高，说明产品质量、详情页质量越好。

（3）与首页相关的指标。

- 首页停留时间：客户在一次访问内停留在首页的时长。首页停留时间越长，表示首页的设计效果越好，对访客的吸引力越大。
- 首页链接点击率：首页导航链接点击率/首页总浏览量。首页的链接直接影响了从首页分到网站/网店各页面的流量大小，因此首页链接点击率越高，说明首页的导航设计可行性越强。
- 首页跳失率：访问首页后没有再访问网站/网店其他页面就离开的人数/所有访问首页人数。首页跳失率越高，说明网站/网店首页对访客的吸引力越小，需要进行优化。
- 首页到产品的点击率：首页展示产品的点击量/所有访问首页总浏览量。首页到产品的点击率反映的是首页的导航能力，点击率越高，越有利于产品的成交。

（4）与成交相关的指标。

- 成交件数：成交产品的总件数。成交件数越多，说明网站/网店的产品成交转化越好。
- 成交笔数：成交产品的总次数，一次成交多件产品，只算作一笔。
- 成交金额：成交产品的总金额。成交产品金额越大，说明该产品越能带来利润。
- 成交客户数：在网站/网店内成功交易的客户数。

- 成交回头客数：在网站/网店内交易过两次或两次以上的客户数。成交回头客数可以检验网站/网店产品的质量和受欢迎程度。
- 支付宝成交件数：通过支付宝付款交易的产品件数。
- 支付宝成交笔数：通过支付宝付款交易的订单笔数。
- 支付宝成交金额：通过支付宝交易成功后付款到支付宝的金额。
- 客单价：成交金额/成交客户数。客单价可以反映网站/网店每一个成交客户的价值，客单价越高，越有利于店铺业绩的提高。

此外，还有如下一些常用的指标如下。

- 重复购买率：有重复购买该产品的客户数/所有购买过该产品的客户，是消费者对该品牌产品或者服务有重复购买次数的比例。
- 活跃客户数：在一定时间内活跃的客户数量。
- 活跃客户率：活跃客户占整体客户的比例。
- 参与指数：客户平均访问网站/网店的次数。
- 平均收入：网站/网店在一定区间内的收入。
- 客户获取成本：新客户总数量/获取客户支付的总费用，即获得一个新客户所付出的成本。
- 利润率：利润/总成本。
- 运营成本：电子商务企业销售客服和数据运营的成本。

9.1.4 电商运营的 3 个核心指标

1. 访客数

访客的数量或者流量，是电子商务运营的基础。没有流量，所有的后续工作就没有基础。因而，通过数据运营有效提升网站/网店的流量，成为电商运营工作的重中之重。

除了访客数之外，与之相关的指标还有活跃访客比例。如果活跃访客比例高，那么访客价值相对就比较高。在不同的电子商务网站，活跃访客比例的定义是不同的。例如，有的网站是以访问页面作为活跃访客的定义，而有的网站是以停留时间作为活跃访客的定义。

$$活跃访客比例=\frac{平均访问页面大于X页的访客数}{总访客数}$$

或者

$$活跃访客比例=\frac{平均停留时间大于Y的访客数}{总访客数}$$

对不同行业或者销售不同产品的网站/网店，这里的 X、Y 可设定为不同的数值。所以，这里的活跃定义是相对的，其与行业、客户的平均访问数量有关。单纯地规定绝对值，如访问页面大于 10 页，或者停留时间大于两分钟，作为评价标准时意义不大。

表 9-1 是一个网站的具体数据示例，其活跃访客比例是以停留时间大于 3 分钟（180 秒）作为活跃客户的定义。

从表 9-1 中可以看出，从 2 月 1 日到 4 月 15 日，这家网站用大约 10 周的时间把每天的访客数从 10 183 人提升到 12 945 人，而且更重要的是把活跃访客比例从 24.8%提升到 33.5%。

2. 转化率

转化率是电子商务企业十分重视的一个指标，同样也是衡量网站/网店引入流量是否优质的一个重要标准。在相同的流量下，只需要提升转化率，就可以提高整体收入。

转化率应该是多少与行业、平台以及广告促销密切相关，且差别很大。目前整个电子商务领域的平均订单转化率是 1%～3%。平台的转化率相对较高，也有许多网店的转化率在 1%以下。影响转化率的因素有很多。首先，高质量吸引人的产品图片就是一种因素，如果能从各个角度高度清晰地展示产品的美感和卖点，那么效果自然会更好。

另外一个影响转化率的因素，就是产品描述。虽说“一幅图抵得上 10 句话”，但是许多时候，产品的书面描述能够传递给消费者许多有用的信息。通常，应当为访客提供一个简洁的说明和一个详尽的说明。简洁的说明应主要回答 3 个问题：产品的目标受众是谁？产品能做什么？产品为什么好？而详尽的产品描述中应当包含客户可能会问到的所有内容。

不同的网站由于自身定位不同，其客户的倾向性也不尽相同。例如，面向高端人群的网站，促进购买的主要因素可能是高质量和安全性；而面向折扣消费人群的网站，促进购买的主要因素是低价格、免运费折扣。

从表 9-1 中可以看出，从 2 月 1 日到 4 月 15 日，这家网站用大约 10 周的时间把访客转化率从 2.1%提升到 2.8%。

表 9-1　网站访客和成交数据示例

日期	页面数（PV）	访客数（UV）	平均停留时间（s）	平均访问页面	活跃客户数量/比例（%）	成交客户/转化率（%）
2 月 1 日	13 808	10 183	28.6	1.356	2 523/24.8	213/2.1
2 月 15 日	15 821	10 944	29.8	1.446	2 780/25.4	246/2.2
2 月 28 日	17 245	11 125	32.5	1.550	2 954/26.5	304/2.7
3 月 15 日	18 890	12 255	32.8	1.541	2 998/24.5	309/2.5
3 月 31 日	21 145	12 983	35.9	1.629	3 543/27.3	341/2.6
4 月 15 日	28 756	12 945	38.2	2.221	4 335/33.5	365/2.8

3. 客单价

如果客户喜欢网站上展示的产品，那么他们很可能会购买它。所以，电子商务企业最想知道客户喜欢哪种产品。此时，如果仅仅提供对每款产品的销售额或销售量从大到小的排序清单，则未免太简单了。在电子商务领域，企业应考虑更多的影响因素。

表 9-2 所示是两种产品的销售和转化率。如果仅仅从销售数字来看，产品 A 应该是客户喜欢的产品。但如果再看看访客数、转化率，就会发现产品 A 的 1 120 件销量是靠非常高的展现量来支撑的。它可能占据了很好的展现位置，有很精美的展现页，但产品本身的吸引力远不如产品 B。产品 A 的转化率是 0.28%，而产品 B 的转化率高达 17.24%，是产品 A 的 61.6 倍。也就说产品 B 如此高的转化率可能更值得关注。另外，从客单价来看，产品 B 是产品 A 的 4 倍。如果把销量作为唯一的考虑维度，就可能因产品 B 的小销量而忽略掉其力。

表 9-2　产品的销售和转化率

产品项目	月销售额（件）	月访客数（UV）	转化率	客单价
产品 A	1 120	400 000	0.28%	30
产品 B	100	580	17.24%	120

对于电子商务的运营，如果单纯从销量的思维出发，显然与以客户为中心的理念相悖。尤其是当产品量大、品种多，需要多维度关注客户行为时，就更难以展开运营管理。当面对大量的产品时，也难以通过一两个指标对产品进行归类。通过聚类分析可以考虑多种指标对商品进行分类，最后根据产品的分类结果可以分析出各类产品所具有的特征，从而判断客户喜欢和购买每类产品的可能性原因，并针对各类不同的产品采用不同的促销方式。

提高客单价的主要运营方法有：促销和限销、关联销售、优惠活动。如果可以针对客户分类采取适当的精准定位，分别强调产品的新鲜度、高质量、低价和安全性，则效果会更好。

另外，电子商务运营还经常关注平均收入即网站/网店在一定区间内的收入。这个区间可以是日、周、月、季度或年。在淘宝上，商家通常可以用支付宝的成交金额作为收入数据。

9.2 数据运营的分析

9.2.1 数据运营的分析过程

数据运营是统计分析方法和数据挖掘技术与电子商务运营实践的结合。数据运营是电子商务运营管理实战中对数据分析的运用，被实践证明是有效的，但也处于不断的发展与完善之中。

相比于第 6 章中的数据挖掘过程，数据运营也有类似的数据运营分析过程，如图 9-1 所示。

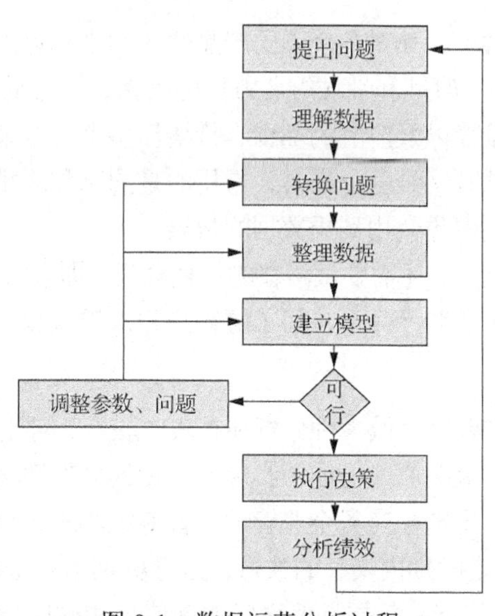

图 9-1 数据运营分析过程

在数据运营的分析过程中，从提出问题，到建立模型进行数据分析、评估，再到返回开始循环，运用了统计和数据挖掘的分析技术，经过多次反复检验、调整参数，甚至更改问题，找出运营问题的解决方案，并执行决策。最后，跟踪执行结果，评估运营管理绩效，可能又开始提出新一轮的问题。

在这个过程中，首先要有准确的业务需求描述。这就要求相关人员自始至终对业务有正确的理解和判断。对于所有分析项目以及对应的分析技术来说，只有在深刻理解和掌握相应业务背景的基础上才可以真正理解分析的特点、目的，以及相应的分析技术是否合适。

9.2.2 数据运营分析的类型与方法

对于电子商务网站/网店的运营管理，我们可以进行多种数据分析。这些分析都建立在寻找不同的显性或者隐性数据模式之上，大致有以下 4 种类型。

1．网站/网店流量分析

流量指网站/网店的访问量，用来描述访问一个网站/网店的客户数量以及客户所浏览的网页数量等一系列指标。流量解答客户什么时候来、从哪里来的问题。

可以用来查看流量数据的工具有百度统计等。这些工具可以协助人们从多个维度来分析流量。例如，从时间维度来分析流量，可以得出在什么时间段访问某类商家的客户最多，也就是客户最喜欢在什么时候来浏览电子商务网站。

在做流量分析和访客来源分析时，经常使用时间序列数据挖掘方法。这种方法用来分析一段时间内各项指标的变化情况。通过时间序列，不仅可以从趋势图中看到网站/网店流量的大体变化情况，更重要的是能够预测未来一段时间的流量情况。

另外，还可以在获得网站访问量基本数据的情况下，对有关网页的浏览或点击数据进行统计和分析，从而展示客户的访问模式。

2．产品销售分析

产品销售分析有许多种类，如对各个不同产品的访问量、热点分析、性能数据等。在进行分析时，也要考虑到行业、时间和地域等各方面的因素，并与平均、基准的数据进行对比。

如果从时间和空间的维度以及产品的类别、价格等多个维度来做产品销售分析，会产生非常多的报表类型。单纯从时间维度上来看，常用的是同比和环比的报表，而时间区间的选择可以是年、季度和月，偶尔也会用到周数据的报表。

除了产品的销售分析之外，还需要做潜在的销售分析，即分析客户进入网站/网店后浏览了哪些产品和分类、搜索了哪些产品，从而了解客户的兴趣点和将来可能购买的产品。

3．定期数据分析

在电子商务运营中，需要定期做各种分析和报表，展示、对比网站/网店的运营数据。作为电子商务企业的管理层，最关心的是能否实现销售量的周期性增长。

下面以增长量为例，列出电子商务企业管理层普遍关心的、与业务相关的增长量数据。

- 增长量：业务在一定时期内增长的数量，是分析期与对比期的差额。
- 同比增长量：当前值与去年同期值之间的差值，用同比增长量来统计消除周期变动和季节变动的影响，所用时间期间通常是月、季度。
- 环比增长量：当前值与上一期数值之间的差值，所用时间期间一般是月、季度。
- 增长速度：用来反映业务成长性的相对指标，以查看当期增长量和对比期的数据比值。

- 同比增长速度：当期增长量与去年同期值之比，说明当期业务水平对去年同期业务水平增长的相对程度。
- 环比增长速度：当期增长量与前一期水平之比，说明业务分析期与相邻前期业务水平的相对增长程度。

4. 内容分析

内容分析是对网站/网店呈现的内容进行分析，尤其要关注流量和客户兴趣点匹配相应的内容。从某种角度来看，产品分析和页面分析也属于内容分析。通过分析，可以看到不同的内容所吸引的客户点击和关注，从而对网站/网店的内容做出相应的优化设计。在做完内容分析之后，可以从内容的专业化、差异化和质量等方面入手调整网站/网店的内容。

9.2.3 运营分析与指标数据

可以用数据从多个维度来了解运营情况。只有通过对数据的分析进行诊断，才能了解在目标电子商务网站上存在的问题。只是直观地查看网站/网店和产品陈列不一定能够说明问题，只有客观的数据才能告诉我们所有的真相，能使我们了解自己的网站以及网站的产品每天被关注的情况，每个到网站/网店来的客户都做了哪些事情。

下面从多个角度对电子商务的运营对象进行分析。

1. 网站分析

首先，应该对网站整体进行分析和评估。可以直观地从网站本身发现以下具体信息。

- 是否可以打开网站的每个页面？
- 网站页面打开的速度如何？特别是作为入口的几个页面。
- 网站的整体美观度和视觉效果如何？
- 网站的风格和产品陈列是否一致？

此外，还需要借助一些工具来评估网站各个方面的指标。评估中涉及两个主要概念：一个是 PR 值，另一个是 Alexa 排名。一个网站最重要的数据是 PR（Page Rank，网名排名）值，有 0～10 个级别，10 级为满分。PR 值越高，说明该网页越受欢迎。PR 值就是指向一个页面的所有其他页面的 PR 值的综合数值。连到一个页面的链接越多，该页面的 PR 值就越大；而一个页面的外链越多，分散到每个链接对象的 PR 值就越小。Alexa 不仅有多达几十亿的网址链接，而且为其中每一个网站都进行了排名。可以说，Alexa 是目前拥有网址链接数量最庞大、排名信息发布最详尽的网站。Alexa 排名是业内公认的一个网站排名指标。

2. 流量分析

网站/网店的流量有各种不同来源，它们之间有质量高低的区别。高质流量通常会给网站/网店带来优质的潜在客户，而低质流量对于网站/网店本身的帮助非常有限。流量来源的质量好坏主要看流量本身的有效性，看流量是否能产生最终的效益。

流量分析主要通过数据信息来分析、考查网站/网店的流量构成和流量来源的质量。当查看一个网站/网店的整体流量时，主要关注的指标有：自然流量和购买流量占比、真实流量占比、有效流量占比、高质流量占比。

自然流量中的客户通过免费渠道来到网站/网店，而购买流量中的客户是通过付费方式获得的。有效流量中的客户真正访问了网站/网店，但并不一定做出购买行为。高质流量中会有较高比例的客户和网站/网店发生了互动行为，可能是购买，也可能是咨询或者查看了比较多的网页。转化率、活跃客户率和参与指数是衡量流量有效性的 3 个指标。转化率直接衡量流量的效果，活跃客户率衡量流量的潜在效果，参与指数衡量流量带来的客户的黏性。如果来自某个来源的流量这 3 个指标都很高，那么这个流量就是高质量的。其中，转化率是关键指标。

与这 3 个指标匹配的是跳失率和二跳率，它们同样是衡量外部来源质量的重要指标。在理想状况下，有 0%的跳失率和 100%的二跳率，这是极限目标，通常难以做到。一般而言，在流量分析中多用跳失率来评估页面质量。另外一个经常用来衡量流量质量的数据是流量访客的停留时间。通常，访客停留时间越长，流量质量或者网站/网店对访客的吸引力就越强。

网站/网店的流量通常与企业的广告投放数量和质量紧密相关。

3. 页面分析

有了对网站/网店整体的分析，还需要对页面浏览情况进行分析。

一个客户进入一个网站/网店的网页后，如果停留时间超过若干秒，则不论其是否主动发起咨询，至少说明客户对网页上呈现的产品可能有一定的兴趣，也说明页面上的内容对客户有一定的吸引力。在此，除了用上面的跳失率、二跳率来评估页面的质量外，还有一个退出率的指标。

例如，总共有 100 人看过某电子商务网站的网页，其中 30 人点击继续查看网站其他页面，而 10 人点击了网站上其他网站的链接离开网站，剩下 60 人在这个页面上没有任何动作（直接离开），也就是说共有 70 人从这个页面离开网站，那么这个页面的跳失率就是 60%、二跳率是 40%，而退出率是 70%。

经过页面分析，运营管理要做的工作是尽量提高每个页面的二跳率，降低跳失率和退出率。通常，一个页面上可能影响客户最后购买意愿的信息有：页面整体的设计质量和感观、产品展示和陈列的方式、产品描述详情、展示产品的品牌和销量口碑，以及是否有促销活动。

4. 产品分析

进一步来看，在电子商务网站/网店上对产品的选择应予以足够的重视。这种选择会直接影响到网站/网店的访客数、浏览页面、停留时间、转化率和客单价等各个重要指标。

当对网站/网店上的产品做评估时，分析人员应分析产品浏览数据、评价信息和购买记录，发现客户对哪些产品有兴趣以及某特定产品对哪些客户有吸引力等。然后，分析人员就可以从数据上分析这些产品的共同特点，以及网站/网店中哪些产品与这些习惯的匹配度最高。

有时，某一款产品在一家网站的销售量不行，但是换到另外一家网站上却引起许多关注。这种现象时有发生，其主要原因可能是产品和电子商务网站的定位不匹配。只有它们有相同的定位，才能够达到最好的效果。

当我们拥有大量的产品实际购买记录时，从产品的销量上来看，就可以很清晰地知道哪些产品被购买得最多。进一步来看，如果能查看访客浏览数据、产品评价数据，以及选入购物车但没有被支付的产品，则可以获得更多关于产品和客户之间的关系。

表 9-3 给出了产品 A、B、C、D、E、F 6 款产品的交易情况数据，按照成交次数大小降序列出。这里的浏览次数是产品详细页面被访问的次数，下单次数是产品被加入购物车中的次数，成交次数是购买成功的次数，而下单成功率是产品被放到购物车中并被成功购买的比例，转化率是产品购买次数和产品详细页面被访问次数的比例，客单价是某个产品的平均成交价。

表 9-3　产品成交相关数据

产品名	浏览次数（次）	下单次数（次）	成交次数（次）	下单成功率(%)	转化率（%）	客单价（元/客）
产品 A	56 478	1 844	1 530	82.97	2.71	344
产品 B	41 345	1 345	1 230	91.45	2.97	323
产品 C	9 675	1 175	1 111	94.55	11.48	153
产品 D	38 890	1 255	786	62.63	2.02	404
产品 E	21 145	1 983	859	43.32	4.06	254
产品 F	28 756	1 945	382	19.64	1.33	367

当只注重整体销售量时，成交次数可能会作为唯一依据，这时只需按照表 9-3 中的排序来看产品的受欢迎度即可。在此，产品 A 显然是最应该关注的产品。不过在考虑下单成功率和转化率的因素之后，结论就有所变化。产品 C 在 6 个产品中排名第三，但是它的转化率是最高的，即达到同等购买次数所需的浏览次数是最少的，而且下单成功率也是最高的。相对于产品 A，产品 C 的转化率是它的 4 倍多，而下单的成功率也要大约高出 11%。可以这么说，产品 C 的整体效率是最高的。但是，如果再看看客单价，我们又会发现，产品 C 的客单价偏低，这时就会推论出，该网站的定位是消费能力为 150 元的客户。只有想办法提升客户的客单价，才能提升网站的营业收入。

为了更直观地展示表 9-3 中的数据，还可以采用雷达图的形式，将关注的几个维度数据加以可视化的直观比较。

5．服务分析

对于网站/网店的服务质量，可以通过一系列的关键绩效指标（KPI）来衡量。在整个电子商务交易的售前、售中和售后，提供的服务是不同的。售前偏向于咨询、议价；售中注重支付、发货和订单修改；售后更多的是退换货、投诉等。其中最关键的数据是询单的转化率，即从咨询到付款成交的转化。例如，如果 100 个通过在线客服咨询的人中有 10 个客户下订单，那么询单转化率是 10%；也有可能只有其中的 3 个客户下订单，那么转化率是 3%。这种询单转化率的高低相差巨大，体现出人工服务的影响作用非常大。

我们可以从一些在线客服的后台获取一定的数据，表 9-4 是多个客服人员的询单转化数据。从表 9-4 中可看到，绩效最好的是客服 B，接受了 1 132 次在线咨询，成交了 121 单，咨询转化率为 10.69%。而客服 C 是做得最差的，1 975 次在线咨询只成交了 43 单，咨询转化率只有 2.17%，而且平均对话数也是最低的。另外，客服 A 的绩效也较差。分析人员需再深入考查他们的具体服务过程，找出服务质量的差距。

通过分析在线客服后台的详细数据，可以查到客服人员对客户的响应时间。每个客服对客户提出问题响应的时间都应该在 10 秒之内。如果通过微信做客服，客服人员就需要能够在 10 分钟内处理客户的投诉。有经验数据表明，如果客服能够及时响应客户的投诉，那么 80% 以上的投诉就可以直接化解。

表 9-4 询单转化的相关数据

客服人员	咨询次数（次）	成交数（单）	对话数（次）	询单转化率（%）
客服 A	895	35	4.5	3.91
客服 B	1 132	121	8.4	10.69
客服 C	1 975	43	3.6	2.17
客服 D	843	78	4.2	9.25
客服 E	1 102	92	4.4	8.35

9.3 数据运营的管理

9.3.1 初创企业的管理

上文的数据分析可以在电子商务运营过程中进行，其结果支持对运营管理工作的改进。对一个初创的电子商务企业而言，通常可按以下需求实施所需的分析和运营管理工作。

（1）产品选择。在初期运营中，产品的选择和定位非常重要。当然，这和企业的经营策略有关，可以选择做细分市场，也可以选择做大而全的市场。

（2）平台选择。在选择平台时，企业首先要想明白入驻这个平台是要实现什么目的，是做品牌推广还是扩大销售规模，或者就是套现。如果想通过一个平台完成所有的目的和诉求，那么可能会适得其反。

（3）经营策略选择。企业的成功要依赖于经营策略选择得当。选对策略并认真执行，做到极致往往会通向成功。

（4）推广选择。网站/网店需要进行推广，尤其应重视线下的推广策略。推广选择的渠道和产品及网站的定位有关。网站的主打产品和广告投放渠道的选择直接相关，比如体育产品和服装、食品的推广渠道、推广方式就有很大差异。

9.3.2 数据运营的优化

在企业的数据运营实施中，总会遇到各种各样的问题，导致业务运营停滞不前、不温不火。这时就需要我们对业务的运营进行优化。下面是业务运营的优化过程，目标是提高运营效果和效率。

（1）明确业务需求并进行分解。

关键业务需求（Key Business Requirements，KBR）是产品在商业上要达到的目标及其关键环节，是进行运营管理的关注点。首先，我们要明确当前产品运营所处的阶段，不同阶段关心的 KBR 是不同的。对于网购业务来说，应特别关注客户购买的流畅性，其涉及问询、下单、付款等多个环节。具体而言，如果客户经过问询后，确定通过微信公众号自助下单，则“微信公众号留存率”这个指标就是当前运营管理的 KBR。如果客户从某个渠道开始进入并使用产品，在一段时间周期后，该客户依然从该渠道继续使用该产品，则该客户被认为是该渠道的留存客户。留存率是留存客户与开始时该类总客户数的比值。

借助于客户生命周期的概念，可以对客户的整个购物过程进行 KBR 分解。这样就能对细化的过程有一个清晰的认识，了解分解的关注重点在哪里。经过 KBR 分解，我们获得影响微信公众号客户端留存的 3 个关键指标，即新客户留存、老客户留存和回流客户留存。

（2）明确运营的问题和目标。

经过对 KBR 的分析，可以在每一个关键指标下面列出所要跟踪的关键子指标。这些子指标又分别对应相关的因素，我们必须明确分析这些因素对应的问题及其影响关系。在此，应分析比较找出当前的首要问题和对整体留存率起全局影响作用的关键子指标。当我们优化关键指标的时候，会带来全局性长时间的持续优化。例如，我们确定的首要问题是“下单转化率”。

（3）梳理分析核心业务流程，找出产生问题的原因。

我们进一步对整个业务流程进行深入分析，特别是对业务的核心流程进行细化，寻找发生问题的原因。这样才可能有针对性地提出解决方案，从而对症下药，迅速解决问题。

例如，在分析核心业务流程时发现，登录与未登录客户在使用产品的体验方面有着明显不同。登录客户在首次输入寄件人地址或收件人地址后，在下次下单时就不用重新输入寄件人地址信息。另外，地址簿中也会存储客户以往的联系人地址，客户只要在选择寄件人地址或收件人地址时，点选相应联系人即可，不需要每次都重新填写。但是，在新客户第一次下单后，并没有引导客户登录，且不容易找到登录入口，只有在菜单栏“查收货”页面和下单页面左侧导航有客户登录入口。这一做法，新客户是不了解的。

（4）提出假设和可迭代的解决方案。

找到发生问题的原因后，分析人员应分析这些原因的相关性以及是否存在相互影响，明确哪些原因是问题的最终根源，然后，提出假设场景和多种可迭代的解决方案。例如，问题的原因是：新手引导内容只是陈述介绍功能，未对客户行为进行清晰引导。解决方案是：新手引导明确指出客户下单后立即登录。

（5）追踪指标变化，不断验证反馈迭代。

对给出的解决方案进行实验，验证其有效性。分析人员可以先在实验环境中实验，待证明有效后，再量入真实运营环境进行试运行，同时，还需要进行实验过程的效果度量，并分析指标结果。当优化的指标达到预期的目标，对比历史数据或基准值有了较大的提高时，分析人员就可以着手分析下一个问题、开始下一轮优化迭代了。

9.4 数据质量的管理

从上文的分析可知，电子商务运营离不开数据化运营，而数据化运营的基础是高质量的数据。电子商务企业通常以两种方式使用数据：一种是在业务流程中使用数据执行事务处理，支持日常的运营活动；另一种是管理分析师通过报告和分析引擎考查日常运营结果数据，以找出新的增长机会。企业必须有合理的流程来确保数据具有相当的质量满足运营管理的需求。因此，在企业的数据化运营管理中，必须整合对数据质量进行评价、测量、报表、应对和控制的计划。这样才能避免数据质量低劣的风险。

案例

阿里巴巴的数据产品策略

2005 年，阿里巴巴开发出主要供内部运营人员使用的数据产品——淘数据，由此开始了数据化运营。此时，阿里巴巴关注的重点是：在公司内部，怎样利用平台上的海量消费者和商家数据来改进自身经营。2009 年，阿里巴巴的数据应用开始走向外部，供淘宝商家分享数据。

2011 年，阿里巴巴开发出“数据魔方”。商家通过 “数据魔方”，可以直接获取行业的宏观情况、自己品牌的市场状况、消费者在自己网站上的行为等情况。2011 年 4 月，“页面点击”诞生。它可以监控每个页面每个位置的客户浏览点击情况。紧接着，天猫携手阿里云、万网推出“聚石塔”平台，为天猫、淘宝平台上的电商和电商服务商提供数据云服务。2011 年年底，“淘宝指数”上线。淘宝上的商家或市场研究人员都可以利用“淘宝指数”了解淘宝搜索热点，定位消费人群，研究细分市场。2016 年 3 月，为统一数据口径，提高数据质量，“淘宝指数”下线，卖家利用“生意参谋”实现数据化经营。

阿里巴巴的大数据策略是什么？阿里巴巴数据委员会主席一语道破：“在数据化运营阶段，数据就产生价值，你有意识地用它，但却没有特别关注、管理它。而在你发现数据已经和战略融合后，你才认识到要有意识地收集它、管理它。”阿里本质上是一家数据化运营公司，致力于让数据更好用。

从淘宝网创立，阿里巴巴就开始收集平台上的数据，直至支付宝、聚划算、一淘等平台上线还在积累数据。这些数据包括交易数据、用户浏览和点击网页数据、购物数据等。当海量数据开始聚集时，它们就变得良莠不齐、鱼龙混杂，存在大量失真、标准混乱的数据。另一个问题是，当海量数据汇集在一起时，它们是无序的，不能直接使用，必须提炼加工。再者，阿里巴巴纵有海量数据，却也只是大数据之海中的一座孤岛，无法满足平台客户全部的数据需求，如商家需要了解消费者在其他平台上的购买情况，所以阿里巴巴迫切需要引入外部数据。

为了让大数据更好用，阿里巴巴采取了以下措施：确保数据安全（保护商家和个人的隐私）、保证数据的质量（去除虚假数据）、实现各个部门数据标准的统一（如转化率）、让原始数据变得更精细化（更符合商家的应用情景）、获得外部数据（如并购新浪微博、购买数据信息等）、建立数据委员会。

（资料来源：宿痕：从亚马逊和阿里身上学习教你如何搭建数据化运营系统，人人都是产品经理，2015 年 11 月 24 日）

9.4.1 数据质量

评判数据价值的方法有很多种，其中最简单的是考虑获取数据的成本或者市场价值（在市场上可以将数据卖多少钱）。但是在数据创建、存储、处理、交换、共享、汇聚和重用的环境中，数据的效用（数据的预期价值）通常是认识数据价值的最佳方法。

业务期望指数是用来衡量由数据质量改进而带来业务价值的指标。数据质量的评价常常带有主观性。客观的数据质量度量指标（如无效值的数量或者缺失数据元的百分比）可能与

业务绩效没有必然联系，而且通常使用的技术方法也难以转化为对业务价值的提升。

数据质量期望指数可以表达为测量数据有效性特征的规则：①哪些数据是缺失或不可用的；②哪些数据值之间是冲突的；③哪些记录是重复的；④哪些数据之间缺失关联性。另外，业务期望指数也可以表达为测量流程绩效、生产率及效率的规则：①错误如何导致生产率下降；②修改失败流程花费时间所占的百分比；③缺失数据导致的事务失败造成了多少损失；④如何能快速响应商业机会。

数据质量目前尚无统一的定义。有的文献认为“数据质量”是一个面向目标的不可正式定义的术语。本书从管理角度，采用多数文献对数据质量的定义，即数据质量是数据的一组固有特性满足要求的程度。

数据质量的高低代表了该数据满足数据使用者期望的程度。这种期望基于他们对数据的使用预期。数据质量直接关系到数据的认知或既定用途。在一定程度上，高质量的数据比起低质量的数据更符合期望。

数据质量具有以下特点。

（1）要求会随着时间的推移发生变化，数据质量也会随着时间的推移发生变化。

（2）数据质量是数据的本质属性，要求不同其表现也不同，但不影响其他要求下质量的客观存在。

（3）数据质量可以借助于信息系统来度量，但独立于信息系统而存在。

（4）数据特性之间可能存在矛盾，某一特性的提高可能导致另一个特性的降低。

（5）数据质量存在于数据的整个生命周期。

数据质量维度就是数据质量的评估标准，用于衡量数据在某一方面的性质。事实上，它提供了一种用于测量和管理数据质量以及信息的方式。不同的机构、企业对数据质量维度的标准也不尽相同，应根据实际的业务流程和客户需求来选择合适的数据质量维度。在多种数据质量维度中，常见的有：准确性、完整性、一致性、可获得性和及时性。这些维度都能反映数据化运营对数据质量特性和管理的需求。

- 准确性：指数据是准确的，即存储在数据库中的数据与真实世界的值对应。例如，某一用户希望在淘宝网申请账户，网站要求验证用户的身份证号码。如果用户提供的证件号码与实际号码一致，那该号码存储在数据库中的值就是正确的。当选择准确性作为质量维度时，分析人员就需要考虑权威性参考源、参考源是否可用和可访问、掌握为检查准确性可提供的记录数据量等因素。

- 完整性：指数据有足够的广度、深度和范围的程度。完整性体现了数据具备一个实体描述的所有必需部分。

- 一致性：通常指关联数据之间的逻辑关系是否正确和完整。由于相同或相关数据经常被存储在不同的数据库或者关系表中，一致性就显得非常重要。数据的任何使用都应基于具有相同或相关含义的那些数据。如果对相同主题的报告引用不同的数据，就会使管理者很难做出有效的决策。

- 可获得性：指数据使用者在权限允许的范围内应能高效地获得并使用数据。

- 及时性：也称为时效性，是一个与时间相关的维度。及时性是指在现实世界状态的一个改变和信息系统状态之间结果变化的时延，是一个任务中数据充分更新的程度。

9.4.2 数据质量评估和管理

质量管理是管理学的一个重要研究内容,其延伸到数据质量领域就演变为数据质量管理。因此，质量管理所涉及的一些理论、方法和技术，对于数据产品和数据资源的质量管理都有很好的借鉴作用和参考价值。

数据质量评估是对数据质量进行科学和统计的评估过程，以考查它们是否满足数据化运营或业务流程所需的质量、是否能够真正支持其预期运营管理用途。要完成数据质量评估，就需要选择合适的数据质量维度、度量方法和评估方法。为了规范评估标准和规范评估过程，企业应遵循一定的数据质量评估框架，以帮助运营管理更好地实施质量评估。

1. 数据质量评估框架

数据质量评估框架是一个指导方针，是一种用于评估数据质量的工具。数据质量评估框架是一个组织可以用来定义它的数据环境的模型，能够明确有关数据质量的属性，在当前环境下分析数据质量的属性，为数据质量的提高提供保证。同时，数据质量评估框架应该不仅仅是评估，还要提供一个分析、解决数据质量问题的方案。

经过多年的研究，目前学术界针对数据质量评估提出了 10 多种评估框架，其中比较著名的有以下几种。

（1）AIMQ（Assessment Information Management Quality，评估信息管理质量）。

AIMQ 是由麻省理工学院全面质量管理研究项目小组提出的，针对企业信息质量进行评价和差异分析的一种方法。AIMQ 由 3 个部分构成：信息质量模型、信息质量维度和信息质量分析技术。此外，AIMQ 还提供一个信息质量差异分析技术来帮助组织了解自身的不足并寻求改进方式。

信息质量（IQ）模型是一个面向数据使用者和管理者的 2×2 矩阵结构，如表 9-5 所示。这个矩阵的 4 个象限分别表示重点关注的维度：①重要信息象限，表示所提供的信息特性需要满足标准，具体维度包括无错误、简洁表达、完整性和一致性表达；②有用信息象限，表示所提供的信息特性符合信息消费者的任务需求，具体维度包括合适的数量、相关性、可理解性、可解释性和客观性；③可靠信息象限，表示转换数据到信息的过程符合标准，维度包括及时性和安全性；④可用信息象限，表示转换数据到信息的过程超越信息消费者的需求。具体维度包括可信度、可访问性、易操作性和声誉。

表 9-5 信息质量模型

	符合规范	满足或超越期望
产品质量	重要信息	有用信息
服务质量	可靠信息	可用信息

信息维度是一个调查问卷表，用来检测对于信息使用者和管理者来说哪些是重要的信息质量维度。信息维度可划分为 4 类：①固有 IQ，表示信息自身具有的特性，主要包括准确性、可信度、客观性和声誉；②上下文 IQ，着重说明 IQ 必须考虑与上下文相关的需求，主要包括增值能力、相关性、完整性、及时性和合适的数量；③可表达性 IQ；④可访问性 IQ，意味着信息系统必须采用一种方式使得信息可以解释、容易理解、便于操作，信息的表达应该是简洁的，具有一致性；关注系统必须是可访问的、安全的。

信息质量分析技术通过分析 IQ 问卷调查表来帮助企业改善信息质量。这种技术主要分为两种：一种是将企业的 IQ 与来自最佳实践的信息基准加以比较；另一种是测量企业内部不同部门和不同管理者之间的评估差距，为改善信息质量提供解决方案。

（2）DQA（Data Quality Assessment，数据质量评估）。

DQA 也是由 MIT 的研究人员提出的数据质量评估框架，同时支持主观评价和客观评价。他们认为，主观评价反映的是信息用户的需求，而客观评价则是基于数据集合本身进行的。不同的组织对数据质量有不同的定义。DQA 还将客观评价分为任务依赖与任务独立。任务依赖评价指数据的状态与应用的知识相关，而任务独立则相反。

在此基础上，形成了 16 种数据质量维度。通过调查，再将主观和客观评价输入某个函数得到对各个数据质量维度的评分。目前，主要有 3 种评分函数：①简单比率法，指期望输出占总输出的比例，如无错误、完整性和一致性维度适合用这种表达方式；②最大/最小值法，用于处理有多种数据质量变量的整合，如可理解性和合适的数量维度；③加权平均法，用于对复杂多元维度的评估，为充分考虑各类指标的影响，可采用对维度中各类指标进行加权平均的方法，以表达维度的重要性。

DQA 主要有 3 个步骤：①进行主客观的数据质量评估；②比较评估结果，识别差异，用根源分析找出差异存在的原因；③决定采取必要的改进措施。

（3）DQAF（Data Quality Assessment Framework，数据质量评估框架）。

DQAF 由国际货币基金组织（IMF）提出，着重研究与数据质量相关的统计体系管理、核心统计过程和统计产品的特征。整个评估框架分为 6 个部分，从讨论保障数据质量的法律和制度环境开始，依次分析数据质量的 5 个维度，主要内容为：①质量的先决条件，不用于衡量数据质量，却负责保证统计数据质量的先决条件或制度，包含法律和制度环境、资源、相关性及其他数据质量管理措施；②诚信保证，描述统计体系客观性原则的观念，包括专业性、透明度和民族性的相关制度安排；③方法健全性，描述方法论基础的健全性，包括概念和定义、范围、分类或分区、计量基础等维度；④准确性和可靠性，描述数据能够充分地反映现实情况，具体内容包括原始数据、原始数据的评估、统计方法、中间数据及结果的评估与验证、修订政策；⑤适用性，强调实践部分，即数据集合满足用户需求的程度，包括期限与及时性、一致性、修订政策与实践；⑥可获取性，讨论用户信息的可用性，确保数据和元数据以一种清楚和可以理解的方式提供，包括数据可获取性、元数据可获取性、对数据使用者的帮助。

2. 数据质量评估方法

有 3 种数据质量评估方法，即定性评估方法、定量评估方法和综合评估方法。定性方法主要依靠评估人员的主观判断。定量方法为系统、客观的数量分析方法，其对应的评估过程和结果更加客观、具体。综合方法则将定性方法和定量方法结合起来，弥补各自的短处。

（1）定性评估方法。

定性评估方法通常根据评估的目的和用户对象的需求，基于一定的评估准则与要求，从定性的角度对数据集合进行说明与评估。首先应确定相关评价准则或指标体系，并建立评价准则及各个赋值标准，然后通过对评价对象的针对性度量，给出各个评价结果。评价结果有等级制、百分制等表示方式。

定性评估方法的实施主体需要对评价对象的背景或领域有较深入的了解，评价标准和评价内容应由领域专家或专业人员给出并进行审定。采用定性评估方法进行评价时，一般先根据评价目的和服务对象的需求，基于一定的准则与要求，确定相关评价标准或指标体系，建立评价标准及各赋值标准，再通过评价者、专家和用户评分，最后统计出数据质量的评价结果。

通常，定性评估方法又包括用户反馈法、专家评议法和第三方评测法。①用户反馈法是指由评价方给用户提供相应的评价指标体系和方法，用户根据其特定的质量需求从中选择符合自身需要的评价指标和方法来评价数据。②专家评议法是由领域专家组成评判委员会来评价组织内的数据质量或者信息质量是否符合标准或者需求的一个过程。③第三方评测法是由第三方根据特定的数据需求，建立符合需求的数据质量评价指标体系，按照一定的评价程序或步骤，得出数据质量的评价结果。在此，第三方是指独立于数据提供者、管理者和使用者的机构或者组织。

（2）定量评估方法。

定量评估方法是指按照数量分析方法，从客观量化角度对评价对象的数据集合进行优选与评价。定量方法比定性评估方法更加具体、明确。下面通过一个网站质量分析的例子来说明定量评估方法。

网站的网页在一个时间段内的访问数量是可以统计的。从表 9-6 可以直观看到，来该网站访问 1 个页面的访客占比很高，占比为 85.945 4%，访问 1～2 个页面的访客占比超过 98%。也就是说，只有 1.246 1%的访客访问了 3 个以上的页面。这组数据说明的问题是绝大部分客户访问网站之后，在单击第三个页面之前就都离开了。这种访问页面较少的可能性原因如下。

- 着陆页本身的设计质量不高，吸引力不强。着陆页是网站中的一个营销专用页面，通常是搜索引擎或其他广告所指向的页面。
- 客户对网站的内容不感兴趣。
- 客户已经在页面上获得了足够的信息。

表 9-6　页面访问量

每次访问浏览页数	访客数（人）	百分比（%）
1	2 250 234	85.945 4
2	335 355	12.808 5
3	21 975	0.839 3
4	2 543	0.097 1
5	885	0.033 8
6	634	0.024 2
7	443	0.016 9
8	332	0.012 6
9	275	0.010 5
10	143	0.005 4
合计	2 612 819	99.793 9
总计	2 618 213	100.000 0

如果对这个网站进行分析评估，可以推断出如下结论。

- 网站的设计优化，尤其是着陆页的设计优化方面做得不够，其直接结果就是跳失率较高，达 85%以上。
- 客户在网站的平均访问深度不到 1.2，也就是说每 5 个访问网站的客户中，平均只有 1 个人看到了第二个页面之后。访问深度是指访客在网站上依次浏览的网页数量。
- 客户在网站上找不到他们想要的产品。网站设计者应该把网站的站内搜索功能布置到显著的位置，让客户可以利用搜索功能找到他们想要的产品。

针对以上评估，网站设计者可以采取一些有效措施，通过提高页面质量延长客户停留时间。

（3）综合评估方法。

综合评估方法将定性和定量两种评估方法有机结合起来，从两个角度对数据资源质量进行评价。经常使用的综合评估方法有：层次分析法、模糊综合评估法、缺陷扣分法和云模型评估法。

① 层次分析法是一种定性和定量相结合、系统化、层次化的分析方法。该方法的核心是对评价对象进行优劣排序并进行评价和选择，从而为评价主体提供定量形式的评价依据。首先将复杂的问题分解成若干层次，建立起阶梯层次结构，然后构成判断矩阵，进行层次单排序一致性检验，最后进行层次总排序和一致性检验并得出结论。

② 模糊综合评估法是在考虑多种因素的影响下，运用模糊数学方法对评价对象做出综合评价的分析方法。这种方法的基本思想是：在确定评价因素、因子的评价等级标准和权值的基础上，运用模糊集合变换原理，以隶属度描述各因素及因子的模糊界线，构成模糊评价矩阵，通过多层复合运算，最终确定评价对象所属等级。采用模糊综合评估法的关键在于建立评价模型，评价模型由因素集、评价集、隶属度矩阵和权重集组成，最后进行复合运算，就可以得到综合评价结果。

③ 缺陷扣分法是指计算单位产品（数据）的得分值，用来评价产品质量的方法。以地图产品为例，将单位产品的满分设为 100 分，先对地图产品中的缺陷进行判定，并按严重程度对各缺陷进行扣分，再将各缺陷扣分值累加，最后用 100 减去累加的扣分值作为该产品的得分值，进而由得分值判定产品质量。对缺陷严重程度的认定主要有严重缺陷、重缺陷和轻缺陷 3 种标准。

④ 云模型评估法旨在实现定性概念与定量数值之间的不确定性转换模型。云模型将概率论和模糊集合理论结合起来，通过特定构造的算法，形成定性概念与其定量表示之间的转换模型，并揭示随机性和模糊性的内在关联性。

3. 质量管理成熟度模型

质量管理大师克劳斯比于 1979 年首次提出质量管理成熟度的概念，描述了质量管理过程的 5 个进化阶段，即不确定期、觉醒期、启蒙期、智慧期和确定期。企业据此判断其质量管理所处的阶段，找出自身质量管理的特点，以及下一步要改进的地方。

2006 年，Ryu 等人认为此前的研究只把数值质量和服务质量作为评估数据质量等级的主要因素，却没有考虑数据结构质量给数值质量和服务质量带来的风险。为了管理和评估结构质量，必须管理元数据。因此，他们基于能力成熟度模型集成（CMMI）方法提出了一个针对数据结构质量的成熟度（DQM3）模型。DQM3 模型由四级成熟度级别构成，每一级别都有所管理的对象及对应的技术和工具等。

（1）第1层：初始级，是最低的数据质量成熟度。在这一阶段，主要是通过数据库系统字典中所定义的规则来管理数据结构质量。在这一级别，表中可能存在非规范化的数据，用来解释企业的业务并与应用系统分离。当应用物理系统执行时，这些数据可能会遭到修改或曲解。在系统建立的早期阶段，数据很容易被管理员确认。但是随着时间的推移，由于修改/曲解的数据表替代了原来的概念模型，其所表达的概念可能会失去它的原有含义。要解决这些问题，需要同时通过逻辑数据模型和物理数据模型来生成和管理数据库。逻辑数据模型解释了企业的业务概念，而物理数据模型则实现了对应的逻辑数据。

（2）第2层：定义级。在这一阶段，数据管理是通过逻辑数据模型和物理数据模型共同完成的。这种组合管理方式能够追踪修改/曲解的数据表的原有含义。当存在任何添加、修改或者业务规则的改变时，它就可以防止系统变异。但是，这种集成的管理方法仍然存在弱点：由于数据是通过某一部门的信息系统独立设计和建立的，因此要与其他组织、部门和信息系统建立数据关系和集成则较为困难。此外，由于缺乏一个标准化的常规名称，且规则名称和数据名称不一致，就很可能会出现同一数据存在不同名称的情况. 这种混淆将发生在相同的数据、值域、数据类型的定义中。

为了解决这些问题，数据定义、值域、数据类型都必须标准化。只有经过标准化处理，整个企业才能共享和使用集成的、相互关联的数据。

（3）第3层：管理级。在这一阶段，数据管理已经实现数据标准化。数据标准化运行在企业数据集成的各个阶段。这一阶段最核心的工作是元数据管理，包括规范化各种属性、策略、值域和数据模型等。本级还集成了基本的信息系统单元，通过元数据标准化就可以共享和重用标准化的数据。不过，这一级别还存在孤立的标准化、标准数据的管理者模糊性和标准数据变更管理的困难性等问题。

大部分标准采用自下而上的方式建立，即从物理模式推导出标准数据要素。这种方式缺乏从企业的角度来看逻辑和结构数据的定义，因此会导致孤立的数据标准化。为了解决这一问题，企业有必要掌握和管理每个部门的信息系统和整个企业数据架构之间的关系。只有使用全面的数据管理，一个企业才可以实现真正的数据标准化，并能够共享和整合企业数据。

数据标准化中的一个问题是：如何为每一个数据项安排管理员？由于很难确定谁将决定数据标准化以及谁将维护数据库，因此产生了标准数据的管理者模糊性问题。管理者模糊性问题有两种解决方案。首先，数据要素应该在标准数据架构的基础上进行结构识别。系统化的数据分析有助于确定数据的原始来源，并确认数据分类。其次，对数据进行功能分析，以确定数据生成和管理的人员。例如，一个数据流图应该被用来识别哪些数据是通过外部代理产生和维护的。由此，可以通过数据生成/管理人员的识别、数据系统的结构分析以及数据生成和数据流的功能分析来阐明数据标准化。

企业在进行商业模式创新时，需要一个新业务规则的数据管理策略来适应新目标和战略。然而，现有的数据标准化阶段在标准数据的变更管理中存在困难。为了解决这一问题，可以采用企业级的标准数据架构，在数据变化时执行适当的变更管理。

（4）第4层：优化级。本级别是通过数据架构管理来实现数据管理。这个阶段定义了企业标准体系结构模型，是在定义的企业标准体系结构模型的基础上，对数据、数据模型和数据关系进行管理的优化数据管理阶段。

为了设置企业级的数据体系架构，企业可以采用两种分析方法：一种是基于逆向工程，自底向上的分析；另一种是基于企业标准数据的自顶向下的分析。此外，企业还可以执行一个功能性的数据分析，以确定负责数据生成/管理的人员。企业通过对新业务目标和策略的分析，就可以成功构建企业级的数据体系架构。

企业应该同时执行自顶向下和自底向上的数据管理方法，以实现标准化和企业标准化的数据架构。使用自底向上的方法，可以收集数据要素进行标准化；而使用自顶向下的方法，则可以分析数据结构。企业使用这两种方法就能从结构/功能的角度，选择标准的数据系统和数据要素，将原有的数据管理系统扩展为有规划的数据管理系统，以适应新的商业模式。

4. 实施数据质量管理

高质量的数据是当今企业管理不可缺少的要素。企业必须仔细甄别与其决策相关的数据，以便制订出确保数据准确性和完全性的业务策略，并为企业范围的数据共享提供方便。管理数据质量是企业的职责，数据管理在规划和协调工作中常常起着主导作用。为了实施数据质量管理，企业需要建立或重建一种数据质量方法。下面是一种按数据质量管理周期制订的管理方法。

（1）分析数据。

分析数据是界定整个数据质量方案的关键步骤，它能够让管理者了解所需数据原有的产业需求，清楚数据的位置、格式、类型、内容和质量，并发现数据源和目标电商系统之间隐藏的不一致和不兼容的情况。

（2）建立度量并定义目标。

建立度量并定义目标主要是帮助业务部门评定数据质量工作的成果。业务部门根据数据分析的结果，确定数据质量标准、维度、评估指标和度量方法，从而为后续工作的开展提供一个数据质量目标和评估基线。

（3）设计并实施数据质量业务规则。

明确企业的数据质量规则，即可重复使用的业务逻辑，管理如何清洁数据和解析用丁支持目标的字段和数据。业务部门和信息技术部门通过一同设计、测试、完善和实施数据质量业务规则，以达到最好的结果。

（4）将数据质量规则集成到商务智能流程。

通过数据集成流程来集成数据质量规则和活动（剖析、清洁/匹配、自动纠正和管理），对提高数据资产的准确度和价值至关重要。

（5）检查异常并重新定义规则。

检查异常并重新定义规则主要由涉及的质量核心团队成员和业务流程人员联合完成。在许多情况下，业务流程人员只能对业务流程和操作系统进行有限控制，这极易导致低劣的数据质量。因此，在记录数据质量问题以及启动正式的数据质量计划时，企业一定要让组织中的关键成员和管理人员参与其中。

（6）监控数据质量与目标对比。

监控数据质量与目标对比可以向用户提供报警机制。通过质量仪表盘或者实时通知主动监控数据质量，可帮助管理人员及时掌握数据的质量水平。

一个完整的数据质量管理应该是人、流程和技术的完美配合，如此才能实现数据质量管理的目标。数据质量处理流程可以分成两个部分：一是面向数据质量的分析过程；二是针对分析结果进行增强的过程。首先要识别和量化数据质量，然后要定义数据质量和目标，接下来要交给相关部门设计质量提升的流程，最后就是实现质量提升的流程，把原有的低质量数据变成高质量数据，并交付给运营人员使用。同时，整个环境中还需要有一些相关的监控和对比来评估是否达成目标，并决定是否需要进行新一轮数据质量的提升。这是一个周而复始、螺旋上升的过程，并不能一次性解决全部问题。

9.4.3 大数据质量管理

企业在数据化运营过程中，借助于网站/网店、客户互动、物流仓储和商务数字化等应用的实施不断获得海量的数据，致使其对大数据的质量管理产生多种迫切需求，并期望为开展大数据相关的研究和应用，以及从大数据发掘价值、获取洞察方面降低风险、提高效率和创造价值提供支撑。

从数据化运营中的大数据应用视角来看，大数据具有以下特点。

（1）运营中的大数据来源仍以企业内部数据为主。“互联网+”、智慧物流等新理念的产生，促进了移动设备、供应链系统、智能机器人、物联网等数字化技术的广泛应用，为海量数据的采集、存储和应用提供了基础。有研究表明，虽然社交媒体数据是运营中典型的大数据，但供应链和企业运营仍然是大数据的主要来源。

（2）大数据应用主要依赖于数据的关联整合。数据整合是数据分析项目的关键要素，对大数据质量管理尤为重要。在大数据应用和分析过程中，需要有效整合和分析海量的非结构化数据，才能达到数据洞察的效果。大数据技术将非结构化和结构化的数据关联起来，将人员、交易、社交、金融、空间、时间等分散数据集关联起来，对个体和群体关系的模式进行分析，从中发现价值。

（3）大数据分析的目的是预测。传统数据分析是基于历史数据的处理分析，其目的是寻找出现问题的原因。而大数据分析的首要目的是预测，可为即将可能发生的事件做好准备，将负面影响最小化，并抓住可能到来的机遇。

（4）大数据的个性化服务。大数据技术为数据的采集、存储、分析、挖掘和服务等提供了有效的支撑，能够协助企业理解消费模式和行为，更好地理解客户，对客户进行精准分类，从而为客户提供服务。

1. 大数据质量管理的复杂性

大数据质量对于大数据的应用至关重要。需要特别注意的是，大数据价值的发掘和体现必须建立在一定的数据质量基础之上，坚决不能持有“大数据基数巨大，可以忽视其数据质量”的观点。所以在进行大数据分析前，必须首先评估数据质量，以保证数据的质量。

大数据质量管理比一般数据质量管理复杂，主要体现在以下几个方面。

（1）多源数据、多种类数据。一方面，数据来源的复杂性和多样性，使得整合数据的难度大大增加。各个数据源在维度上需要保持一致或者互补，否则整合就无从谈起。另一方面，数据种类多，使得来源于不同组织的数据整合难度急剧增加。

（2）不受控制的重复使用。在大数据的使用过程中，各种结构化或非结构化数据集被多个使用者共享。在各种业务场景的数据不受约束，意味着每种应用都有各自的数据使用方式，其带来的直接后果可能是相同数据集合在各个业务场景中有不同的诠释，从而给数据的一致性埋下隐患。

（3）质量控制的权衡。对来源于企业外部的大数据，难以确定在数据获取过程中采用的数据控制手段，从而造成质量的不确定性。当内外部的数据有冲突时，使用者必须做出权衡：是修正数据使其与原始数据不一致，还是牺牲数据质量来保持与原始数据的一致性？

（4）数据的“重生”能力。大数据的特征增加了数据生命周期中的“重生”环节。在传统数据管理中，历史数据往往在其生命周期的后期转为冷存储或销毁。而在大数据分析中，历史数据与实时数据能够得到有效整合及重用。这意味着大数据质量管理应关注不同阶段的跨生命周期管理的能力。

上述大数据质量管理的复杂性，其主要原因可以归纳为以下几个方面。

（1）数据来源途径的差异，导致企业内外部对数据含义的解释存在一定差异。

（2）对来源于外部的数据不能有效地进行质量控制，难以追溯错误数据的来源。

（3）对数据的一致性清洗维护会导致其与原始数据不一致，影响对业务应用的跟踪，甚至可能引起对分析结果的怀疑。

（4）大数据存储方式的发展扩展了数据的获取时间和范围，使得数据可能在数据存储期间发生变化，从而带来数据有效性风险。

（5）对海量数据的分析和处理，使传统数据库技术和管理平台面临较大的挑战。

从本质上说，大数据与传统数据质量的概念没有差异。从这个意义上讲，如果考虑了对事物属性特征表示方式的差异，则传统的数据质量概念仍然适合大数据。所以，可将大数据质量大致定义为：大数据质量是合乎需求的程度。

数据质量可以用多种度量维度来衡量（评估），目前对大数据质量维度的研究仍然存在许多争论。许多研究都提到大数据的 4 个维度和 18 个属性。

（1）大数据固有质量维度：客观性、可信性、可靠性、价值密度、多样性。

（2）大数据环境质量维度：完整性、相关性、适量性、增值性、及时性、易操作性、广泛性。

（3）大数据表达质量维度：简明性、可解释性、一致性、易懂性。

（4）大数据访问质量维度：可访问性、安全性。

2. 大数据质量策略

大数据质量策略对质量管理文化、职责和角色、流程和方法、服务级别协议等具有深远的影响。大数据质量策略是企业战略的一部分，因此管理层对大数据质量的态度直接影响着大数据质量管理实施的效果。大数据质量策略的目标是传达业务发展策略，为业务策略的执行和成功提供保证。其主要包括以下工作。

（1）结合组织业务经营策略和大数据策略，制订、评估和更新组织级的大数据质量策略，主要包括的活动有：①确定、分析和记录大数据质量对业务目标、绩效、业务创新的影响；②规范、审核和更新大数据质量管理的目标和流程，使其满足利益相关者的需要和期望，并且与业务创新、发展和管理策略保持一致；③确保大数据质量管理策略的有效执行，防止不协调的情况发生；④定义大数据质量管理参与部门的工作职责；⑤定义大数据质量分级控制策略下的内外部数据管理、多源异构数据整合、内外部数据一致性控制、数据融合、数据重用等策略。

（2）企业高层要积极参与制订大数据质量策略，确保大数据质量框架的开发、共享、实施、改进工作与管理体系协调一致，主要包括的活动有：①协调大数据质量管理体系的开发、管理和实施工作，并进行测量、评估和改进；②确保大数据质量管理体系的清晰定义和授权；③定义和更新相关过程及活动的优先级，保证与业务、成本效益的协调。

3. 大数据质量控制目标

大数据质量控制目标是实现内外部数据质量的监测，通过定量化评估、识别和检测，明确大数据质量与业务流程间的关系，完成大数据质量报告等。其主要包括以下工作。

（1）识别大数据质量对业务的影响，在数据所有者和使用者的配合下，选择、定义和维护合适的大数据质量监测维度及检查规则，主要包括的活动有：①根据业务需求和优先级，识别和定义质量维度；②识别数据缺陷与业务绩效流程间的关系，进行数据缺陷因果分析，根据分析结果确定数据监测点、检测方法和质量测量方法；③确定质量维度的上、下阈值和目标，对质量进行持续监测；④改进多数据源数据供应、标准化、清洗等；⑤针对自动采集的数据，实施跨流程的质量关联核查，监测多数据源关联的一致性检查。

（2）建立、维护关键业务数据的知识库和质量规则库，主要包括的活动有：①确定纳入关键业务数据知识库中的数据元素；②基于确定的关键业务元素，建立和更新企业级关键业务数据知识库；③基于监测数据的质量维度的测量规则，建立和维护数据质量规则库。

4. 大数据质量控制流程和方法

控制流程和方法是大数据质量控制目标实现的重要保障。对于业务流程中的各类数据，按照“一次做好”的原则主动进行管理和维护，采取“预防代替修改”的数据质量措施，确保企业内数据达到高质量的目标。在企业核心业务流程中主动管理、使用和维护大数据，保证内部大数据在其全生命周期中保持高质量水平。这些主要方法涉及以下方面。

（1）系统地设计、管理和改进质量管理流程，主要包括：①识别、审批和优化质量活动需要的人员、技术资源和财务费用；②开展管理质量培训，培养全员质量规范、管理流程的意识；③设计、改进和提供数据产品（如客户、供应商主数据）和服务（如数据集成服务、数据支持服务）；④配置服务水平协议（SLA），提供对应的解决方案。

（2）定义和改进数据的采集、应用和维护任务，主要包括：①定义数据使用者和其他利益相关者；②建立覆盖数据全生命周期管理的知识库；③设计、实施、监测和改进数据采集、使用和维护流程，以保证其符合监管和业务规则的要求；④建立和实施数据自动采集智能设备（传感器、移动 App 等设备）的定期检查制度、校准制度和流程，确保数据采集质量；⑤依据对数据质量的期望，开展数据质量评估，保证数据质量和可用性；⑥积极推进数据质量改进的相关分析、数据质量标准化等。

5. 大数据质量管理实施方法

大数据质量管理实施方法可分为 5 个阶段，即定义、测量、分析、改进和控制。各阶段的具体任务如下。

（1）定义：确定业务需求；明确项目范围、所需资源；确定与业务需求一致的度量指标，即确定数据质量分析的维度、规则、评估指标等。要特别注意内外部数据管理、多源异构数据整合、内外部数据一致性控制、冷数据和热数据的融合、数据重用等需求，从而为数据质量分析提供依据。

（2）测量：根据数据质量测量分析维度、规则等，对选定的数据进行检查。

（3）分析：根据检查结果进行评估分析，找出存在的数据问题，以及问题的主要原因，生成并提交数据质量改进方案报告。

（4）改进：根据数据质量改进方案，对数据控制方式做出改进，提升数据质量。

（5）控制：建立长效机制，将质量管理工作纳入业务流程管理中，持续保证数据质量的提升。

关键术语

数据化运营、数据运营、数据运营管理、访客数、转化率、客单价、网站分析、流量分析、页面分析、产品分析、服务分析、数据运营分析过程、运营对象、分析类型、定期数据分析、内容分析、运营优化、数据质量、质量维度、质量评估、质量管理方法、数据质量成熟度模型、大数据质量策略、大数据质量控制

思考题

1. 为什么电子商务企业要实施数据化运营？
2. 在电子商务运营中，我们会获得哪些类型的数据？
3. 试说明电子商务运营中有哪些指标数据以及这些指标数据的作用是什么。
4. 试说明数据运营分析过程，并与数据挖掘过程进行比较。
5. 为支持数据运营管理，可实施哪些类型的数据分析任务？
6. 试说明在各种运营分析中，指标数据是如何支撑分析结果的。
7. 理解数据运营的优化过程，并举例说明该过程中具体要完成的任务。
8. 试说明数据质量概念及其特点，以及数据质量维度的内容和含义。
9. 简要说明一种数据质量评估方法，并参照数据质量成熟度模型，说明如何运用质量评估方法。
10. 按数据质量管理周期，说明各阶段的重点管理任务。
11. 简要说明大数据质量控制实施方法，并说明在各阶段的任务中如何体现控制目标。

第 10 章 人力资源管理

【学习目标】

通过本章的学习，读者应达到以下目标：

- 了解电子商务给人力资源管理带来的影响，初步掌握组建电商运营团队的方法；
- 初步掌握阿米巴经营管理模式的概念和组织方法；
- 理解数据化运营团队的协作需求和实施方法。

【能力目标】

- 具备说明如何组建和管理数据化运营团队的能力。

【引导案例】

2007 年 3 月，兰亭集势网站正式上线。彼时，时任 CEO 的郭去疾在战略上另辟蹊径——“走出去”，做外贸 B2C。上线第一年，兰亭集势的收入就达到了 626 万美元；2013 年，兰亭集势在纽交所上市，估值 4.65 亿美元，融资 7 900 万美元，成为在美国上市的中国跨境电商第一股。这得益于兰序集势独特的商业模式和优秀的创始团队，也隐藏着一股与生俱来的隐忧。

郭去疾为兰亭集势搭建的商业模式是：做跨国 B2C，用 Google 推广，用 Paypal 支付，用 UPS 和 DHL 发货。看似一个简单的外贸 B2C 的轻资产运作，其实质是缩短整个外贸的产业链。

兰亭集势的团队是一个“梦之队”。2006 年，海归郭去疾刚回到中国，担任 Google 中国首席战略官，同样是海归的文心时任博客中国网副总裁。郭去疾与文心交流后，两人开始设想如何做海外消费品的生意。此时，郭去疾还找来卓越前副总裁刘俊，刘俊又拉上当当和卓越的供应商张良。他们 4 人丰富的互联网工作经验为日后兰亭集势的发展打下了良好的基础。

2007 年兰亭集势正式上线时，主持公司的是文心和张良。2008 年年底，辞去 Google 中国首席战略官的郭去疾正式担任兰亭集势董事长兼 CEO。4 个创始人中，郭去疾负责战略、融资等，总裁文心负责营销，刘俊负责运营，张良负责采购。

郭去疾是兰亭集势的核心人物，1999 年中国科技大学少年班毕业，2001 年获伊利诺大学电子工程硕士学位，2001 年到 2003 年在微软总部担任软件设计工程师，2004 年在亚马逊业务开发团队工作，2005 年获斯坦福大学 MBA 学位，2005 年到 2008 年担任谷歌中国首席战略官和谷歌中国总裁李开复的特别助理。李开复用“聪明绝顶”4 个字评价他。

上市初的兰亭集势股票暴涨，营收飙升。但好景不长，兰亭集势没多久便迅速陷入了无限的内忧外患之中。上市仅仅两个多月，兰亭集势就遭到了美国 3 家律师事务所的集体诉讼，原因是其涉嫌违反美国《证券交易法》，结果数日内市值蒸发了一半。上市后兰亭集势连年亏损，2013 年亏损 470 万美元，2014 年亏损 2 400 万美元，2015 年亏损 3 940 万美元，2016 年三季报净亏损达 230 万美元。

公司业绩每况愈下，高管先后离职，包括创始人文心、首席财务官、首席执行官，以及任职刚半年的职业经理人 Mark。2015 年由于公司运营资金困难无法发放员工工资，导致大量员工离职。

（资料来源：兰亭集势陷入“成也营销，败也营销”的尴尬境地，阿里云，2014 年 12 月 10 日）

一般认为，人力资源管理包括设计和实施一整套企业内持续的政策和实践，以保证一个企业的人力资本即员工的集体知识、技能和能力能够为实现企业的业务目标做出贡献。显然，人是企业可持续竞争优势的一个重要来源，对这种人力资本而非实际资本的有效管理，是一个企业绩效的最终决定因素。人力资源管理的实践包括许多活动，通过这些活动，电子商务企业才能创造出满足需求的人力资本。进一步看，现代人力资源管理不再把人看作是企业的一种生产要素，而是将其视为一种投资。企业不仅关注如何根据企业目标来用人，而且还把人看作可以带来丰厚回报的最有创造力和最有价值的资源。

从前文的引导案例中，我们看到创业团队和运营团队的重要性和它们之间的相互影响。那么，究竟电子商务对人力资源管理有哪些影响？电子商务企业应该如何建立运营团队？数据化运营团队应该如何协同合作？

10.1 运营团队建设

电子商务已经成为当今企业经营无法回避的一种商业行为。企业要成功地实施和发展电子商务，人才是关键。目前，制约电子商务发展的瓶颈是电子商务人才，特别是高层次复合型管理人才严重匮乏。因此，企业做好人力资源管理战略，开发、吸引并留住各类电子商务人才，是一项重要的运营管理工作。

10.1.1 电子商务带来的影响

随着中国近 10 年的高速发展，电子商务迅速普及，大量传统企业以各种各样的形式进入电子商务相关领域，拓展电子商务业务，给企业人力资源管理带来了多方面的影响。

（1）一般劳动力剩余和专业人才严重缺乏。

一方面，电子商务的出现，使企业的商业模式发生了很大的变化。直销模式的采用使生产商可以直接将产品销售给客户，减少了许多中间层次的批发和零售环节，造成了大量剩余劳动力。另一方面，电子商务的发展需要大量高素质的人才，尤以高层次、复合型的电子商务人才、IT 专业人才以及经营管理人才最为紧缺。另外，理论专家较少介入这个领域，战略人才还没有得到重用，高级管理人才匮乏。在这种竞争环境下，一方面企业迫切需要具备专业技术、综合能力较强的人才；另一方面企业人才培养也面临着严峻的“升级换代”挑战。

（2）以人为本，人才自主权显著上升。

电子商务人才具有了更多的就业选择权与工作决定权，而不是被动地适应企业的要求。互联网在人力资源管理中的应用，一方面普及了网上招聘，求职者可以通过网络在全国甚至全球范围内寻找合适的职位；另一方面，需要人才的企业同样可以在全球范围内搜索理想的人才。人才自主权的扩大要求企业充分尊重人才择业的选择权和工作的自主权，并站在人才内在需求的角度最大限度地为他们创造良好的工作条件、宽松的工作环境和符合市场标准的物质待遇。

（3）人力资源管理的中心应向知识型员工转移。

知识型员工是指主要依靠智力创造物质的员工，他们通过自己的创意、分析、判断和设计等为企业提供创造性的劳动，为产品或服务带来高额的附加价值。人力资源管理的重心向知识型员工转移。一方面要充分尊重他们的意愿，为他们创造各种可能的条件；另一方面，还要根据他们的特点，采用可行的管理方法，选择高效的激励措施。

（4）学习与培训成为人力资源管理的基本任务。

信息技术的发展，使得知识的传播和扩散变得极为快捷、高效、低成本，同时也使得知识的更新速度日益加快。这将迫使员工不断学习，提高自己适应新技术和新环境的能力。与此同时，网络技术在企业管理中的应用，也使得员工的学习和培训比过去更为方便、灵活、富有成效。

（5）管理成本上升。

电子商务人力资源的竞争要求企业在甄选人才、培养人才和挖掘人才等方面做出比以前更多的努力。企业为适应新环境的要求，就要对现有企业员工进行各种形式的专业培训、采用各种方式提高企业知识共享的程度、建立学习型组织等，而这些都会增加企业人力资源管理的难度和成本。

10.1.2 建立电商运营团队

互联网技术的快速发展为电商运营团队的形成创造了良好的外部条件。互联网技术改变了企业的运营模式和组织结构。这使得电商运营团队表现出与传统团队不同的三大特点，即网络化、虚拟化和扁平化。

（1）网络化：通过互联网将原本分散的个体组建成一个网络进行管理的模式。电子商务业务的展开，正将现实的东西全部搬到网络上，不仅是产品推广和营销网络化，生产也逐步网络化。在此基础上，不少企业开始追求团队的网络化。例如，企业实行无纸化办公，没有固定的工作场所，没有固定的员工，日常运作基本上都在网络上进行。这种经营模式不仅节约了企业的运营成本，提高了工作效率，还增强了企业与客户之间的沟通和交流。

（2）虚拟化：企业在形态上突破了以往有形的界限，尽管依然履行生产、行销、财务等功能，但不会设置单独的部门。这种组织由跨地区、跨组织，通过通信和信息技术连结，试图完成共同任务的成员组成。这种团队的主要特征是：①团队成员要有共同的目标；②团队成员之间比较离散；③团队成员采用线上沟通方式；④拥有宽泛型的组织边界。

（3）扁平化：为解决层级结构组织难题而出现的管理模式。通过减少行政管理层次、裁减冗余人员建立一种紧凑、干练的组织结构。传统团队的规模扩大时，最有效的办法是增加管理层次，团队呈金字塔状。扁平化管理则是精简机构、增加管理幅度，压缩成扁平状。扁平化管理的 5 个特征是：精简环节、分权、系统性、影响力和加大控制幅度。

电子商务企业组建自己的运营团队能够大大提高综合竞争力、降低经营成本、优化资源配置，实现利润的最大化。但是，如何组建电商运营团队，并让团队在业务拓展中发挥更大作用常常是困扰企业的一大难题。电商运营团队强调团队合作，需要分工明确，各司其职，默契配合。组建电商运营团队应关注以下 3 个方面。

（1）设置团队的基本架构。电商运营团队建设靠的不是个人英雄主义，而是团队协作精神，因此团队需要不同层次、各司其职的优秀人才。一支电商运营团队中至少要具备 4 种角色，才是一支完整意义上的团队。①领导者：总经理或副总，主要负责运营团队的行政管理、协调、监督工作，如招聘、培训、业绩考核以及销售工作进展执行情况的监督和检查等。②运营经理或主管：主要负责具体的运营事务，制订运营方案和运营计划、调研客户、搜集内外部运作相关信息、制订数据运营决策等，确保运营工作顺利进行；③业务人员：运营计划的具体执行者，这部分人员是团队的主要力量，也是业绩的主要创造者；④支撑服务人员：负责团队的辅助性工作，如将客户、服务资料汇总归档，随时掌握客户和业务的情况，为客户提供咨询和回访服务，确保企业资源的高效利用等。团队不是仅仅把许多人集合在一起工作就行，而要有严密的内部结构和分工职责。

（2）建立阶梯形的运营模式。结构调整的关键目标就是优化流程。在团队中，可以按照执行力的强弱分成几个梯队，如第一梯队、第二梯队、第三梯队。第一梯队的业务水平最高，执行力最强，他们是整个团队中的精英，可以为团队创造一流的业绩，应当放在最重要的岗位上；第二梯队人数较多，业务水平一般，是团队的基本力量，团队没有他们就不能运转，但是他们的能力相对有限，承担的工作相对简单；第三梯队是团队中可有可无的人员，属于随时能淘汰的人员，如果第一、第二梯队中补充一名新人，那么第三梯队就要相应地淘汰一名人员。

（3）制订自由竞争规则，实行公平的考核机制。让能者顺利上位，将庸者、懒者及时替换下来，才是有效的激励机制。人的能力有大小，不同能力的人对团队的贡献也不同。尤其是在电商团队中，知识更新、更快，产品周期更短。这对每个人的学习能力、适应能力都提出了更高的要求。因此，成员在团队中的地位也会在短时间内得到提升。团队管理者要区别对待不同能力的员工，根据每个人在团队中的贡献大小，有针对性地制订管理策略，实现人才资源良性循环，促进团队成员之间的自由竞争。

10.1.3 阿米巴经营管理模式

阿米巴是一种生活在水中的、寄生性很强的单细胞动物，其生存模式后来被日本“经营之圣”稻盛和夫运用到企业经营管理中，并逐步发展成一种经营管理模式，称为阿米巴经营管理模式。阿米巴经营管理模式的特点是以“工作流程”为核心，将整个组织划分为多个小团队，每个小团队相对独立，独立经营、独立核算。阿米巴经营管理模式的精髓就是将核算作为衡量员工贡献的重要指标，在管理上实行会员参与，高度透明化。这与高度自由化的电商运营不谋而合，因此该模式逐渐成为电商运营团队最稳定的管理模式。

阿米巴经营管理模式改变了传统企业的组织架构。传统企业的组织架构呈层级式，自上而下包含多个职能部门，如生产部、销售部、市场部、财务部、研究与发展部、人力资源部等。在传统的组织架构中，各部门没有独立的权利，均属于企业高层，呈直线型管理，需要每一级对其下一级负责，责权分明。虽然这种组织架构在一定程度上便于管理，但由于管理权只掌握在高层管理者手中，管理效率自然低下。时间长了，每个职能部门只能按照既定职责去做，部门与部门、员工与员工之间的关系便会逐步僵化。尤其是当企业外部环境发生重大变化时，这种组织架构的缺陷就会日益暴露出来：高层领导陷入日常管理活动中，没有精力考虑长远的发展战略；行政机构越来越复杂，增加管理成本；各个部门横向联系薄弱，协调越来越难；高层到达基层的信息传递不顺畅，进而影响企业的高效运营，不利于企业的长远发展。

1. 阿米巴经营管理模式的特征

阿米巴经营管理模式真正实现了全员参与，最大限度地发挥了企业中每位员工的积极性和潜在创造力，可以有效解决企业存在的权责利不明问题。阿米巴经营管理模式是电子商务企业组织架构的主体，追求扁平化管理，缩短管理链条，实行小单位作战。这类企业常常会表现出以下特点：管理高度透明，实现自上而下和自下而上的整合；自行制订计划，经营相对独立；每个部门拥有独立的核算权，以核算作为衡量员工贡献的重要指标；全员参与，培养全员领导力，依靠全体智慧和努力完成经营目标。

阿米巴经营管理模式具有以下特征。

（1）建立独立的业务单元。“独立的业务单元”是阿米巴经营管理模式的最大特点。例如，如果一个产品的网络销售需要经过采购、入库、网上交易、配送 4 个步骤来完成，则企业可分别赋予这 4 个步骤的管理者以独立的形态，不必统一从属于某个上级部门。

（2）业务单元有独立的经营权和核算权。阿米巴组织管理者可以实时掌握销售目标和物流目标的完成情况及经费支出等情况，随时采取必要的措施。大企业可以将其各职能部门划分为独立的阿米巴组织，如企业培训部既可以为企业员工提供培训服务，也可以利用其优势为企业外部人员提供服务。

（3）以企业的整体目标和方针为前提。尽管每个业务单元具有相对的独立性，但并不是一盘散沙，各自为战。每个独立的业务单元都必须围绕企业的整体目标和方针进行运作。例如，以产品网络销售为例，整个程序大致可划分成采购部、仓储部、销售部和配送部 4 个独立的阿米巴组织。最后按照各自的核算标准，销售部得到 50%的佣金，采购部得到 20%的佣金，配送部得到 20%的佣金，仓储部得到 10%的佣金。这些利益分配必须合理，才能调动各部门的积极性，避免各部门因责权利不平衡而对工作相互推诿。在这种情况下，各部门虽然是各自为战，但都是以企业整体利益为前提的。

（4）随着影响因素的变化快速调整。随着企业经营状况、市场动态，以及竞争对手等一系列的因素变化，阿米巴经营管理模式需要做出相应的调整，以符合当时的实际情况，实现最优化的配置。

案例 10-1

韩都衣舍的阿米巴经营管理模式

国内“快时尚”品牌韩都衣舍（以下简称“韩都”）依靠阿米巴的小组制模式，用短短 9 年时间将集团收入从几十万元做到 2015 年的 15 亿元，成为互联网最为成功的电商之一。

2015 年“双十一”，韩都做出了 3 天发货 180 万单的成绩。

销售火爆的背后，依赖的是阿米巴经营管理模式抓取流行款项生产的模式。截至 2015 年 11 月 30 日，韩都旗下品牌达到 28 个，公司员工有 2 600 多人，线上店铺保持每周上新速度，全年上新可达 30 000 款。

韩都小组制模式是以产品为核心的单品销售体系。在这个体系里面，由 2～3 名员工组成一个小组，每个小组享有公司赋予的绝对权力，由选款师担任组长，页面制作专员和库存管理专员能够自主确定品牌单品款式、尺码数量、打折力度。

韩都这样的小组总共有 280 个，由于本身就具备从采购、宣传到产品出库的职能，所以每个小组都可视作一个独立运营的体系。公司管理层的作用是确订规则，让这些小组之间形成良好的竞争局面，以确保整个体系能够顺利运营。

最初，每个小组会获得 2 万元到 5 万元的启动资金，之后每个月小组资金使用额度会随着小组成立时间逐月递减，成立 3 个月内小组可以使用本组上月销售额的 100%，3 个月以上逐步递减到 70%。

核算是衡量员工贡献的重要指标，每个小组的提成按照“业绩提成公式”来核算，其中涉及业绩完成率、毛利率、库存周转率。

在每个小组内，组长拥有的权力比组员更大，除了决定款式以外，还可决定每个组员的分成。这也进一步完善了内部的竞争机制。小组成员能够脱离原来小组自由组合产生新的小组，而原有小组享有新组前 6 个月 10%的业绩提成。

这套机制促使韩都小组从最初的 40 个裂变成 280 个。这种提成模式也形成了自然的淘汰机制，使业绩达不到要求的自然裂变重新组合。

在集团方面，韩都后方供应链系统、信息系统、中央职能储运物流系统及客服系统与前端小组进行对接，保证产品内容生产服务。

（资料来源：280 个三人小组 韩都衣舍一年上新 3 万款的秘密，第一财经日报，2015 年 11 月 30 日）

2. 如何拆分形成阿米巴业务单元

企业为实现利益最大化、成本最小化，会将组织结构进行细分，使其成为一个独立部分，即阿米巴单元。可以说，结构简单、人员精练是阿米巴经营管理模式的外在表现。阿米巴组织应体现人员分工明确，各司其职。划分阿米巴业务单元必须先抛开传统金字塔架构的固有观点，根据企业的实际情况，按照不同的维度去划分。通常可以按照以下几种方法来划分。

（1）按照企业内部价值链划分。

按照企业内部价值链划分要明确每个业务单元在价值链环节当中所产生的价值，针对创造利润的环节增大投入，提升企业的整体盈利水平。企业常见的价值链包括仓储环节价值链、供应环节价值链、物流环节价值链，以及售前、售后环节的服务价值链等。

例如，某服装企业主要负责女装的销售工作，需要制订并执行项目营销计划，从而把服装销售出去，因此，其按照阿米巴组织的划分原则，从工作职能的角度出发，将组织划分为策划部、销售部、客户部、推广部、合约部。

策划部主要负责制订项目定位推广方案，也要负责项目内部结构分割生产和市场预算两项工作，于是又可以把策划部划分为文案小组与设计小组两个业务单元；销售部负责实施策划部制订的项目推广方案进行服装销售，1 个项目通常由 3～4 个小组负责，但是每个项目的销售人员不超过 12 人。这样可以精简人员，也可以更好地发挥每个人的销售潜能。分工明确能够让员工各司其职，发挥各自所长，从而顺利把服装销售出去。其他部门如客户部、推广部、合约部均可独立完成各自的主要工作。企业可以根据自身实际情况将它们划分为独立的业务单元，自负盈亏，从而实现“人人参与企业经营”的目的。

（2）按照产品划分。

按照产品划分主要是以企业所生产的产品为基础，将与生产某个产品有关的活动完全置于同一个业务单元内，再在业务单元内部细分职能部门。按这种维度划分的阿米巴组织，每种产品线即是一个独立组织。这种划分模式最大的优势是能判断出做哪些事情是客户最需要的，从而使产品或服务能更好地满足客户需求。

例如，某服装生产企业可以根据不同的工序进行组织划分。服装生产流程为：排料、裁剪、缝制、锁眼钉扣和整烫 5 道工序。按照阿米巴经营组织的划分原则，可以将这 5 道工序划分成 5 个独立的阿米巴组织。每个阿米巴组织都有一位管理者根据每天的“单位时间核算表”来核算该部门内部的盈亏情况。当市场发生变化时，管理者要及时做出调整。

在此应注意的是，按照产品维度划分企业需要拥有多个全面管理型人才。因为每个产品的业务单元都是独立经营，企业管理层可能难以面面俱到，而且阿米巴组织管理模式对人才要求较高，往往不容易找到。

（3）按照客户划分。

按照客户划分的业务单元通常与销售部门的工作有关，这是电商团队中最常见的一种划分方法。理论上任何业务单元都可以做任何品类，鼓励竞争，在竞争中形成定位和优势，企业的控制点就是把企业所有的资源进行模拟定价。同时，企业在每个星期、每个月都会进行业绩排名，主要考核两个方面的业绩：一是销售数量，二是上新数量。

3. 阿米巴业务单元的管理

实施阿米巴经营管理模式的基本做法是，将团队拆分成若干个独立经营、独立核算的阿米巴业务单元。为了对这些业务单元进行有效的管理，企业必须具备以下 5 个条件。

（1）企业内部的信任关系。企业发展需要依靠员工的共同努力，所以企业高层管理者应相信员工的能力。作为员工，必须持积极的工作态度认真工作。这关系到企业、客户甚至自己的长期利益。无论是管理者还是员工，都必须把企业运营建立在互相信任的基础之上。这是实施阿米巴经营管理模式最基本的条件。

（2）保持运营数据的严谨性。为更好地实行阿米巴经营管理模式，企业必须对运营数据持严谨的态度，需要有完美主义的精神。如果做不到这一点，那么阿米巴经营管理模式就无法真正发挥其应有的作用。而保证运营数据准确严谨的关键，就是要求企业踏实、认真地搜集、分析数据，利用数据实施阿米巴经营管理模式。

（3）及时反馈运营数据。阿米巴经营管理模式成立的一个主要条件就是，及时把第一线运营的数据反馈给企业管理层。阿米巴经营管理模式应让管理层能及时根据数据做出判断并采取得力的措施。因此，企业必须建立能够及时把数据反馈给管理层的体系。

（4）符合工作特性。电子商务企业经营越来越重视灵活性和速度。如果业务单元的分割和工作特性不符，就有可能在某些环节出现差错或无法灵活处理发生的问题。如果发现有更好的业务单元分割方法，企业应及时做出优化调整。因此，企业管理人员应定期检测阿米巴业务单元是否符合工作特性和工作流程，根据实际需求灵活改变阿米巴业务单元的编制。

（5）强化对员工的培训教育。阿米巴经营管理模式对员工的素质要求较高。如果员工缺乏相关专业知识，就难以发现运营数据中反映的问题并找到解决方法。因而，企业需要对员工进行基本的理论学习和基于案例的现场教育，而且高层管理人员应保持与员工一起分析问题、共同解决问题的姿态。同时，各业务单元应该定期分享解决问题的经验与智慧。

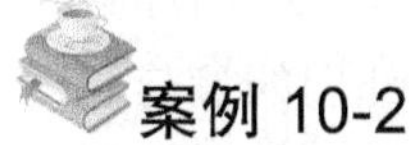

案例 10-2

海尔“自主经营体”的成功秘诀

海尔的“自主经营体”（SBU）类似稻盛和夫的阿米巴经营管理模式，但更加适合中国的国情。海尔创造的自主经营体，一方面，极大地激发了员工的活力，提高了员工的自主能动性，让员工人人成为“小企业家”；另一方面，在“日日清”的止动力、“日日高”的拉动力以及企业文化的凝聚向心力共同作用下，海尔集团保持了快速前进的发展步伐。

张瑞敏说过，“企业说到底就是人，管理说到底就是借力”。因此，如何调动全集团员工的积极性是海尔最重视的问题。海尔首先从经营哲学出发凸显人的重要性，从人的内在因素激发员工的积极性。

自主经营体倡导员工对自己负责的自主管理方法，即“道法自然，无为而治”；同时，又提供“反求诸己，以人为本”，重视人的个性特征和主观能动性的人本管理。更进一步来看，海尔在传承的基础上进行了创新，即对待人才的态度是“人人是人才，赛马不相马。你能够翻多大跟头，就给你搭建多大舞台”。也就是说，以实际的业绩来奠定地位，以付出的努力来获得岗位。这种思想是对传统“伯乐相马”思想的改良。“伯乐相马”偏重于人才要得到慧眼识珠之人的赏识，才有可能发挥才能的理念。但是当下竞争很激烈，只有主动通过能力来证明自己，才能脱颖而出，于是就有了海尔“赛马”的想法。

这种想法可以通过制度来保证：海尔的员工有优秀员工、合格员工、不合格员工之分，通过考核给予维持、升级或者降级的安排。结合对员工的授权，让员工能够放开手脚大胆做事，从而促进了人才的持续产生和不断进步。

与此同时，海尔 SBU 与阿米巴经营管理模式的理念不谋而合，并且 SBU 进一步克服了阿米巴经营管理模式与中国企业的文化冲突。海尔除了将传统文化的“忠”融入企业日常运转外，还将结果直接与员工的个人收入、晋升挂钩，从而实现了精神层面和物质层面的双重引导，更好地调动起员工的积极性。

另外，海尔还以创新的制度保证 SBU 的实施。SBU 在海尔产生了良好的效果，在 OEC 管理模式（日事日毕、日清日高管理法）与以“市场链”为纽带的业务流程再造（索酬、索赔、跳闸）的基础上，将每一位员工从管理的客体变为经营的主体，实现“人单合一”。

海尔为每一个 SBU 设计了一张财务报表——SBU 损益兑现表，将支出和收入都写得清清楚楚，使员工对自己负责，对整个流程进行控制。海尔根据表上所反映的结果，对连续两个周期亏损的人员做出一定调整，而有利润的 SBU 员工可以提成。这样既能降低企业的管理费用，又能极大地调动员工的积极性。

（资料来源：两句话说明海尔“自主经营体”的成功秘诀，搜狐网，2016 年 2 月 21 日）

10.2 数据化运营团队的协同合作

数据化运营是企业全员参与实施的一项数据分析和应用活动。数据分析部门和数据分析师在数据化运营中则扮演着中心和主力的角色，但是也离不开业务部门的参与、理解、应用和支持。只有业务部门和分析部门通力合作，企业的数据化运营工作才能得以高效开展。

在数据化运营实践中，分析团队和业务团队既会密切配合，又会保持各自独特的专业性。业务部门有自己的专业领域，并有相应的专业技能要求，如运营支撑部门和采购部门对分析的要求就很不一样，风险团队关注的事情和市场营销部门关心的事情也很不一样。但是处于数据化运营这个大场景中，业务团队则必须具备与数据分析相关的一些基本技能和要求。

10.2.1 对业务团队的要求

业务团队成员应具备如下基本分析技能。

（1）读懂报表的能力：能从与自己业务有关的日报、周报、月报、监控报表中发现运营的相关异常现象，具备基本的图表处理能力，包括针对具体的运营场景，能制作趋势图、分布图、透视表、二维交叉图等，并能解释数据的波动所反映的业务状况。

（2）细分用户的能力：能按照合理的维度切分用户群体，并能针对不同群体进行细分运营。这里的维度主要是指基于运营方的具体运营目的，能提炼出简单却重要的核心变量，并能对其进行合理的维度分类。

（3）运营监控的能力：能设计、制作简单的监控表格，从而监控运营过程和关键环节，包括为了监控而在业务流程中设置检查点以及控制运营的节奏等。

（4）分析总结的能力：应用人员能针对具体的运营活动进行效果总结，能针对目标受众的属性进行单维度的简单统计分析，能理解数据分析师的分析报告，且最好是能提出自己的建议和意见。

（5）预测目标的能力：业务人员能根据自己的业务经验和业务敏感度，对具体运营方案的结果有阶段性的预测能力。

在数据化运营中，业务团队成员应具备从事以下工作的能力。

（1）提出业务分析需求，并能胜任基本的分析任务。

业务团队的成员首先要能提出合理的、有价值的、有意义的业务分析需求。可以说，数据化运营来自于业务需求、服务于业务需求，而业务需求的主要来源就是业务团队的需求。业务团队不仅要提出分析需求，而且要尽量保证这个需求是合理的，有价值的有意义的。所以，提出的业务分析需求应经过业务团队内部的充分讨论、过滤，尽量避免无效、无理需求的产生导致资源浪费，提高分析效率和数据化运营效率。由于各业务团队的业务水平存在差异，因此需求的有效性也存在相应的差异。由于业务团队自身对于业务逻辑的思考不严密或者对于数据分析的应用条件不了解，有些来自业务方的分析需求在当时往往难以实现。例如，业务人员想就客户的促销反馈进行分析，但缺少相应的客户人口统计数据，以致难以获得更多的市场分类。

业务团队提出分析需求的能力和水平也是一个不断进步、提高的过程。其中，分析团队和数据分析师在引领业务团队数据运营水平成长的过程中发挥着重要的引导作用。只有业务人员与分析人员通力合作，才能提升数据化运营水平。

（2）为分析人员提供业务经验和参考建议。

业务人员看待业务的角度和深度与分析人员存在明显的差异，业务人员更具运营直觉和业务敏感度，即业务经验，而这些直觉、经验是分析人员所不具备的。

在数据化运营的分析过程中，业务经验和直觉非常重要，业务人员的参与往往会达到事半功倍的效果。如果没有业务人员的参与，即使分析挖掘工具再先进也可能会误入歧途。要从成百上千的变量中提炼有价值的因子，一方面，需要消耗太多的探索时间；另一方面，分析结论也难以达到业务可解释性。业务可解释性本身是一个评价数据分析项目优劣的重要因素。

（3）策划和执行数据化运营方案。

业务人员与分析人员经过协作，获得数据分析结果和规则。如此就可以按这些结果和规则制订相应的精细化运营方案，而只有将这些方案进行试验测试后予以实施，才能真正实现数据运营化。

运营方案的策划和执行是业务人员的专长和专业，其中涉及比较多的专业技能，包括运营与推广的能力、内容创造与文案编写的能力、网页设计能力、工具绘图与审美能力、用户消费心理的分析与把握能力等。业务人员是商业运作的执行者，应具有良好的沟通能力和技巧，可以在业务链的上下游业务部门之间有效沟通，并借助于各相关业务部门的力量完成运营工作。

（4）跟踪运营效果、反馈和总结。

数据化运营是落地的应用，必须用实施结果证明其有效。运营效果跟踪是整个项目应用评价的关键步骤。通过对应用效果的跟踪、反馈与总结，一方面可对数据模型的质量进行客观评价，另一方面可对运营的技术、做法进行比较和判断，从而为今后模型的优化、运营技术的提升打下基础。

对运营效果的评估，包括模型效果的评估和运营效果的评估两个方面。模型效果的评估，主要是判断模型本身在应用中是否与当初模型训练时的效果类似，也就是模型是否如当初搭建时所想的那样稳定；而运营效果的评估，就是排除模型本身的效果因素，专门考查运营因素导致的效果差异，通过相关的数据分析找出运营中好的地方和不足之处，以便以后扬长避短，为后续提升运营活动的效果提供新的思考和依据。常用 AB Test 方法进行运营效果的评估，即通过对相似群体不同运营方案实施后的效果进行对比，评价不同运营方案的运营价值和优缺点。

10.2.2 分析团队的组织结构

为了使数据化运营项目取得成效，需要业务人员与分析人员的通力合作。分析团队通常隶属于分析部门，下面介绍分析部门的主流组织结构类型，以及各种类型适用的时间、工作方式等。通常，主流的组织结构有 3 类：分布式、集中式和混合式。对于某个特定的组织，要确定最佳的组织结构并不是一件容易的事。

（1）分布式组织结构。

在分布式组织结构中，分析人员要通过特定的业务部门向上汇报工作，分析团队要向它所支持的组织汇报工作。在这种组织结构中，制作运营分析报表的分析人员要通过运营团队向首席运营官汇报工作，营销分析人员要通过营销团队向首席营销官汇报工作，风险分析人员向风险管理团队汇报工作等。

分布式组织结构的优点是能够将分析人员放在业务一线，即最需要他们的地方。分析人员可以在解决问题中，与业务人员一起开展工作。电子商务企业初期往往愿意采用这种组织结构，因为当某个业务部门首先决定开始分析工作后，就会招聘分析人员，那么开展的分析工作自然要向本部门汇报，所以企业通常从这种分布式的、关注业务职能的组织结构开始进行数据运营。此时，分布式组织结构很简单，小型分析团队只需要向一个业务部门汇报工作。

分布式组织结构的缺点是一段时间后，分析人员会遍布企业的各个业务部门。虽然他们的技能和背景很相似，但并不属于同一个部门。他们之间可能没有正式的或者临时的联络，每一支分析团队都只隶属于自己的职能部门。长期来看，这并不是理想的解决方案。当遇到紧急情况时，一个团队会向另外一个团队借用分析人员，以协调不同部门的人力资源。此时还有另一个潜在的问题，即分析人员可能难以获得职业晋升通道。

所以，纯分布式组织结构通常只是充当数据运营刚启动时的一种中短期解决方法。长期来看，组织结构会演化成一种集中式或混合式的模型。

（2）集中式组织结构。

在集中式组织结构中，企业内部只有一支分析团队。这支团队会支撑所有业务部门的分析需求，他们面临的挑战是要决定把分析团队放在哪个部门或领导之下。集中式分析团队可以向首席财务官汇报工作，也可以向首席运营官汇报工作，还可以向首席信息官汇报工作。要将集中式分析团队放在哪里，应依据各企业的具体情况来确定。

集中式分析团队的优势是可以按需分配人力资源。企业运营通常不会有太多分析工作要做，也不会有太多预算。但是营销的分析工作量就很大，经常要启动新项目。在一个纯粹的分布式组织结构中，分析团队的员工不能帮助营销团队。而在集中式组织结构中，管理分析人员的经理可以很方便地调配人员。长期来看，集中式组织结构有助于减缓需求变化的风险。

集中式组织结构的另一个优势是可以给分析人员提供跨部门的工作机会，并接触到多种不同类型的分析。即使再优秀的分析专家，如果多年都做同样的事情也会感到厌倦。但是，如果分析人员可以接触到不同的业务部门，学习很多新方法，遇到许多新同事，那么这种体验对分析人员的成长和激发工作满足感都很有好处。对于分析人员和企业来讲，集中式组织结构是一种双赢模式。

集中式组织结构的缺点是可能会造就一批通才，但却不是某个特定领域的专家。经过一段时间，不同的分析人员在一个项目中跳进跳出，这可能会对业务部门造成伤害。因此，即使是集中式组织结构也会安排特定的员工来专门协助某个特定的业务部门。分析人员可以正式地向集中组织汇报工作，但实际上人员是在被指定的业务部门工作。从日常工作的角度来看，这些分析人员会被看成该运营团队的一部分。

因为集中式分析团队向业务部门提供服务，就会经常被原部门要求成本回摊。如果要求某个业务部门给分析项目出资，可能就难以进行创新性和探索性的分析。理想的做法是企业拨出一定的预算来开展新的和创新性的项目，而不是由业务部门单独出资提供支持。这样在项目后期，一旦数据分析的价值显现出来，就可以由业务部门继续出资完善项目。

（3）混合式组织结构。

在混合式组织结构中，既有集中式分析团队，又有专职分析团队。这种组织结构类型的出现，可能有多种原因。如果某个业务部门一直承担分析项目，通常会导致混合式组织结构的出现。一个业务部门可能已经组建了一支高效的分析团队，不愿意放弃对团队的控制权，此时其他部门也要开始加强分析工作。为了给其他业务部门提供支持，就组成了一个集中式分析团队，但是最初组建的分析团队还会留在原业务部门。

另外，还有一种混合型团队。它有一个核心团队，称为分析中心。分析中心的分析人员要负责维护企业整体视图。虽然多数分析人员都在业务部门，但是还需要一个中间人，以保证业务部门之间使用一致的方法和工具。分析中心关注如何从各个部门分析团队的成功中获得经验。集中式分析团队与部门分析团队之间按不同企业的具体情况，既可以是直接的业务汇报关系，也可以是间接的业务汇报关系。

关键术语

网络化、虚拟化、扁平化、阿米巴经营管理模式、分布式组织结构、集中式组织结构、混合式组织结构

思考题

1. 在电子商务企业，人力资源管理有哪些新的特点？
2. 建立电商运营团队时，要注意哪些因素？为什么？
3. 什么是阿米巴经营管理模式？它有哪些特征？
4. 如何将传统的管理模式转变为阿米巴经营管理模式？
5. 在数据化运营中，为什么需要业务团队和分析团队的协作？
6. 在数据化运营中，业务人员应具备哪些基本的分析技能？为什么？
7. 分析团队有哪些组织形式？各有什么优缺点？

参考文献

[1] 马克·施尼德詹斯．电子商务运营管理[M]．北京：中国人民大学出版社，2005.
[2] 雅各布斯，蔡斯．运营管理（原书第 14 版）[M]．北京：机械工业出版社，2015.
[3] 菲茨西蒙斯．服务管理（原书第 7 版）[M]．北京：机械工业出版社，2013.
[4] 哈克塞弗，伦德尔．服务管理[M]．北京：北京大学出版社，2016.
[5] 波特．竞争优势[M]．北京：华夏出版社，2004.
[6] 黄有璨．运营之光 2.0[M]．北京：电子工业出版社，2017.
[7] 金璞，张仲荣．互联网运营之道[M]．北京：电子工业出版社，2016.
[8] 安东尼，戈文达拉扬．管理控制系统（第 12 版，专业版）[M]．北京：人民邮电出版社，2011.
[9] 魏炜，朱武详．发现重构商业模式[M]．北京：机械工业出版社，2009.
[10] 魏炜，朱武详，林松平．商业模式的经济解释[M]．北京：机械工业出版社，2012.
[11] 亚历山大·奥斯特瓦德．商业模式新生代[M]．北京：机械工业出版社，2016.
[12] 亚历山大·奥斯特瓦德．价值主张设计[M]．北京：机械工业出版社，2015.
[13] 三谷宏治．商业模式全史[M]．南京：江苏凤凰文艺出版社，2015.
[14] 陈威如，余卓轩．平台战略[M]．北京：中信出版社，2013.
[15] 陈威如，王诗一．平台转型[M]．北京：中信出版社，2015.
[16] 吴霁虹．众创时代[M]．北京：中信出版社，2015.
[17] 格哈拉杰达基．系统思维[M]．北京：机械工业出版社，2014.
[18] 马丁．商业设计[M]．北京：机械工业出版社，2015.
[19] 于海澜．企业架构[M]．北京：东方出版社，2009.
[20] 英蒙．DW2.0 下一代数据仓库的构架[M]．北京．机械工业出版社，2010.
[21] 张文彤，钟云飞．IBM SPSS 数据分析与挖掘实战案例精粹[M]．北京：清华大学出版社，2013.
[22] 弗兰克斯．驾驭大数据[M]．北京：人民邮电出版社，2013.
[23] 弗兰克斯．数据分析变革[M]．北京：人民邮电出版社，2015.
[24] 刘知远等．大数据智能[M]．北京：电子工业出版社，2016.
[25] 张绍华，潘蓉，宗宇伟．大数据治理与服务[M]．上海：上海科学技术出版社，2016.
[26] 水藏玺，吴平新，刘志坚．流程优化与再造（第 3 版）[M]．北京：中国经济出版社，2013.
[27] 水藏玺．互联网时代业务流程再造[M]．北京：中国经济出版社，2015.
[28] 桑德斯．大数据供应链[M]．北京：中国人民大学出版社，2015.
[29] 吕本富，刘颖．飞轮效应：数据驱动的企业[M]．北京：电子工业出版社，2015.
[30] 谭磊．大数据挖掘[M]．北京：电子工业出版社，2013.
[31] 谭磊．数据掘金[M]．北京：电子工业出版社，2013.
[32] 卢辉．数据挖掘与数据化运营实战[M]．北京：机械工业出版社，2013.
[33] 施云．供应链架构师：从战略到运营[M]．北京：中国财富出版社，2016.
[34] 胡燕灵．电子商务物流管理（第 2 版）[M]．北京：清华大学出版社，2016.
[35] 周杰，郑舒文．电商团队管理[M]．北京：人民邮电出版社，2016.

参考文献